血液型と宗教

前川輝光

鳥影社

血液型と宗教　目次

血液型と宗教

はじめに

本書の目的はＡＢＯ式血液型と宗教の関連について探求することである。「血液型と宗教」というテーマは、私の血液型人間学研究のごく初期の頃からあたためていたものである。第一章に述べるとおり、血液型と人間の気質・行動性には関係がある。であれば、血液型の違いは、世界各地域の血液型分布率の違いを通して、各宗教の宗教性や信仰内容の違いにも関係してくるであろう。

一九八〇年一月に能見正比古《のみまさひこ》の『血液型エッセンス』を読んで以来、私は血液型人間学関連の本を読み、自分でも血液型と人間性の関係についての観察・考察を重ねたが、そうした中で、マックス・ヴェーバーの宗教社会学を知った。

各血液型の気質・行動性と、世界の血液型分布率の地域差を頭に入れてヴェーバーの宗教論を読むと、血液型人間学の世界とヴェーバー宗教社会学の世界が呼応していることに印象付けられた。すなわち、世界的に見て最もA型の多い地域にはキリスト教徒が多く、世界最大のB型地域インドからは、ヒンドゥー教、仏教が誕生した。キリスト教の教義・歴史、ヒンドゥー教・仏教の教義・歴史は、それぞれA型、B型の気質・行動性と重ね合わせると、不思議に腑に落ちた。

その後、私は、最初の著書でヴェーバーのインド宗教研究についてまとめた『マックス・ヴエーバーとインド』（未来社、一九九二年）、能見血液型人間学についての研究書『血液型人間学——運命との対話』（松籟社、一九九八年）を出版し、奉職した亜細亜大学では、「比較宗教論」という科目を担当し、世界宗教史上の様々な宗教について考察し、語り続けた。『マックス・ヴェーバーとインド』に取り組む過程で関心を持ったインドの叙事詩『マハーバーラタ』についての研究書も発表した（『マハーバーラタの世界』めこん、二〇〇六年、『マハーバーラタとラーマーヤナ』春風社、二〇一三年）。

そして、血液型と宗教についての最初の論考を発表した。『A型とB型——二つの世界』（鳥影社、二〇一一年）第四章「キリスト教と仏教」である。『A型とB型』は、ABO式の四つの血液型の中でも特にその対照性が際立つA型とB型の対比を様々な分野に関して行った論考で、その中で、A型と深く関わるキリスト教とB型と縁の深い仏教を比較考察したのが、この「キリスト教と仏教」だった。

この論考の中でも触れているが、私は『マハーバーラタ』研究の過程で、ヒンドゥー教における神々と人間の関係に大変興味を持った。そこでは、人間は厳しく長い修行の結果、時として神をも超える力、威光を持つとされている。亜細亜大での「比較宗教論」講義を通して世界の他の諸宗教についても学んでいくと、同様のことは中国の宗教における人間と神々の関係にも窺《うかが》えることが明らかになった。

この発見から私は、多神教には二つのタイプがあると考えるようになった。すなわち、神々は常に人間より強大な「ギリシャ・日本型多神教」と、修行の力で人間が神々を凌駕《りょうが》することのある「中国・インド型多神教」である。興味深いことに、前者はA型多住地域の多神教であり、後者はB型多住地域の多神教であった。

マックス・ヴェーバー研究を通して、A型と一神教の対応の問題は以前から考えていたが、そのA型の多住地域にも古代ギリシャの宗教や日本の神道のような多神教が存在することをどう考えるべきか、しばらくはすっきりしなかった。ここに述べた多神教の二つのタイプの存在に思い至り、視界が開けた。

『A型とB型』の宗教論は、この「それぞれA型、B型と、主たる担い手を異にする二つのタイプの多神教」というアイディアを得た後に書いたものだが、そこでの考察はA型とB型の対比に限定されていたため、不十分な点が多かった。また、A型とB型の対比についても、ほぼキリスト教と仏教のそれをめぐる議論に限定されていた。私はいつかABO式の四つの血液型全体を視野に入れ、世界宗教史上の主要な宗教を全て網羅した『血液型と宗教』を書きたいと思った。

そして、『A型とB型』出版から九年ほどが過ぎ、『血液型人間学——運命との対話』からだと二十年以上が過ぎる今、本書を上梓することにした。『血液型と宗教』は、何十年も前から一番書きたかった本だった。しかし、世界各地域の血液型分布率データが必ずしも十分にそろっていなかったことや、時代ごとの世界各地域の血液型分布率の変遷（疫病の蔓延などで各民族、各地域のABO式血液型分布率は、時として少なからず変動する）に不明な点が多いことから、書くことを躊躇《ちゅうちょ》し続けていた。

現在もこうした難問は相変わらず未解決のままのものが多いのだが、座してデータの朗報を待つだけでは芸がないと思うようになった。一つには、私は六十歳間近となり、自分の残り時間を考えるようになった。不十分なデータでも、それをもとに今考え得る限りのことを、後世のたき台としてまとめておくことにもそれなりの意味があるのではないか。待つばかりで時間切れになり、何も残さないのでは、悔いが残る――こうして、私は本書を書くことに決めたのだった。

本書の構成は以下のようになっている。

第一章「血液型人間学」では、血液型人間学の簡単な歴史、血液型人間学を用いる上での注意点、ABO式の四つの血液型それぞれの基本気質・行動性をまとめた。

第二章「世界の血液型分布率と宗教の諸タイプ」では、世界各地域の血液型分布率の違いを概観し、それと世界宗教史上の主要宗教の対応を概観する。

この二つの章は、この「はじめに」と並び、序論的部分であり、続く第三―八章が本書の本論部分となる。

第三章「両米先住民の宗教あるいはO型の宗教」は、ABO式の四つの血液型のうち、O型が担い手となる宗教を論じる。両米先住民は、一部の部族を除き、歴史的いきさつから、たまま全員O型であった。両米大陸は、O型の宗教性を考える上で、またとない自然の実験室であった。この章は、ある意味で本書の宗教論の原点の位置を占めている。特に両米先住民の犠牲の思想に注目した。第四章以下でもこれを踏まえ、各宗教の犠牲の思想に言及していく。

第四章「ギリシャ・日本型多神教（A型多住地域の多神教）」。A型多住地域の多神教をメソポタミア・エジプト、古代ギリシャ、日本を舞台に論じる。

第五章「A型と一神教」。三大一神教、すなわち、ユダヤ教、キリスト教、イスラームを、A型性との関連で論じる。

第六章「ゾロアスター教——A型とB型の間」。世界のA型圏とB型圏の中間領域に誕生した、ユニークな善悪二元論の宗教について論じる。

第七章「中国・インド型多神教（B型多住地域の多神教）」。B型多住地域の主要宗教を、中国の宗教、ヒンドゥー教、仏教の順に論じる。ここでは仏教も「中国・インド型多神教」の一変種として考察している。

第八章「ＡＢ型の宗教試論」。歴史的な大宗教との関連では語りにくい、未知なるＡＢ型の宗教性について、日本の事例をもとに考察した試論である。

最後に「結論」では、ＡＢＯ式血液型との関連で世界宗教史を概観して見えてくる諸問題を総括する。

『A型とB型』の宗教論「キリスト教と仏教」は、本書第五章、第七章の一部に手直しして組み込まれている。この第五、七章は、本書の中でも飛び抜けて大きな二つの中心的章となった。世界三大宗教と、信徒数では三大宗教の一角仏教を上回り、第三位のヒンドゥー教の四つの大宗教を、結果的にこの二つの章で論じているのだから、大きくなるのは当然だったかもしれない。

他に、『前川教授の人生、血液型。』の第三章から「絶対的少数派ＡＢ型の歴史」、第七章から「O

型だけの国――インディオとアメリカ・インディアン」を引用している。『人生、血液型。』からは、本書第一章にも、修正し、まとまった引用をしている。

能見血液型人間学の主たる方法については第一章第1節に紹介しているが、実は本書の主な方法はそのいずれでもない。ここでは基本的に特定の個人の血液型データは出てこない。それをもとにした考察は、本書の背景をなしてはいるが、基本的に目に見える形では出て来ない。ABO式の四つの血液型の基本気質・行動性についての知識と、各宗教の主要な担い手となる諸民族の血液型分布率データを頼りに、世界宗教史上の主な諸宗教を考察するのである。本書では、能見以来の血液型人間学とはかなり異色な探求がなされるわけである。

それがわかっていればもちろんありがたいのだが、残念なことに各宗教の教祖たちの血液型は、現代人の場合を除き、全て不明である。ブッダもナザレのイエスもムハンマドも、何型かわからない。そこでここでは、各宗教の主要な担い手となる各民族の気風、民族的無意識とでもいうものを主題とすることになる。そして、一般信徒たち、つまり各宗教の受け皿となる人々について考察することが多くなる。

ただし、第八章「AB型の宗教試論」は、第三―七章とは異質で、血液型判明著名人（AB型の方が数多く登場する。世界宗教史におけるAB型の位置の特殊性から、O型、A型、B型と同様の方法では、その宗教性に迫りえないと考えたからである。

第一章　血液型人間学

第1節　血液型人間学の歴史

「血液型人間学」は、故能見正比古（一九二五―八一年）の造語である。ＡＢＯ式血液型の四つのグループ、すなわちＯ型、Ａ型、Ｂ型、ＡＢ型それぞれの気質・行動性の共通傾向を探求し、そのことを基礎に、人間、社会、文化などについて多角的に考察する分野である。もっとも今後は、ＡＢＯ式以外の血液型（たとえばＲｈ式、ＭＮ式など）への分野の拡張があるかもしれない。ＨＬＡ研究の動きにも注目すべきだろう。

いくつかの先行研究（その最大のものは、古川竹二『血液型と気質』三省堂、一九三二年）を経て、能見は、この分野の最初の著書を一九七一年に発表した。『血液型でわかる相性』（青春出版社）である。能見は東大工学部出身で、同法学部中退、血液型はＢ型。放送作家、出版社勤務などを経て、当時、作家、評論家として活動していた。

続く『血液型人間学』（サンケイ出版、一九七三年）で、能見はみずからの研究スタイルを確立する。同書のタイトルがそのまま、能見が十年にわたって開発した新分野の名称ともなった。能見の方法は、主として次の四つであった。

1　長期にわたる大量の血液型別人間観察
2　分野別データ
3　アンケート
4　事例研究

1がすべての基本とされる。長期にわたり観察を重ねることで、各血液型の気質・行動性の違いが直観的に見えてくる。

分野別データとは、特定の集団、たとえば衆議院議員、プロ野球選手、歌手、インド研究者等々の血液型を可能な限り調べ、そこでの血液型分布率を算出する。それと日本人の平均的血液型分布率（O型三〇・〇五%、A型四〇・〇%、B型二〇・〇%、AB型九・九五%）とのズレに注目し、それについての考察から、各血液型の気質・行動性を探ろうとするものである。

能見は、四つの方法の中でも特にこの二つを重視した。それを補うものとして、アンケートと、特定の個人の集約的事例研究を考えた。

能見は『血液型人間学』以降も、次々にこの分野の著書を発表し続け、『血液型スポーツ学』『血液型政治学』『血液型女性白書』など、多彩な研究が残された。その急死で突然の終わりを迎えるまでの能見のこの分野での十年間の活動で、「血液型と性格」はすっかり世に定着した。能見が残した血液型人間学分野の十数点の著書は、いまだにこの分野の最高の古典としての地位を失っていない（ちなみに、能見には、相撲、マラソン、落語など、他分野の著書も多い）。

能見の研究によって、ＡＢＯ式血液型が気質・行動性をある程度決定していることは、統計学的に文句なく証明されている。能見の提示した分野別データ、アンケート結果の中に、有意差、つまり偶然とは考えられない顕著な偏りを示すものが少なくないのである（これについては拙著『血液型人間学――運命との対話』第四章を参照）。血液型と性格との関係なしに、そうした顕著な偏りがいくつも発見されることはまずありえない。「血液型と性格」の「関係の存在証明」は既に終わっている。後は、それを出発点として、各型の気質・行動性の具体的内容を探求・確認し、それらの人類にとっての意味を考察していくことが課題となる。

血液型と性格には関係がある。これは間違いがない。ただし、各血液型の気質・行動性の具体的内容については、能見の語ったことが絶対の真実とは言い切れない。そうした具体的内容については、血液型人間学は大枠で、いまだ試行錯誤の段階にあると言わねばならない。ただし、既にほぼ確実と言えるような観察もかなり蓄積されてきている。

一九八一年十月三十日、能見は激務の中、講演中に心臓破裂で急死する。能見の死後、心理学者たちは、俄然《がぜん》、反血液型人間学のキャンペーンを張り始めた。彼らは、先に述べた「関係の存在証明」と各型の気質・行動性についての能見の「具体的記述」の論理の次元の違いをおそらく故意に無視し、能見の著書中の小さなアラをつついては、「血液型と性格」の関係の存在自体を葬り去ろうとする粗雑な議論をこれまで繰り返してきている。

他方、能見の継子俊賢《としたか》は、能見の遺した著書、雑誌記事などをベースに、粗製乱造の著書を続発した。血液型の認知度はさらに高まったが、質の低下は決定的で、能見の時代からの読者は次第に離れていった。俊賢によって、「血液型」は、すっかり「女子供のオモチャ」となりはてた。「血液型占い」という侮蔑的な呼称も登場したが、俊賢の著書は、そうした呼称を拒否できない水準のものだった。

俊賢も死去し、最近はあまり見かけなくなったが、テレビ、雑誌は、ひと頃、俊賢監修の「おもしろ」路線の血液型特番、特集記事や、故大村政男を中心とする心理学者たちなどによる反血液型人間学番組、特集記事を競って組んだ。視聴率は取り、雑誌の売り上げは伸ばしたものの、こうしたものには研究上、見るべき内容はほとんどなかった。

ただし、それぞれ多少の難点をはらみつつも、血液型人間学にとって重要な画期的著書も数点出版された。ここでは、著者名と書名だけを掲げておく。

松田薫『「血液型と性格」の社会史—血液型人類学の起源と展開』（河出書房新社、初版一九九一年、改訂第二版一九九四年）
竹内久美子『小さな悪魔の背中の窪み—血液型・病気・恋愛の真実』（新潮社、一九九四年）
藤田紘一郎『パラサイト式血液型診断』（新潮社、二〇〇六年）

能見の一連の著書は、既に述べたように、現在でも血液型人間学の最高の古典の地位を失っていない。しかし、能見が急死した一九八一年十月から、既に四十年近くの時が流れている。この間、生物学、大脳生理学、免疫学、再生医療など、血液型人間学の関連分野はいずれも目覚ましい発展を遂げ、生命観、人間観を大きく書き換えてきた。能見は関連諸分野のこうした研究水準を知らなかった。彼もまた当然、時代の制約を負っていたのである。

能見の時代には、ABO式の各血液型グループが、それぞれに異なる気質・行動傾向を持つことは明らかにされていた。しかし、どういう生理的メカニズムでそうなるのかについては、説明不能だった。それを可能とするだけの研究水準に、関連諸分野が達していなかったからである。しかし、現在、そのブラック・ボックスの中味が、もちろんまだうっすらとではあるが、次第に見え始めてきている。おそらく数十年後には、かなり確定的なことが言えるようになるであろう。私は、その日を待つとともに、当面は今自分にできる仕事、すなわち、各血液型の気質・行動性と関わる顕著な現象を集積し、それについて考察することを課題としたい。

第2節　血液型人間学活用上の注意点

ここでは、血液型人間学をより深く理解し、よりよく活用していくためのいくつかの注意点について整理しておきたい。

（1）ＡＢＯ式血液型だけで性格・人間性は決まらない

能見が確立した血液型人間学は、人間に関して、様々な発見をもたらした。しかし、能見自身が既に明言していたように、ＡＢＯ式血液型だけが性格・人間性を決定するのではない。能見はある時、「ＡＢＯ式血液型の性格決定要因中に占める割合は大雑把に言って四分の一ほどである」と語ったことがある。すなわち、先天的要因（気質）と後天的要因、ないし環境要因でまず半分ずつに分かれ、さらにＡＢＯ式血液型は先天的要因の中の半分ほどだから（もちろん、非常にラフな言い方である）、結局四分の一ほどと言うのであった。具体的数字はともかく、その時能見が言いたかったことは、「血液型人間学の成果に有頂天になって、性格や人間性といったものが、非常に複雑でデリケートなものであることを忘れるな」ということだった。

能見同様、既に故人ではあるが、畑田国男《はただくにお》の開発した「きょうだい型人間学」の登場は、私には目からうろこの出来事だった。畑田は、おそらく能見の手法に学びながら、きょうだい型の数々の「分野別データ」を収集し、それを鮮やかに分析して見せた。たとえば血液型では、当時、O型、B型にプロ野球の強打者が多いことがわかっていたのだが、きょうだい型では、畑田の言う「弟」型にそれが多い。血液型、きょうだい型という全く別の原理によって、ともにプロ野球について、それまでにはなかった新しい知見が、それぞれ独立にもたらされたわけである。

プロ野球だけではない。他の多くの分野で、「血液型で切れば、こういう顕著な偏りになる、きょうだい型で切れば、こういう偏りになる」といった現象が見られる。血液型人間学もきょうだい型人間学も、人間についての非常に強力な分析装置だが、どちらも単独で人間のすべてを語ることはできない。人間は、あるいは人間の性格は、極めて多面的・多層的なものである。

他にもユングの内向型・外向型のタイプ論など、人間性についての有効な理論は数多い。それぞれの理論は、人間性・性格のある一面のみを論じているわけである。「一面のみ」と言っても、それぞれそれを知るだけで、それを支えに私たちは人間について実に多くのことを知ることができる。

(2) 血液型人間学は「あなた」のすべてを語るのではない

(1)で論じたことの当然の帰結として、血液型人間学は、それぞれの個人について、全てを説明し、全てを語ることはできない。あなたについて一から十まで正確に言い当てることを、血液型人間学は目指してはいない。人間の性格は血液型だけでは決まらず、様々な要因の複合によって成立しているのだから、それは当然である。血液型人間学に限らず、他のどんな類型論、人間学もあなたのすべてを語りつくすことはできないし、それを目指してもいない。それぞれの類型、すなわち理論的に純粋化された各グループの特徴を整理し、解き明かすことを当面の目標としている。だからと言って、それらはあなたに役立たないわけではない。「私はAB型だ」「私は姉型だ」「私は外向型に近い」……そうした認識は、あなたにあなたの「すべて」ではないにしても、あなたに関する「多くのこと」を教えてくれる。

（3）各血液型の性格・行動性は時代によって変化する

各血液型がある程度決定しているのは、正確には「性格」ではなく、「気質」である。気質は『広辞苑』によると、「個人の性格の基礎になっている遺伝的・生物学的な一般的感情傾向または性質」ということになる。この気質と環境との相互作用によって成立するのが、狭義の「性格」なのである。

たとえば、A型は、社会を、社会の動きを非常に意識する。これはA型の「気質」に属しよう。社会の複雑化、情報化が進めば、A型は、何とかその状況に対応しようとする。その中から、情報は可能な限り大量に手早く処理しようとする一群のA型、そういう「性格」「行動性」を持った「新種」のA型が出てきても不思議ではない。細かく見ていけば、A型には他にも近年、様々な「新種」が出てきているのかもしれない。

A型以外の各血液型でも、社会の変化に応じて、様々な新種が登場する可能性がある。

（4）各分野の血液型分布率は時代に応じて変化する

（3）とも関連するが、様々な分野の分野別データを集め続けていると、ある分野の血液型分布率が変化することがあることに気が付く。能見の古典的な発見としては、NHK紅白歌合戦の出場歌手が、日本の高度成長時代の終わりとともに、O型優位からA型優位に変わった、つまり、出場歌手中のO型の割合が日本人平均よりぐっと伸びる状況から、A型の割合が日本人平均よりぐっと伸びる状況に移り変わった事例がある。人気歌手、アイドルはそれぞれの時代に応じて姿を変えていく。それぞれの時代が人気歌手、アイドルとして好んで選ぶ血液型も変わっていくのである。

プロ野球界では、ここ数年、異変が起きている。ほんの少し前まで、打者部門でも投手部門でも、一流選手の分布率では全般的にあまり振るわなかったA型が目覚ましい躍進を遂げている。特に優秀なA型投手、各球団のエース級のA型投手が続出している。

血液型人間学反対派は、時代によってある分野の血液型分布率が変動すると、「それ見たことか。ある時期にある分野に特定の血液型が集中していたとしても、それは単に偶然に過ぎない」と言い始めるが、そうした論の運び方はいささか粗雑ではあるまいか。ある分野で伸びる血液型が時代によって変化したとしても、その時々で、多くの場合、ある血液型への偏りが大きな有意差を示しているということを、彼らはきちんと考え、説明すべきだろう。プロ野球で言えば、ほんの数年前まで「訳あって」A型の分布率は一流選手では伸び悩み、今はまた「訳あって」一流選手、特に投手の一流選手で大きく伸びているのである。反対派は、もっと「時代」というものをきちんとテーマ化するべきだ。

(5) 世界各地域の血液型分布率を知ろう

世界各地域の血液型分布率は大きく異なっている（第一章第1節を参照）。血液型と性格に関係があるのなら（確かに関係があるのだが）、血液型分布率が異なれば、それぞれの民族性、国民性、文化が異なってくることも容易に推測される。世界各地域の血液型分布率を知ることは、それら各地域への理解を深めることにも一役買う。

（6）気質・性格は矛盾をはらんだ多面体

人間は、そして人間の気質・性格は、もともと非常な矛盾をはらんだ多面体である。たとえば、どの人の心の中にも、実は利己主義者も、人間愛の使徒も住んでいる。人によってどちらがどの程度優勢かという違いはあったとしてもである。その人の利己主義について語っても、それはその人の一面の真実を語ることになるし、その人の人間愛について語っても、まさに同様である。血液型ごとの気質・性格は、ある程度矛盾をはらんだ多面体以外のものではありえない。ただし、その矛盾のありように、血液型ごとに共通する傾向を指摘できよう。

（7）各血液型の傾向の違いは、あくまで程度の差

たとえば、次節で見るように、「生への意志の強いO型」「完全主義者のA型」「アマノジャクのB型」「少数派の刻印を帯びたAB型」など、各型それぞれの顕著な特徴があるが、いかに顕著な特徴とは言え、それらはある一つの血液型だけに独占されているわけではない。たとえばAB型にもちゃんと「生への意志」は存在する。AB型もまぎれもなく「生き物」なのだから当然である。ただし、たとえばここに挙げたような諸特徴は、特にある血液型に目立つ。つまり、ある特徴の現われ方には血液型によって程度の差があるのである。

第3節　各血液型の基本気質

以下、各血液型の基本気質について概括する。

ここに提示した各型像は、第1節で紹介した能見血液型人間学の四つの方法などを用いて導き出されたものである。心苦しいが、ここでは、その過程を詳細に論じる余裕がない。それについては、能見の著書や前川の他の著書を参考にされたい。

（O型）

O型についてまず挙げるべき特徴は、生きる意欲の強さ、「生への意志」の強さであろう。O型にはいざとなれば生きることに意味などはいらない。人生は生きているだけで素晴らしい、生きているだけで幸運なのである。

生きること自体に無上の価値を見出すO型だが、実は、O型にとり「生きる」ということは、「いっしょに生きる」ことである。身内、仲間あってこそ、人生はより美しく、より充実する。誰かと「いっしょに生きていく」上で、O型は信頼関係を何より大事にする。

もう一つ。O型は自分についても他者についても一生懸命であることが、そういう状態そのものが好きである。人生は生きているだけで素晴らしいのだが、一生懸命に生きられれば、一生懸命になれる対象が見つかれば、ベターである。

Ｏ型の大事な流儀の一つが、「シンプルイズザベスト」である。このシンプルさは、「骨太」「信念」「明快」といった言葉とも通じるようなものである。考え方、生き方、仕事の仕方、Ｏ型はシンプルに徹していい結果を残すことが多い。

Ｏ型の流儀、生きる上での心構えの一つとして、人生を「闘い」ととらえる世界観がある。Ｏ型は生きること自体を素晴らしいと感じてはいても、必ずしも人生を楽園のようなものとは思っていない。それは相当な覚悟と努力なしでは乗り切っていけない冒険のようなものである。そこで手を抜けば大ケガをしかねない。

「闘う」以上、勝たねばならない。Ｏ型はそう考える。勝つために力を蓄え、仲間もふやす。Ｏ型には、「生への意志」と密接に結びついて、強い「力への意志」もある。それがＯ型に様々な活力を与える。

（Ａ型）

Ａ型の心の深い場所には、「完全」「絶対」「ベスト」を求めてやまない強い傾向が根付いている。それを通して自分の身の回りの現実世界を見ると、Ａ型には様々なアラが目につく。Ａ型たちはそれを改めにかかる。「日々新たなり」といった調子で、しばしばせっかちに。Ｏ型の「力への意志」同様、Ａ型のこの「アラさがし＝世界改造」傾向は、人類社会を大きく変えてきたことだろう。

Ａ型には、「一神教的傾向」とでも呼ぶべき顕著な特徴がある。「真実はただ一つ」として、日々「あれかこれか」の選択を厳格に行おうとする。そして、世界はただ一つの真実の原理によって隅々まで秩序化されているのだという世界観を好む。しばしば、その「ただ一つの真実の原理」を探求することを生きがいとする。A型のこの「一神教的傾向」は、A型の「完全」「絶対」「ベスト」志向と強く結びついている。

ちなみに、しばしばA型は、人間を超えた理念、外なる絶対者の支えによってこそ、力強く生きられる。自分にプライドを持つこともできる。

とは言え、日常的にはA型はそこまで突っ張っていない。「一神教的傾向」も、「完全」「絶対」「ベスト」志向も、それをストレートに出し過ぎると、周囲の人間関係に少なからず波瀾をもたらす。自分のもう一つの顕著な特徴である社会への強い意識によって、A型は自分の本来のこうした志向を抑制してかかることが多い。そういうA型が、A型の中の多数派である。社会の中にルールを求め、それを遵守させようとする傾向もA型に顕著である。

「一神教的傾向」や、「完全」「絶対」「ベスト」志向にとどまらず、A型の内面は、本来かなり激しい。それと社会を意識するがゆえの抑制傾向。A型は実は、内部にこうした深い矛盾を抱えている。その矛盾がA型を疲れさせることも少なくないようで、リラックスするため、酒を好み、笑いを好む傾向はA型にかなり目につく。

（B型）

B型は多くの点でA型と対照的である。A型の「一神教的傾向」に対して、B型には「多神教的傾向」とでも呼ぶべき特徴がある。B型は世界は多くの原理の絡み合いでできあがっていると思っている。だから一つの絶対的原理をさがして来て、それで全てを説明する、統御するという考え方にはあまり乗り気になれない。「人それぞれだ」。B型はそのように考える。あるいはぼんやりとそんなことを感じている。

B型にはベストよりベターを求める方が、自分の生き方としてしっくりくる傾向がある。「何としてもベストの結果を」と言われると、身動きを縛られる気がして気が重いが、「ベターの質をどこまでも高めて行け」という目標なら、やる気が出てくる。

B型は総じて、自分の行動に細々とした条件や制約を課されると、しらけたり、やる気が失せたりする。B型は何をおいてもフリーハンドを、自由を好む。B型にしばしば見られるアマノジャク傾向はそのことと無関係ではない。「みんながこうしているのだから、あなたもこうしなさい」と言われると、B型は自分の自由度を確保しておくため、しばしば、とりあえずそれに逆らっておきたくなる。

B型は、ABO式の四つの血液型の中では最も社会を意識しない。B型とて「社会的生物」たる人間の一部なのだから、当然、社会との関係抜きでは生きられないのだが、こまめに社会の動きに合わせていこう、社会への注目を欠かすまいという気持ちは、平均的にB型には目立たない。それは時として、B型を「常識なし」「空気読めず」にもするが、他方、「常識破り」の業績に結び付くこともある。

多くのA型が「日々新たなり」をモットーとするとすれば、少なからぬB型には、「継続は力」への信奉がある。何事であれ、続けていれば、そのうちそこから何かが生まれてくるのではないか。

B型はそれを楽しみにしている。これと関連して、B型には「進行中の状態への執着」も目につく。一度どこかに、あるいはある状況に居つくと、そこから動くのが面倒になるのである。ちなみに、出不精のB型は少なくない。

（AB型）

AB型の基本傾向には、それがABO式の四つの血液型の中で、世界中どこへ行っても他の三型よりはるかに少ない絶対的少数派であるという点から見て行くと納得できるものが多い。

AB型には、何事にもちょっと距離を置き、のめりこまない、しばしば公平であるというグループ全体の傾向があるが、これは、O型、A型、B型という強大な三グループへの等距離外交を想定すれば合点がいく。AB型のこうした傾向は能見によって、「クール」「ドライ」と表現された。

AB型のこうした傾向は、既存のものをこだわりなく、うまく組み合わせて新たな価値を生み出すAB型独特の「リミックス傾向」にもつながっていよう。

絶対的少数者であるAB型には、社会への参加は死活問題である。O型、A型、B型を主流とする社会に受け入れてもらえなければ、絶対的少数者AB型は生きて行けないからである。そのためか、AB型には平均的に社会参加意欲の強さが目立つ。そのことの一つの顕著な表れは、「頼まれたらいやと言えないAB型」（能見）。

AB型は、自分の中にいくつかの世界を持ち、多角経営的にそれらと関わり続ける傾向が、顕著である。作家活動をしながら福祉事業にも尽力するというたぐいである。多くの世界と関わることから、ＡＢ型はしばしば、パイプ役、プロデューサーとしての才能を発揮する。政界への進出も目立つ。

ＡＢ型は、集中力、短期的爆発力は持つが、長期間にわたって頑張りぬく、タフさを示し続けることはやや苦手とする人が多いようだ。多くのＡＢ型は、休む時にはメリハリをつけてきちんと休み、それで生み出された集中力で長期戦への弱さをカバーする傾向にある。

第二章　世界の血液型分布率と宗教の諸タイプ

第1節　世界の血液型分布率

既に第一章でも触れたが、世界の諸民族及びそれらからなる諸国の血液型分布率は、大きく異なっている。

まず、世界のABO式血液型分布率の地域差を概観するための表を次ページに掲げる。

この表は、松田薫『「血液型と性格」の社会史（改訂第二版）』（河出書房新社、一九九四年）巻末の表と、それのもととなったA・E・ムーラントの著書（一九七六年）を参考に前川が作成した。ただし、韓国は韓国赤十字、日本は日本赤十字など、近年の調査に基づいたものも多い。国や地域、集団選定の基準は、世界のABO式血液型分布率の多様性をより効果的にご理解いただくということである。

世界の血液型分布率の大まかな傾向は以下のようになる。

O型は全世界的に多い。どの民族、国においてもO型は一位か二位である。表中、韓国はO型、B型ともに二七％となっているが、これも小数点以下まで書くと、O型二七・二％、B型二七・〇

世界のABO式血液型分布率（単位％）

国　名	O型	A型	B型	AB型
ノルウェー	37	51	8	4
イギリス（イングランド）	46	43	8	3
ドイツ	42	43	11	4
フランス	42	45	9	4
スイス	39	50	8	3
ロシア	34	38	21	7
ナイジェリア（ヨルバ族）	52	21	23	4
ケニア（キクユ族）	50	26	21	3
エジプト	33	36	24	7
イラク	37	30	25	8
イスラエル（ユダヤ人）	36	41	17	6
トルコ	35	44	14	7
イラン	38	30	24	8
インド（北インド）	29	21	40	9
（南インド）	41	20	34	6
ミャンマー	35	25	32	8
タイ	39	22	33	6
インドネシア	40	27	26	7
フィリピン	45	26	24	5
中国（漢族）	30	31	29	10
韓国	27	34	27	12
日本	30	40	20	10
アメリカ（白人）	46	40	11	3
メキシコ	62	27	9	2
ブラジル	47	38	12	3
オーストラリア（白人）	47	40	10	3

（ここでは見やすくするため小数点以下を四捨五入した数字を示しているが、
第四章以降、血液型分布率の表では、小数点以下の数字をも示す。）

%となる。O型が三位にここまで肉薄されているケースは、少なくとも千万人単位以上の集団では他に見当たらない。全世界の血液型別人口ではO型が断然首位である。これをA型、B型が追っている。

西洋つまり欧米はO型とA型が多い。欧米のどの国、民族もどちらかが最多でもう片方が二位である。これに対し、アジアではB型がぐっと多くなる。アジアと言っても世界人口の五九・七%を占める広大な地域であるから、地域によって異なるが、O型、B型で首位と二位を分け合っている国が少なくない。

A型については、人口の約五〇%にも達するノルウェー、スウェーデン、スイスなどを頂点として、周辺諸国のA型比率はゆるやかに下降していく。ヨーロッパは、歴史的に中心的な役割を果たしていた地域ほど、A型とB型の比率の差は大きい。すなわちA型の方が目立って多い。

B型は人口の四〇%ほどにも達する北インドを頂点に、バングラデシュ、パキスタン東部（パンジャーブ地方）、南インド、東南アジア、東アジア諸国へとゆるやかに減少する。

東欧、中東は民族差、地域差もかなりあるが、全体としてA型ゾーン、B型ゾーンの中間地帯（ただし明確にA型寄り）を形成している。

サハラ以南のアフリカでは、全般的にO型が多く、五〇%を超えている地域が著しく多い。O型が突出しているのだが、A型、B型について言うと、A型がB型より目立って多いか、A型、B型が僅差という地域が多い。B型がA型より目立って多い地域は珍しい。

東南アジアは、大陸部と島嶼《とうしょ》部で、血液型分布率が明確に異なっている。表に示したミャンマーやタイのように、大陸部ではO型、B型が、A型に大差をつけて一位、二位を分け合うという地域が多いのに対し、島嶼部のインドネシア、フィリピンではO型が突出し、A型、B型が僅差で並んでいる。ともにA型がやや多いが。

東アジアは台湾を除き、AB型の率が世界一の地域であり、のきなみ一〇％ほどである。中国(漢族)は、O型、A型、B型が僅差で並んでいる。上位三グループの接戦ぶりは世界一と言ってよい。さらに、AB型も世界一の水準に達しているのだから、中国では、ABO式の四つの血液型のバランスが、最もとれていると言ってよい。

日本は血液型的に見てユニークな地域である。A型一位(四〇・〇％)、O型二位(三〇・〇五％)という血液型分布率はむしろ西洋型、欧米諸国と同タイプなのだが、B型二〇・〇％は、ヨーロッパでは東欧のいくつかの国にしか見られない高率である。日本は中東を除くアジアの中では例外的なA型大国であり、かつ北インドを中心とするアジアB型ゾーンの端に位置してもいるのである。

第三章で詳述するが、南北アメリカ大陸先住民は、一部の部族を除き、O型だけの特殊な集団だった。現在、アメリカ合衆国の先住民人口は、一％にも達しないが、中南米諸国の多くは、多数の先住民を抱えている。中南米には、先住民(インディヘナ)とメスティソ(中南米先住民とヨーロッパ人の混血)が人口の大半を占める国が多い。メキシコの場合、白人九％、メスティソ六〇％、先住民三〇％である(『データブックオブ・ザ・ワールド2018』四三六)。当然国全体のO型率は高くなる。メキシコは、表中O型率が最も高い。メキシコに限らず、中南米のO型率は総じて高い。南米でもブラジルは白人が人口の五三・七％を占めていて、先住民は〇・四％（『データブック２０１９』四五〇）、Ｏ型は多いが、メキシコほどではない。

世界のＡＢＯ式血液型分布率を、地域によっていくつかにタイプ分けすると、以下のようになる。

Ｏ型が多い中南米。特にＯ型だけの中南米先住民
Ａ型、Ｏ型が圧倒的な欧米（西ヨーロッパと北米、オセアニア）
Ａ型寄りのＡ型ゾーン、Ｂ型ゾーンの中間地帯、東欧と中東
Ｂ型、Ｏ型が圧倒的な南アジア、東南アジア大陸部
Ｏ型が突出し、Ａ型、Ｂ型が僅差で並ぶ、サハラ以南アフリカ、東南アジア島嶼部
Ｏ型、Ａ型、Ｂ型が僅差で並び、ＡＢ型も多い中国
アジアＢ型ゾーンの端に位置する、中東を除くアジアのＡ型大国日本

第２節　世界の血液型分布率と宗教の諸タイプ

私は、世界宗教史上の諸宗教について、以下のような諸タイプを考えている。

1　一神教
2　ギリシャ・日本型多神教
3　中国・インド型多神教
4　ゾロアスター教
5　南北アメリカ大陸先住民の宗教
6　AB型の宗教

この諸タイプについて、まず目を引くのは、おそらく二種類の多神教グループが掲げられていることであろう。宗教を語る際、一神教と多神教が二つの大グループであることは論を俟《ま》たないが、私は、さらに、多神教は二つにグループ分けが可能だと考えている。すなわち、「ギリシャ・日本型多神教」と「中国・インド型多神教」である。前者では、神々は常に人間よりも強大な存在であるのに対し、後者では、修行の力で人間は時として神々をも凌ぐとされている。

ギリシャ・日本型多神教は、多神教という点では、中国・インド型多神教と類似するのだが、人間と神の関係に目をとめれば、むしろ一神教に近いところがある。すなわち、ギリシャ・日本型多神教、一神教のどちらにおいても、人間と神は断絶している（これについての詳細は第四、五章参照）。

ところで、この一神教とギリシャ・日本型多神教は、実は一つの見えない糸で結ばれている。それは、ともにA型多住地域、すなわち、B型に比し、A型の分布率が目立って高い地域、あるいは集団の宗教類型であるということである。

これに対し、中国・インド型多神教は、B型多住地域、すなわちA型に比し、B型の分布率が目立って高いか、A型、B型がごく僅差で並ぶ地域、あるいは集団の宗教類型である。

ゾロアスター教は、世界のA型ゾーン、B型ゾーンの中間地帯、中東の東隅、すなわち南アジアに隣接する地域に生まれた。教義的にも一神教とインドの宗教の中間領域にある。

六つのタイプのうち、4までについては以上のとおりである。残るは5と6だが、5は、従来、一般的に単に多神教のいくつかの事例の一つとして考えられ、特別な一グループとはされていない。私がここでこれを独立したグループと考えるのは、その担い手が全てO型であったという極めて特殊な事情による。ABO式の単独の血液型によって担われた宗教は、世界宗教史上他には存在しない。O型だけの集団によって生み出された宗教とはいかなるものか。それが5について考える際の私の問題意識である。

6のAB型の宗教は、別の意味で特殊である。AB型は人類史上、どこでも圧倒的な最少数派であった。これまでのところ、AB型が主たる担い手となった大宗教は考えにくい。しかし、「AB型の宗教」は、私にとって非常に気になる、また問題とすべきテーマである。

第三章以降、ここに掲げた六つのタイプの宗教について論じていく。とりあげる諸宗教の順番は、ABO式の四つの血液型のうち、O型と特に関わるもの↓A型多住地域と特に関わるもの↓A型圏とB型圏の中間領域の宗教↓B型多住地域と特に関わるもの↓AB型の宗教、とする。具体的には、

第三章　両米先住民の宗教あるいはO型の宗教
第四章　ギリシャ・日本型多神教（A型多住地域の多神教）
第五章　A型と一神教
第六章　ゾロアスター教――A型とB型の間
第七章　中国・インド型多神教（B型多住地域の多神教）
第八章　AB型の宗教試論

の順に議論を進めていく。第八章までの議論を終えた後、「結論」で本書での考察を総括する。

第三章　両米先住民の宗教あるいはO型の宗教

第1節　両米はなぜO型だけの地域だったのか

人類のABO式血液型の発生・進化については、近年、互いに競合する様々な新説が登場している。「ABO血液型遺伝子の進化についてはまだ研究の余地が十分にありそうです」（『ABO血液型がわかる科学』一六九）、つまり、現段階では決定的なことは言えないという状況らしい。ということで当然有力な異論も多いのだが、人類のABO式血液型ではO型が最初に誕生したという見方が、一九〇一年のABO式血液型の発見から間もない一九二〇年代のL・H・スナイダーから、近年に至るまで受け継がれてきている。この見方によると、人類のABO式の四つの血液型は、O型→A型→B型→AB型の順に発生したということになる。この説に従えば、人類の最初期には、O型人類のみが存在していた。

前章で見たように、ABO式の四つの血液型のうち、O型は世界全体で、圧倒的にその比率が高い。世界のどの地域でもO型は四つのうち最多か二位である。現在のO型の世界的優勢は、何によってもたらされたのだろうか。ABO式の四つの型の発生順に関する上記の説が正しければ、最古の血液型という点がO型のこの優勢と多少とも関わっているだろう。

O型の特記事項はそれだけではない。何とかつてはO型だけの国があったのである。ヨーロッパから白人たちがやって来て征服される以前の南北アメリカ大陸には、そんな国がいくつもあったのである。両米大陸にはかつてO型しかいなかったのである。

北米大陸の先住民をアメリカ・インディアン、中南米のそれをインディオと呼ぶが、彼らはいずれも今から一万二〇〇〇年前から紀元前八〇〇〇年頃にかけて、東アジア、東北アジアから、ベーリング陸橋を渡って両アメリカ大陸にやってきた人々の末裔である。当時は氷河期で、アジア大陸からアメリカ大陸へ歩いて渡れたのである。

とは言え、氷河期の移動は過酷だった。当時アジアからアメリカに渡ろうとした多くの人々が、命を落としたろう。何とかアメリカにたどりついたごくわずかな人々がたまたま全員O型だったため、両アメリカ大陸先住民はすべてO型になったのだ――こういう有力な説がある（ビン首効果説）。

両アメリカがO型だけの世界になったことについてのもう一つの説は、梅毒淘汰《とうた》説である。血液型によって、様々な病気への罹りやすさ、耐性の強さにかなりの差があることはよく知られている。たとえば、各種のガンの罹病率では、A型がO型より、かなり高い（『小さな悪魔の背中の窪み』三四）。梅毒についてもそれがある。しかもはっきりした傾向がある。O型は梅毒に強く、AB型は弱い。A型、B型はその中間である。末期患者についてみると、O型以外の罹患率はO型のそれの一・七倍にも達する（五五―五七）。アメリカに渡ってきた人々には最初、A型、B型、

AB型もいたのだが、長い時間をかけて、両米大陸の風土病である梅毒により淘汰され、O型だけが残ったというのである。

ビン首効果説では、両アメリカ大陸はもともと一部の例外を除いて、一貫してO型だけの世界だったということになるし、梅毒淘汰説では、次第に両アメリカにおけるO型の割合が高くなっていったということになる。しかしいずれにしても、ヨーロッパ人がやってきた時には、両アメリカとも（ほぼ）O型一色の世界になっていた。特にビン首効果説の場合、両米先住民たちのDNAの変異の幅は非常に小さいはずである。ただし、北米北端のインディアンにはA型がかなり多い。彼らのアジアからアメリカに渡ってきた祖先たちが、他の両米先住民たちの祖先とは異なるためであると考えられている。

両アメリカでも特に、中米（メソアメリカ）と中央アンデスは、高度な文明を発展させた。中米古代アステカ王国の担い手アステカ族は十三世紀の終わりごろメキシコ中央高原に流れてきた（『古代アステカ王国』七六―七七）。中央アンデスのインカ帝国の興隆は十五世紀初頭とされている（『インカ国家の形成と崩壊』一二）。どちらも比較的新しい国家だった。もちろん確定的なことは言えないが、梅毒淘汰説を採るにしても、その頃には、両地域とも、ほぼO型だけになっていたと考えてよいのではないか。

注意すべきは中米のマヤ文明である。紀元前六〇〇〇年頃から十六世紀にかけて栄えたこの文明（『マヤ文明の興亡』四〇五）は、アステカ、インカよりずっと歴史が古い。梅毒淘汰説を採る場合、O型以外の血液型がある程度いた可能性が、他の二つの古代文明よりずっと高くなる。

ちなみに、ラテン・アメリカ研究者増田義郎《よしお》（血液型はAB型。本人に直接確認）は、四大文明（エジプト、メソポタミア、インダス、黄河）というとらえ方をあらため、これにメソアメリカ、中央アンデスを加え、六大文明とすることを提唱している（『物語　ラテン・アメリカの歴史』二八）。メソアメリカ、中央アンデスの両文明も互いに相当異なっていた。

このメソアメリカ、中央アンデスの諸文明は、互いに異なっていただけではなく、旧大陸の相互交流網や壮大な文化同盟から孤立してもいた（『マヤ文明の興亡』二九）。のみならず、両文明は血液型的にも、旧大陸の諸文明とはかけ離れていた。なにしろ、旧大陸には（ほぼ）O型だけによって担われた文明など一つもなかったからである。

コロンブス到来時のこのO型ユートピアの人口は、一般に北米一〇〇万人、中南米一二〇〇万人程度だったと推定されている（『宗教学辞典』一五）。しかし、当時両米で一億一二〇〇万人いたとの説もある（『物語　ラテン・アメリカの歴史』八三）。計一三〇〇万人のO型単一世界でも相当の迫力だが、一億を超えるとなると、想像を絶する。世界史の見え方も大きく変わってこよう。

O型だけの集団があっただけでも興味深いのに、さらに驚異なのは、両米のO型集団が実に多様だったことである。中南米にはいくつかの大文明が形成されたのに、北米インディアンは、数百もの部族に分かれ、一貫して大規模国家を建設しなかった。そして、人口的にも、北米は中南米に遠く及ばなかった。等しく（ほぼ）O型だけで構成されていた集団でありながら、北米と中南米でこうした違いが発生したのはなぜなのか。また、中南米の諸文明にも互いに顕著な差異があり、北米諸部族間にも互いに少なからぬ差異があったのはなぜなのか。

ある意味で、答えは簡単である。人間の性格・行動性は血液型だけでは決まらないし、血液型だけが社会・文化の有り様を規定するわけでもない。生活環境の違い、それも含んだ歴史・伝統の差異の蓄積、そうしたものによって、両米先住民たちは多様に分化していったのだろう。それはABO式血液型分布率にそれほど顕著な違いもないヨーロッパ諸国間においても、社会、文化が少なからず異なっているのと同じ事情である。とは言え、ヨーロッパ諸国にはキリスト教と古代ギリシャ・ローマ文明という共通の遺産があった。ヨーロッパ諸国は、互いに異なりながらも、それはある意味で兄弟間の異なりのようなものであった。同様なことが、かつての両米O型世界にも言えたであろう。

実はABO式血液型に関して言うと、O型だけが、自分たちの同類だけを再生産する。O型の両親の間から生まれてくる子供はO型だけである。A型、B型の大部分は実は現在、AO型、BO型だから、たとえA型だけの集団、B型だけの集団を人工的に作りあげても、そこに生まれてくる子供たちはそれぞれ、A型とO型、B型とO型となる。AA型だけの集団、BB型だけの集団を作り出せば、もちろん事情は異なるが、現在AA型とAO型、BB型とBO型をいつでも間違いなく見分ける方法は開発されていないはずである。AB型だけの集団からは、A型（AA型）、B型（BB型）、AB型が生まれる。

両米のかつての諸民族は基本的にすべて、こういう極めて特殊な枠組みの中で自分たちの仲間を増やしていたのである。O型だけで構成された集団という特異性には、こうした特異性も付随していた。

ちなみに、インディオ、アメリカ・インディアンと呼ばれる両米先住民の末裔たちは、現在でも（ほぼ）O型だけの世界的に極めて特殊な集団のままである。

両米先住民は、人類にとって、一つの実験であったと言って良い。何しろABO式の四つの血液型のうち、一つだけから構成された集団であり、社会、文明だったのだから。こうした実験を成し遂げたのは、人類史上少なくともこれまでのところ、O型だけである。A型、B型、AB型については、人類はそんな実験をしたことはないし、おそらく今後もすることはないであろう。

血液型と宗教の関連を探求する上で、O型は、ある意味では他の三つの型にはない特権的地位にあると言ってよい。なにしろ、O型だけの社会という天然の実験室的環境で、O型と宗教の関連、O型の宗教性を探求することができるのである。ABO式の四つの血液型のうちの一つについて、そうした「理想的」条件のもとで宗教との関連を考え抜ける、そこを一つの定点とできるという点で、「O型の宗教」は、本書の議論のある意味での出発点となる。

O型は全世界的に一位か二位の分布率を誇ることから、一神教、ギリシャ・日本型多神教、中国・インド型多神教など、全ての主要な宗教の成立にも多大の影響を及ぼしたと考えられる。「共通項としてのO型ファクター」とでも呼ぶべきものによって、世界の様々な宗教は接点を持ちうるのかもしれない。相互理解を進め得るのかもしれない。

次の節からは、両米におけるO型の壮大な実験の各ケースについて、宗教に焦点を当てて順に検討していく。各ケースの共通点と相違点を論じたい。総計一億人以上とも言われるかつてのO型両米大陸の諸民族の宗教は、当然、本書のテーマ「血液型と宗教」にとって、非常に重要な課題の一つである。

第2節　アステカの宗教

まず、現在のメキシコ中央部に十五世紀から十六世紀にかけて栄えたアステカ文明の宗教について見ていきたい。アステカは、オルメカ、テオティワカン、トルテカなどの諸文明の遺産の上にメキシコの覇者となった。コルテスを指導者とするスペイン人たちによって、あっけなく滅びた悲劇の文明でもある。

アステカは、両米先住民の築いた諸社会・諸文明の中でも、際立って悲観的な世界観を持っていた。また、それとの関わりで、世界史上他に類を見ないほど、血なまぐさい社会的・宗教的営みを行っていた。人身供犠である。まず、これから見ていかねばならない。増田義郎をたよりに、この間の事情を見ておこう。

アステカは、太陽の民だった。太陽こそ彼らの信仰の中心だった。なぜなら太陽は、宇宙の暗黒を照らし、夜と死と悪の恐怖から人類を救ってくれるものだったからだ。だが、太陽への熱烈な讃歌は、彼らの暗黒と虚無に対する底知れぬ恐怖とうらはらになっていた。根本的にいって、宇宙とは、アステカにとって、破壊力と無慈悲さの支配する恐怖の場所だった（『古代アステカ王国』七九)。

太陽信仰は、日本のアマテラスにも見るように、世界的に広く行われていたが、アステカの独自性は、その太陽が彼らにとって至上の存在であるにしては、随分弱々しいものとされていたことだった。アステカ人にとって大切な、それなしでは自分たちの生存が保証されない太陽は、実は、残酷な世界の中で、自らの存立を守るのもままならないひ弱な存在と考えられていた。

アメリカの著名な宗教学者ニニアン・スマートも、その著『世界の諸宗教』の中でアステカ人にとっての太陽と世界の関係をこう表現している。「アステカの人々は、明日になると太陽が昇らなくなるとか、世界の和合はいつでも危険に曝されているものだというような、かなり気持の悪い、恐ろしい思想を持っていた」(『世界の諸宗教I』一八八)。

なぜアステカ人は、こうした悲観的な世界観を持つに至ったのか。私は、一つには正にアステカがO型だけのモノポリー社会であり、血液型による社会の分化がなされていなかったこと、そうした単調な社会独特の弱点を抱えていたことが、社会全体から心の余裕を奪っていたのかもしれないと考えている。

とにかく、アステカ人はこう考えた。「夜な夜な、虚無の暗黒とたたかう太陽に力を貸さなくてはならな(い)。……たくさんの捕虜を戦争でつかまえて、いけにえに捧げなくてはならない。……破壊的な宇宙の力ときわどい戦いをつづける太陽に栄養をあたえ、人間世界の生存を確保するために、いけにえの捕虜…の血や…心臓が、太陽に捧げられなければならない」(『古代アステカ王国』八〇)。アステカ人は、この考えを実行にうつした。なぜ、人身供犠が、ひ弱な、しかし、かけがえのない太陽に力を与えることになるのか。その論理はよくわからない。人間にとって最も大事なものであったはずの命に、アステカ人は一種の魔力を感じていたということだろうか。増田の議論の続きをたどろう。

恐ろしい宇宙観だった。今日のわれわれから見れば、荒唐無稽な考え方だった。しかしアステカ人は真剣だった。極言すれば、彼らのいっさいの文化的社会的活動は…一点にむけて集中されていた。アステカ人の政府の上から下までが、いけにえを確保し、その血と心臓を太陽に捧げ、人間世界のきわどい安全を守りつづけるために組織されていた。…弱小な未開民族とはちがって、反面すぐれた社会的組織力を持つアステカ人は、この恐怖の宗教を、大規模なかたちで社会的な実践へと転化させていって、歴史上類をみない血なまぐさい文化をつくりあげてしまったのだ(八〇―八一)。

確かにアステカが、もっと小規模の集団であったなら、一説には一度に二万人が人身供犠の犠牲になったこともある(青山和夫はその可能性を否定しているが。『マヤ文明の興亡』二九五)ほどの、血塗られた文明は成立していなかったのかもしれない。

アステカには、こうした人身供犠を正当化するための神話があった。この神話もまた、際立って個性的なものである。

アステカ人は、宇宙は創造されては破壊されるという過程を繰り返していると考えていた。アステカ人たちが生きていた時代の前に四つのそうした過程があり、彼らは第五の時代に生きているとしていたのだが、実はそれもまたやがて滅びるとアステカ人たちは考えていた。全ての時代の存立を決定するのは、太陽の存在、太陽が輝くかどうかであった。そして、新しい時代が始まるためには、大きな犠牲が必要であるとされていた。人身供犠ではない。神々の犠牲であった。ダビッド・カラスコは書いている。

アステカ人が住んでいた…時代はテオティワカンの暗闇のなかの神の火の周りで創造された。…新たな宇宙の時代を創造するために火のなかに身を投じるように、神々の会議においてナナワツィンとテクステカトルの二柱の神が選ばれたという(『世界宗教史7』六六)。

二柱の神は、太陽になるために自ら生贄になることを買って出たのであった。こうして焚火の中にちゅうちょせず飛び込んだナナワツィンは太陽となり、一瞬ちゅうちょしたテクステカトルは月となった(『[図説]アステカ文明』一七六―七八)。しかし、事はこれで終わらなかった。

彼らの自己犠牲に続いて、あらゆる方角に夜明けが訪れたが、太陽は地平線から昇ってこない。…この宇宙の危機に臨んで決まったのは、すべての神々が犠牲として死ななければならないということで、その介添え役としてエカトルが神々の咽喉を掻き切ることになる。こうした大掛かりな犠牲によっても太陽を動かすことはできず、ついには風の神が太陽を吹き動かした。…世界は不安定であり、神々の大規模な犠牲からそのエネルギーをえているとアステカ人（は）確信していた…この宇宙創成説が、アステカ宗教における大規模な人身供犠を正当化するひとつのモデルとなった。数多くの神々が太陽を動かすために犠牲になったのと同じく、大勢の人間がそうした天体の動きを維持するために犠牲となったのである（『世界宗教史7』六六）。

実は、太陽がある神の死を契機として誕生するという神話はアステカ以外にも見られる。中国における盤古《ばんこ》神話では、原初の巨人盤古の死後、その左目が太陽となる。アマテラスの誕生はイザナミの死、イザナキの冥界探訪を経たものである。さらに、アマテラスの岩戸隠れの際には、「太陽（アマテラス：前川）を動かすためには、すべての神々のエネルギーが必要」だった（『日本神話と心の構造』九四）。しかし、アステカ神話のように、新たな太陽を誕生させる、あるいは動かすために、多くの神々が犠牲になるという話は異色である。死の神さえ犠牲にされたとする文書もある（『世界宗教史7』三四四）。

神々という、尊いとされていたはずの存在が大量に犠牲になるというのは異色の展開だが、アステカ人の世界観について、タウンゼントは、「死がその次に必ず起こる再生のための一条件にすぎない」とされていたこと、「新しい生命の形をもたらすための犠牲の必要性」が語られたこと、「価値あるものを差し出さない限り、より大きな価値は作れない」と考えられていたことを指摘している（『［図説］アステカ文明』一七九）。

この点は、実は、普遍的な意味を持っている。たとえば、キリスト教神学におけるイエスの十字架上の死。イエスは一種の生贄として、その死の犠牲によって全人類を原罪から救ったとされる。アステカにおける神々の自己犠牲の神話が、大規模な人身供犠のイデオロギーとして利用されたという後味のよくない側面だけから、アステカの犠牲の思想を考えてはならないのかもしれない。

イエスの犠牲との対比で興味深いのは、イエスの十字架上の死＝犠牲が、神聖な一回限りの出来事とされたのに対し、アステカでは「世界と人類を救うため」、繰り返し神々や人間たちが犠牲にされたということである。

アステカの人身供犠では、実は生贄になる側も生贄にする側も、ともにO型であった。何人かのO型が死んでも、O型集団そのものは残る。アステカの人身供犠は、当時の人々がそれを知ることはなかったものの、まさにO型集団を存続させるための生贄だった。自ら進んで生贄になった人々も少なくなかったという。血液型に限らず、DNA全体の多様性の幅が小さかったろうことと、アステカの生贄文化には、もしかすると何らかの関係があったのかもしれない。

ここで、アステカの宗教が多神教であったことを確認しておこう。しかもそれは、その担い手がO型だけという極めて特殊な性格を持っていた。A型多住地域、B型多住地域にも多神教は存在したし、それについてはそれぞれ本書の第四章、第七章で論じる。そこで見るようにA型の多神教とB型の多神教には、顕著な差異が見られるが、O型の多神教には何か独自の特徴があるのだろうか。

タウンゼントによると、アステカの「神々はつまるところ大地や天空や偉大な祖先英雄と結びついていた」（一五九）。中でも三人の神々が重要である。テスカトリポカ、ウィツィロポチトリ、ケツァルコアトルである。

テスカトリポカは、トルテカに起源を持つ神で、特に王権と一体視されていた（二九五）。しばしば最も強力な最高神とされ、運命（幸運・不運の両方）と結びついていた（一六一―二）。ウィツィロポチトリとは、いわば同盟関係にあり、テスカトリポカとウィツィロポチトリは、時に「兄弟」と呼ばれた（二九五）。

ウィツィロポチトリは、アステカの始祖の守護神で、戦争の守護者、戦士たちの神でもある。太陽と結びつき、アステカ人の太陽信仰と深く関わる（一六四）。ということは、アステカの人身供犠と深く関わる神でもあった。アステカ人の中でも戦士は特に太陽を崇拝し、太陽に生贄を供給することを自らの義務と任じていた（一六一）。ウィツィロポチトリは、もともと実在の指導者で後に神格化されたとされる（七八）。

ケツァルコアトルは古代の風と嵐の神であった。この名は支配者の称号でもあった（一六四）。増田によると、この神の根本的な性格は、文化と教養を人間に教え込むことにあった。そして、注目すべきことに、ケツァルコアトルは人身供犠に反対する神だった（『古代アステカ王国』八四）。最後の点につき、増田の見解を紹介しよう。

人身犠牲のうえに成り立っているアステカの社会の中に、…いわばアステカ社会の存在を根底から否認するような神がうけいれられ、信仰されていたことは、注目に価する。アステカ族は、もちろん無条件にこの神をうけいれていたのではない。…アステカは…ある一面では、じぶんたちの社会のために、羽毛ある蛇の神（ケツァルコアトル：前川）が、害になる、排斥すべき神であることを、はっきりと自認している。ところがおもしろいのは、にもかかわらず彼らは、じぶんたちの宗教体系からケツァルコアトルを完全に抹殺することができない、どころか、彼の崇拝すらずっと続けてきた…おそらく事情は次のようだったのだろう。たしかに、人身御供を否定する文化神はアステカ人にとって都合がわるかった。しかし、また、彼らが人間世界の生存のために絶対必要と考える集団殺戮の理論とその実践に対しても、彼ら自身、なにか言いしれぬ矛盾と不合理を感じていたのではあるまいか。…アステカ人にとって、ケツァルコアトルの神とは、自分たちのものとはまったくちがう、他の文化圏ないし文化の形態の予感と肯定を意味したのではなかろうか。…　矛盾や混沌がきびしい対立や相克をひきおこさず、さまざまな要素が同居し合っているアステカの宗教体系の中で、ユィツィロポチトリとケツァルコアトルだけが、はっきりとした対立をなす唯一のものだった（八四―八七、一二八―九）。

増田からの引用の後の方に出てきた、アステカの宗教体系において、「矛盾や混沌がきびしい対立や相克をひきおこさず、さまざまな要素が同居し合っている」という点については多少補足しておくべきだろう。タウンゼントは、この点につき、古代メソポタミアとの対比において以下のように整理している。

アステカの宇宙観は古代メソポタミアのそれと対照的である。古代メソポタミアは、光と闇、秩序と混沌、生と死、善と悪といったふたつの力の闘争を強調した。ところが…アステカの思想に宇宙の二元性があっても、それは延々と続く変化のプロセスの中に存在する相互補完的なふたつの力という意味での二元性であり、互いに相手を滅ぼそうと戦うふたつの対立する力ではなかった（『［図説］アステカ文明』一七九―八〇）。

中国の陰陽説を思わせる。アステカ人たちは、原理的に対立するものの相互補完的共存の重視を自らの人生観・世界観の核としていた。そうした態度を基本線としながらなお、ウィツィロポチトリ（およびその同盟軍のテスカトリポカ）とケツァルコアトルの対立だけは、明確なものだったと増田は言うのである。

ただし、ウィツィロポチトリ＝テスカトリポカ対ケツァルコアトル両陣営の対立さえも相互補完的なものであったとする解釈もある（たとえば、『マヤ・アステカの神話』二六七―八）。それによれば、アステカの宗教の主流はまぎれもなくウィツィロポチトリ＝テスカトリポカ派であったが、人々はそれと補完関係をなすものとしてケツァルコアトルとも、言わばほどほどに付き合っていたのである。

以上見てきたように、アステカ（およびインカ）では、太陽信仰が主流だったが、それはいわば国家宗教であった。一般民衆の信仰は農耕にまつわる様々な土俗神に向けられていたとも言われている（『宗教学辞典』一七）。

アステカの宗教は、第四、七章でそれぞれ論じるギリシャ・日本型多神教、中国・インド型多神教と比べると、どちらかと言えば前者に似ている。後者を特徴づける修行論、すなわち、人間が厳しい修行によって時として神をも超える存在になるとする考え方が見当たらない。

ただし、それぞれなにがしかの犠牲の思想は持っていたものの、ギリシャ・日本型多神教には、アステカの宗教にあったような宇宙の存続のための多数の神々の犠牲の物語は見当たらない。これをもって「O型の多神教」の大きな特徴の一つと呼びうるのだろうか。その答えは、次節以下のアステカ以外の両米の諸宗教の検討の後に、第7節でもう一度考えることにしよう。

第3節　古代マヤの宗教

メソアメリカには、テオティワカン、トルテカ、アステカなど、メキシコ中央部に栄えた一連の文明の他にもう一つ、現在のメキシコ南東部ユカタン半島、グアテマラ、ベリーズなどの地域に栄えたマヤ文明という大文明があった。時代的にはマヤ文明の方がずっと早く、たとえばアステカ文明より二〇〇〇年ほど前から始まっている（『マヤ文明の興亡』四〇五）。インカ文明を代表とする中央アンデス文明とメソアメリカ諸文明にはほとんど直接の交流はなかったが、メキシコ中央部の一連の諸文明とマヤ文明との間には、しばしば交流・接触があった。

マヤ文明はそれぞれ神殿を中心に独立に誕生した数多くの都市国家（最盛期には七〇ほどだったと言う：「古代文明冒険紀行　マヤ」）のネットワークとして成立した。アステカやインカのような大国はそこにはなかった。最大級の都市国家ティカルの総人口は最大値で九万人とされている（『古代マヤ文明』一四一）。それでも、マヤの諸国家の人口は、ローマ帝国以後の旧大陸のいかなる古代都市の人口をもしのいでいた（一四〇）。

両米先住民の諸集団のうち、最も発達した文字はマヤで生まれた。アステカ文字はこれよりはるかに未発達であった。美術、建築、天文学の成果も両米先住民中、マヤのそれが最高の水準に達していた。マヤではゼロの概念に似たものも発見されていた。アステカにいたるメキシコ中央部の諸文明は軍事方面に強かったのに対し、マヤは文化方面で高度の発達を見せた。メソアメリカにおけるマヤとメキシコの関係は、古代ヨーロッパにおけるギリシャとローマの関係に多少似ている。

しかし、両文明にはメソアメリカ地域としての共通点も少なくなかった。本書のテーマは宗教であるから、宗教に話を絞ろう。

マイケル・D・コウは、『古代マヤ文明』の中で、メソアメリカ地域の宗教全般の特徴として、以下のものを挙げている。「斬首や心臓摘出などを行う生け贄の儀礼、自分の耳、舌、ペニスなどを傷つけて出血させる自己犠牲の風習、自然界の神に加えて王権を象徴する神などから構成される神々の体系」（一〇）。さらに言う。「あらゆるメソアメリカの宗教は宇宙の創造と破壊が周期的に繰り返されるという考えに基づいていた。また、世界を四つの方位にわけ、中心とそれぞれの方向に、決まった色と神を割り当てていた」（一〇）。

こうした共通点を持っていたのと同時に、アステカとマヤの宗教には相違点も見られた。まず、生贄の儀礼だが、アステカ以前にメキシコ中央部に興ったトルテカの影響が及ぶまでのマヤでは、人間よりむしろ動物を生贄にすることが多かった（二八六）。また、大規模な生贄の儀式もトルテカ人が持ち込むまではマヤにはなかった（二三二）。さらに、青山和夫によると、「マヤ文明では、（トルテカの影響以降も：前川）人身供犠はそれほど執行されず、自らの血を神々に捧げる放血儀礼が主流であった」（『マヤ文明の興亡』二九五）。

他者から生贄にされるのとは違って、放血儀礼では、自発的に神々に、人間にとって極めて重要な、命に次ぐほどに重要な血が捧げられた。

古典期のエリート階層は血というものにひどく固執していた感があり、とくに自らが流す血…にこだわった。…王とその一族にとっては血を流す儀礼がきわめて重要であった…この儀礼は、暦の上できちんと定められた間隔ごとに行われるもので、男性はペニスを、その妻は舌を自ら傷つけて放血する。ペニスに穴をあけるのは、あらかじめ清めの儀礼によって聖化されたアカエイの尾や骨製の「錐」などの特別な用具であった（『古代マヤ文明』二八九）。

マヤ文明の中でもごく早い時期の壁画には、世界を生み出すために自分のペニスを傷つけ、血を捧げている神が描かれている（「古代文明冒険紀行　マヤ」）。アステカにおいて、世界の存続のために多くの神々が自己犠牲を遂げたという神話が、大量の人身供犠の正当化に使われたことが想起される。マヤでは、神の放血の模範にならって、貴族たちが自らの血を、世界の安寧のため、神々に捧げるべきだと考えられたのだろうか。

先のコウからの引用にもあったことだが、実はアステカでも、放血儀礼は行われていた。たとえば、以下のように。「即位した支配者は自らの耳と脚を傷つけて血を流し、真実の証として、またこれから統治する大地との絆のしるしとして、その血を捧げなければならなかった」（『図説アステカ文明』一四八）。しかし、それぞれの文明における宗教をより特徴づけたものは、アステカが人身供犠であったのに対して、マヤは放血儀礼であった。アステカの世界観が非常に悲観的なものだったのに対し、マヤ人のそれも悲観的なものではあった（『マヤ文明の興亡』二一九）ものの、その程度は相対的に軽かったということだろうか。

とは言え、マヤでもやはり人身供犠は行われていた。その際、特徴的だったのは、一般には生贄にされたり、儀礼的な食人（アステカにもあった）に供されたりしたのは身分の高い捕虜に限られていて、身分の低い捕虜が殺されることはなかったということである（『古代マヤ文明』二五二）。アステカのような大量の人身供犠が行われていなかったからでもあったろう。また、戦争では王がしばしば捕獲されて人身供犠にされたとも言われている（『マヤ文明の興亡』四一〇）。その戦争だが、マヤでは基本的に戦争は王と専門の戦士たちが行うもので、一般の民衆を巻き込むことはなかったという。戦争のいたずらな拡大を避けるためだったらしい（「知ら

れざる古代文明　マヤ」)。

マヤにおける人身供犠は、たとえば、干ばつに際し、雨乞いのため、雨の神に捧げたものであった。その際、生贄の首は切断され、さらにそこから頭皮が剝がされた。マヤの人身供犠を支えていたのは、生命の循環の思想であると言う。人間はトウモロコシに養われ、死ぬと、その体は大地に滋養・エネルギーを与える。雨が降り、再びトウモロコシが芽吹く。新たな人生が展開する…(「古代文明冒険紀行　マヤ」)。アステカにも生命の循環の思想はあった。前節でタウンゼントから引用した「死がその次に必ず起こる再生のための一条件にすぎない」などのアステカの思想は、こうした生命の循環とも関わっていた。

これも前節で見たように、アステカ人たちは、原理的に対立するものの相互補完的共存を重視していたが、マヤにも同様の考え方があったようだ(『世界宗教史7』四二)。また、アステカ同様、マヤにも、中国・インド型多神教を特徴づける独特の修行論は存在しなかった。

第4節　中央アンデス文明の宗教――インカの宗教を中心に

同じく両米O型世界に誕生した文明ではあるが、インカ文明を頂点とする中央アンデスの諸文明は、マヤ、アステカなどのメソアメリカ諸文明とは独立に成立した。ともにたとえばエジプト、メソポタミアのような一次文明であった。チャビン、モチェ、ナスカ、ティワナクなど先行するアンデス地域の諸文明を経てインカ文明が成立したのは十五世紀のことであり、アステカ文明の成立とほぼ同時期であった（『物語　ラテン・アメリカの歴史』二五四）。

メソアメリカ諸文明とは独立に成立したものの、インカの宗教にはメソアメリカ諸文明の宗教との共通点も少なくない。もちろん、相違点もある。以下、ともに見て行こう。

まず、インカでもアステカ同様、国家宗教は太陽信仰であった。インカでは君主たちは太陽神の化身・代理人・息子を名乗った（『ペルー・インカの神話』五〇）。アステカでは、君主トラトアニは、即位によってある種の神聖な力を付与されると考えられていたものの、「代理人」はともかく、太陽神の「化身」あるいは「息子」とはみなされていなかった（『［図説］アステカ文明』二八〇）。もちろん、神ともみなされていなかった。

太陽はもともとインカ発祥の地クスコの貴族階級の信仰対象だった（『ペルー・インカの神話』五〇）のだが、クスコのインカたちが勢力を拡大するにつれて、インカ帝国（タワンティンスーユ）全体の公式宗教の信仰対象となって行った（『インカ国家の形成と崩壊』六七）。

インカでも人身供犠は行われていた。ただし、それはごくまれなことで、大きな祭事の時だけ行われた（二三二）。インカでも宗教的目的のための生贄じたいはしばしば行われたのだが、インカでは主としてラクダ科の動物が用いられた。マリア・ロストウォロフスキは、「もしメキシコにラクダ科の動物がいたとしたら、（メキシコでは：前川）人身御供はあれほど盛んにならなかっただろう」と述べている（二六九）。メキシコには、大型動物は少なかったのである。アステカでも、一般的な供儀ではウズラなどの動物の頭部が切り落とされるなどした（『世界宗教史7』

七五）。しかし、重要な祭事ではやはり人身供犠が行われたのだった。

インカの宗教の大きな特徴の一つは、ミイラ作りとその保存である。ミイラの形で身体を保存すれば、いつか再生できると期待されていた。逆から言えば、アンデス世界では、身体が失われるほど悪いことはなかった（『インカ国家の形成と崩壊』一八七―八）。

死んだ王の場合、いまだ再生せず、ミイラの状態にあったとしても、それは、ただの物体なのではなかった。「死んだインカのミイラはすべて生前と同じように、政治生活に関与した。すなわち神託の形式のもとに、さまざまな問題に意見をさしはさんだのである」（二一八）。マヤにもミイラ作りの風習はあった。しかし、例外的なものであった。「マヤパンのココム王朝の時代までは、死んだ王の首級をミイラにして一族の礼拝堂に納め、定められた日ごとに食物を供えていたという」（『古代マヤ文明』二六三―四）。

インカの宗教も多神教であったが、個々の神々の個性は必ずしも明確なものではない。

南アメリカの文化のどこをさがしても、古代ギリシアのオリンポスの神々や古代エジプトの動物の形をした神々の集合体のように、神聖なる神々のパンテオンを連想させる、精巧につくりあげられた多神教的な神話体系は、どこにも見当たらない。人々の生命を支配する、数かぎりのない、霊的で超自然的な神々は、民間に伝承されているオカルティズム、あるいは組織化されたオカルティズムの領域に属しており、純粋に神話学的な体系の中に吸収されるに足るほど擬人化されてはいなかった（『ペルー・インカの神話』五六）。

こうした見方と矛盾するようだが、スペイン人に征服される以前、ペルーの人々は、ビラコチャと呼ばれる唯一神を崇拝していた（一八六）。ビラコチャは創造主で万物を創り、天に住むとされていた。しかし、人々は悪魔にだまされ、この創造主以外にも様々な神を崇拝するようになったという（一二四）。くっきりした姿の見えにくいインカの神々の中でも、ビラコチャのイメージはかなり明確である。

インカの宗教では、国家宗教の対象である太陽神以外にもビラコチャという有力な神がいたことに注意すべきだろう。太陽神信仰とビラコチャ信仰の対立は伝えられていないようだ。アステカのテスカトリポカ＝ウィツィロポチトリ対ケツァルコアトルのような、有力な神々間の対立はなかったのか。

インカを離れ、南アメリカ全体を見渡すと、地域ごとに名前と属性は異なるものの、ビラコチャ以外にも様々な至高神、唯一神への信仰が見られる。ただし、そうした神々は、しばしば人々の日常生活にはほとんど介入しないとされている。人々の日常生活において重きを成しているのはより下位の神々、あるいは悪霊などである（『世界宗教史8』一一九—二〇、『ペルー・インカの神話』二四）。

南米の諸宗教における創造神に関する神話には、しばしば「幾度かの試み」という特徴的なモチーフが見られる。

創造神は、旧大陸の諸宗教におけるのとは異なり、しばしば全智でも全能でもないのである。宇宙と人類の生成には、しばしば「失敗」がつきまとっている。この失敗を克服して初めて、宇宙と人間は神が望んだ姿となるのである（『世界宗教史8』一二二）。

メソアメリカと同様、インカ文明にも終末観があった。「インディオたちは…世界の終末を信じている。同時にまた、その終末の前には、必ず大干ばつがあり、彼らが崇めている太陽と月が消えてなくなる、と信じている」（『ペルー・インカの神話』一二六）。メソアメリカとは異なり、アンデス地域は総じて荒涼としていた。世界の終わりのイメージと大干ばつがつながるのはよく理解できる。

地上絵で有名なナスカは、ことに極端に降水量の少ない地域であり、雨乞いのため、人身供犠が行われた。雨を司るとされたシャチに、犠牲者の首が捧げられた。その際、決して人命は軽んじられていたわけではないと言う。ここでもメソアメリカに見られた「価値あるものを差し出さない限り、より大きな価値は作れない」という思想が背景にあった。アンデスの人々にとっても何よりも大事な物は人間の命だった。多くの人間の命が雨不足で危険にさらされていた時、何人かの人間を犠牲にすることで、危地を脱しようとしたのである。貴族階級が自発的に犠牲になった形跡もあると言う。

ただし、ちょうど古代日本で人間の生贄を止めさせるために埴輪が考案されたように、ある時期から急速に数が増えた人間の首の形をした土器が、人間の生首の代用をするようになったのではないかとの仮説もある（「知られざる古代文明　ナスカ」）。ヨーロッパ人到来まで、人身供犠が続けられていた両米大陸に、こうした動きが出ていたとすると興味深い。アステカにおける人身供犠に反対する神ケツァルコアトルの存在も想起される。

メソアメリカに見られた原理的に対立するものの相互補完的共存という認識は、インカの地にもやはり根付いていた。

教義的には、男と女、太陽と月などなどの宇宙の二元的な対立によって構成される、巨大な装置ができていたように思われる。…地球および宇宙の体系は、対立的であるとともに、和合可能だと考えられていたようである。インカ（皇帝：前川）の主たる機能は、適切な供犠を行うことにより、そして公的な祭儀の循環を遵守することによって、この和合に貢献することであった（『世界の諸宗教I』一八四）。

メソアメリカと中央アンデスの諸文明は互いに独立に成立したにもかかわらず、両者には本当に共通点が少なくない。マヤとナスカに共通に、頭蓋変形の習慣があったこともそうした例の一つである。

第5節　北米先住民の宗教

両米大陸の中でも、メキシコより北の地域には、メキシコ以南とは異なり、大文明が築かれることはなかった。集団の規模、地域全体の人口の点でも、この北米先住民地域はひどく見劣りがした。何がこの地域とメキシコ以南地域の在り様をこのように違うものにしたのか。それについては深入りせず、直接北米先住民たちの宗教の検討に入りたい。

と言っても、単一の「北米先住民の宗教」は存在しない（『アメリカ先住民の宗教』一一）。極論すれば北米の二〇〇以上の部族（一八三）ごとに宗教の内容は異なっていた。メキシコに近い地域は、当時の文化的一大センターであったメキシコの影響を強く受けている。たとえば南西部地方に発達したアナサジ文化の遺産プエブロ・ボニートは巨大な家屋複合体であり、いわゆる「北米インディアン」のイメージをはるかに超えている（『アメリカ・インディアンの歴史』三〇）。ここでは、北米先住民の諸宗教のうち、いくつかの顕著な内容をとりあげるだけとする。ほとんどすべての北米先住民の宗教には、以下のような思想が見られる。

●万物の背後には、ある偉大なる力——時として、偉大なる精霊あるいは偉大なる神秘（例えばワカン・タンカ、マニトゥ、オレンダなどの名で）と呼ばれることもあるのだが——が存在している。この力は…人格神ではない…それは、むしろ宇宙をつかさどる普遍的な力であり、自然界の万物はその力と調和している。人間を含む自然界の万物は、この偉大な力による被造物である。

●宇宙の万物には命があり、精霊が宿っている。精霊の力は、善悪両面にわたって様々なかたちで人間の生に影響を及ぼす。大地は…とりわけ霊力に富むと見なされ、重んじられ崇拝される。すべての命あるものは、お互いに依存し合っている（『アメリカ先住民の宗教』二三―二四）。

北米先住民たちは、人間は、絶えず精霊に祈り、自然と調和して聖なる道を歩むことによって、大地に生きるすべての生き物を守る責任を負っていると考えていた（四一）。それと関連して、ほとんどの北米先住民の部族では、一年に一度、「世界の再生」と呼ばれる世界の秩序と調和を更新し維持するための儀式を行う（八七）。そうした儀式の中で最もよく知られているのが、ラコタ族などの行うサン・ダンス（太陽の踊り）である。

踊りに参加する若い男たちは…三日か四日の間まったく食物も水分も取らずに完全な断食を続ける。踊り手たちは…常に太陽に顔を向けている…彼らは儀式が続く間ずっと小屋の中にとどまり、断食をし、祈り、そして踊る。…ラコタ族の伝統では、太陽の踊りの参加者は、自分の肉体を傷つけることによって自己犠牲を表現した。…部族の精神的指導者が、串か先のとがった棒を踊り手の胸の皮膚に突き刺し、筋肉の奥深くまで食い込ませていく。生皮の長い紐で踊り手の体に刺さった串と中央の棒とが結ばれ、そのようにして繋がれたまま、彼は疲労の極致まで踊り続けた（八九）。

踊っているうちに、皮紐に引っ張られ、踊り手の肉は引きちぎられる。踊りを終えた後も串が皮膚に引っかかっている場合は、ひとに引きちぎってもらうか、踊り手自ら引きちぎる。これが偉大なる精霊（ワカン・タンカ）への捧げものとなる（『ナバホへの旅　たましいの風景』四〇）。この儀礼は太陽を崇拝するものではないとされる（『世界宗教史8』一六四）。儀礼の対象はあくまで偉大なる精霊である。もっとも北米先住民にとっても太陽は特別な存在であった（『アメリカ先住民の宗教』三六八）。オグララ族は偉大なる精霊と、彼らが宇宙の至高の力を表していると考えた太陽を同一視してもいた（『世界宗教史8』一五七）。

太陽の踊りの参加者が、自分の肉体を傷つけることによって自己犠牲を表現したという点について、若干補足しておいた方がよいだろう。サン・ダンサーは、自らの肉体を苦しめることによって、実はワカン・タンカの哀れみの情を引きおこし、これによって部族の存続を（ひいては世界の存続を：前川）確かなものにしようとしたとされる（一六四）。

ワカン・タンカに何かある物あるいは動物を犠牲として捧げるだけでは充分ではない。犠牲は人間にとってほんとうに価値のある大切なもの、つまり人間自身の肉と血でなければならない。サン・ダンスに関するある神話には、血を流すことなく参加者の真剣な気持ちを証そうとすることはできないと明確に示されている（一六七―八）。

ここにも、メソアメリカ、中央アンデス両地域に共通して見られたのと同質の自己犠牲の思想が姿をのぞかせている。ちなみに、インドのヒンドゥー教でも、人間や魔物などが、長く厳しい苦行によって三大神のブラフマー、シヴァを感激させ、恩寵にあずかるという話は珍しくない（第七章第2節）。

サン・ダンスにおける肉と血の犠牲は、メソアメリカ、特にマヤで盛んに行われた放血儀礼に近い性格を持っていたと考えることができよう。

では、北米先住民の間では人身供犠は行われていたのだろうか。北米先住民たちの敵や捕虜に対する扱いも、我々の目には、率直に言って残虐なものに見える。

北米大陸北西部沿岸では、「インディアンたちは、近隣の種族にたいして軍事的勝利を得ることの重要性を非常に意識しており、また競争相手の種族の者たちを殺し奴隷をさらってくるための威力誇示の襲撃は、日常茶飯事だった。…奴隷であることは不運なことであり…大酋長たちが訪問者全員に贈り物をする贈り物祭り（ポトラッチ）のとき、彼らはときには奴隷たちを棍棒で死にいたるまで叩いて財産への軽蔑を表示したのであった」（『アメリカ・インディアン神話』四六―四七）。

捕虜たちを大きな祭りに連れて行き、火の儀式で一日あるいはそれ以上かけて身体の様々な部分を焼き、死に至る拷問を行ったりもした。この習慣は頭皮の剝ぎ取り同様、古代北米ではかなり広く普及していたという（一〇九）。この祭りについては、儀式の詳細はわからない。四年に一度、その血によって部族の幸福を保証するための儀式として、敵の若い女の捕虜を処刑したという話もある（一五八）。これなどは、メキシコ以南の人身供犠と近い。しかし、ある報告では、一般に、捕虜を殺す以外は、人間を犠牲にすることは稀だったとされている（一一二）。
ゾロアスター教を思わせるイロコイ族の宗教は注目に価する（ゾロアスター教については、第六章で論じる）。これについてスマートは以下のように整理している。

イロコイ族の神話では、世界は、善神と悪神からなる双子の神が創造したものだった。善神は、宇宙における情け深いものを作ったばかりでなく、人間の諸習慣も天上の世界の卓越したモデルにならって制定した。悪神は、歪曲され、忌まわしく、生命に逆らうものを作りだした。彼は氷のようであり、硬く、冷たかった。二人の双子は、いずれも、世界に存在する善悪双方の諸霊力を作った。したがって、イロコイ族の宗教の要点は、悪神の影響を受け流し、善神の作った善なる諸霊力を増進することにある（『世界の諸宗教Ⅰ』一九三）。

マヤ、アステカ、インカなどの大文明を築かなかった北米先住民は、二〇〇を超える多くの部族に分かれ、多様な宗教を生み出したが、ここにもやはり、中国・インド型多神教、あるいはその類似物は見当たらない。ここには道教の「道」に近い「偉大なる精霊」の観念はあった。しかし、仙人、つまり、もともとは普通の人間なのに、修行によって神をも超える存在はいないのである。

両米先住民は、第1節で見たとおり、東アジア、東北アジアから両米大陸に渡ってきた人々の末裔である。故地たる東アジアにはO型だけではなく、大量のB型人口があった。ここからB型が消失しO型だけの集団になったことが、両米先住民たちに中国・インド型多神教を成立させなかった大きな要因の一つなのかもしれない。

第6節　両米先住民世界の崩壊

世界史上の巨大な実験とも言うべきO型のみの大陸両米の先住民世界はヨーロッパ人たちの到来によってあっけなく崩壊した。コルテスによるアステカの、ピサロによるインカの征服の有名な物語については、ここであらためて語るまでもない。ここでは、両米O型世界を崩壊に導いた隠れた主役疫病について触れておきたい。

近代医学が疾病の伝播《でんぱ》について多くの発見をする以前、人類は様々な病気の前になすすべを知らなかった。そうした時代に一連の疫病が世界史にどのような爪痕を残したのか。この困難なテーマと取り組んだのが、アメリカの歴史学者マクニールによる『疫病と世界史』である。

記録上のあるいは考古学上の決定的証拠は欠くものの、確実と思われることは、旧世界の主な文明のすべてが、都市文明の発生期から紀元前五〇〇年までの間に、それぞれ独自の、ヒトからヒトへうつる感染症のひとそろいを備えてしまったということである。生活用水を通じて、あるいは昆虫を媒介とし、また直接の皮膚の接触等によってうつる感染症も、住民が密集した都市、それにかなりの人口密度の近郊農村地帯に、大規模に広がっていた。このように、病気に侵されていると同時に病気への抵抗力をもっている文明圏の住民は、それほどの恐ろしい感染症群に馴れていない隣人たちにとって、生物学的に危険な存在だった。この事実のおかげで、文明圏の住民は、おのれらの領土の拡張を、その条件が無かったと仮定した場合に比べ、はるかに容易に実行することができた（上一三六）。

ここで言う「旧世界の主な文明のすべて」とは、中東、インド、中国、ギリシャ（→ヨーロッパ）である。旧世界の主要な文明は常にこの四つだったというのがマクニールの認識である（『世界史』下四〇三）。旧世界のこうした大文明が、軍事力を含む自らの文明の力によって周辺世界を征服したのは確かなことだが、マクニールは、従来あまり注目されていなかった各文明に伴うもう一つの武器、つまり疫病に注目したのである。文明と疫病と言うと一見相反する組み合わせのように見えるが、まぎれもなく、「文明社会は一個の強力きわまる生物学兵器を手に入れ」ていた（『疫病と世界史』上一二六）。

こうした「生物学兵器」が歴史上最も徹底して猛威をふるったのが、ヨーロッパ人の両米征服のケースだった。「一文明の他文明による疫学的文化的消化吸収ということで、文明を備えた共同体が解体してしまう現象も時折生じた。一五〇〇年以後、アメリカ大陸のインディオに降りかかった運命がそれであった」（上一三〇）。マヤ、アステカ、インカ、あるいは、メソアメリカ、中央アンデスも、それぞれ旧世界の四文明に匹敵する独立の大文明であった。とすれば、それらにもそれぞれ独自の感染症、すなわち生物学兵器が備わっていたのではないのか。そうではなかった。

新世界の住民は、自分たちの領土に侵入してきたヨーロッパ人とアフリカ人にうつすべき未知の恐ろしい感染症をなにも身につけていなかった。……このアンバランスの理由は簡単である。新世界は、旧世界の総体としての大きさと生態的複雑さに比較したとき、いわば一個の巨大な島でしかなかったのだ。もろもろの生物が、ユーラシアとアフリカではより高度の進化を遂げていた。これは土地そのものがずっと大きいために、生物の多様性の幅も広かったことに起因する（下八一―八二）。

かくて、両米先住民は想像を絶する災禍に見舞われることとなる。以下の『疫病と世界史』からの長い引用を、前節までに検討した両米の各文明、各集団を想起しながら読んでいただきたい。

最初まず天然痘が到来して猖獗《しょうけつ》を極め、総人口の三分の一ほどを斃《たお》して去ったあと、曲がりなりにも疫学的安定期と呼ばれるような状態が訪れることは決してなかった。はしかが天然痘に踵を接して現れ、一五三〇年から翌三一年メキシコとペルーに広がったのである。まだ当の感染症に曝された経験はないが、感染の連鎖を維持していくには充分の大きさに達した住民を、この病気が襲った場合に当然予想される結果として、死亡者数はおびただしかった。さらに十五年後の一五四六年、別の疫病が出現した。…恐らく発疹チフスだった…悪疫としてのインフルエンザが一五五八年から翌五九年にかけて猛威を振るった。…旧世界ではすっかり根をおろして安定し、あまり深刻でないような病気も、獲得免疫を全く欠く新世界の住民にあっては、死亡率の高い疫病となるのが常だった。それはジフテリアとおたふく風邪であり、それに最初あれほど多くの人命を奪った二種の殺戮者たる天然痘とはしかの繰り返される再発、これらが十六、十七世紀を通して間歇《かんけつ》的に現れ続けたのである。…インディオが直面しなければならなかったのは、次々に現れるヨーロッパからの高致死性の病気だけではなかった。なぜなら、新世界の熱帯地方は、少なくとも何種かのアフリカ産の感染症が根をおろすのに最適の気候条件を備えていたからである。…そのうち新世界に根をおろした最も重要な二種の病気は、マラリアと黄熱病だった。…アフリカ生まれの熱帯性の感染症は、ヨーロッパ渡来の様々な感染症が引き起こした破滅の後を受けて、最後に駄目を押すかのように新大陸に襲いかかって来、各地に大規模に根付いてしまったわけだが、その結果は、以前住んでいたインディオ住民のほぼ完全な消滅だった。…要するに、アメリカ大陸のインディオを見舞った災禍は、今日のわれわれには想像もつかないほどのスケールだった。…インディオのコロンブス以前の人口と、底をついた時点での人口の比率が、二十対一あるいは二十五対一とするのは、場所ごとに大きな差はあったろうが、全体としてはほぼ正しい数字と思われる。…社会全体が粉々に砕け、価値が崩壊し、従来の生き方はそのすべての意味が剝ぎ取られたのだ（下九四―一〇四）。インディオの側も、侵略者たるスペイン人たちも、その奉じる宗教は異なっていたものの、同じく疫病が神の激しい怒りによるものと解釈していた。となれば、神はスペイン人たちに一方的に味方していることになる。

土着の権威の構造は崩壊した。古くからの神々はその座を逐《お》われたかに思えた。キリスト教の伝道師が誇らしげに報告する集団改宗も、これ以上ない好条件に恵まれていたわけだ。……白い皮膚を持った人間の命令に、唯々諾々と従う態度が生じるのは避け難かった。聖なる理法も自然の秩序も、はっきりと原住民の伝統と信仰を非としている以上、抵抗ということにどんな根拠が残っていたと言うのか（下九三―九四）。

両米大陸が旧世界から地理的、文明的に孤立していたことは、遂に旧世界との接触が起こるや、疫病の蔓延という形でそこの先住民たちにこれほどの破滅をもたらしたのであった。マクニールは、両米大陸における一連の疫病の最初となった天然痘の突発がなかったなら、コルテスのアステカへの勝利は不可能だったろうと言う（下九二）。

マクニールのここでの議論はメキシコ以南の先住民についてのものであるが、北米先住民たちも、当然ヨーロッパ人たちの持ち込んだ「生物学兵器」に対し、無事ではいられなかった。彼らもやはり、旧世界から持ち込まれた諸々の病気に対し、無免疫であったからである。ヨーロッパ人からもたらされた銃器の使用により、北米先住民間の戦争が激化したことと、様々な疫病の猖獗《しょうけつ》とによって、北米先住民たちもやはり激減の運命を避けられなかった（『アメリカ・インディアンの歴史』七〇）。両米先住民たちは、急速にキリスト教に改宗していった。

両米大陸は世界の他の諸文明から孤立していただけではない。血液型的にも孤立していた。旧世界との交流があれば、両米大陸がO型だけの天地にとどまることもなかったはずである。第1節でも述べたように、血液型によって、様々な病気への罹りやすさ、耐性の強さにはかなりの差がある。両米先住民たちが、たとえヨーロッパ、アフリカからもたらされた種々の病気に対し、やはり無免疫であったとしても、もし仮にO型だけではなく、旧世界同様にA型もB型もAB型も大量に抱えていたとしたなら、あるいは、十六世紀から両米大陸を蹂躙《じゅうりん》した種々の疫病の災禍は、もう少し穏やかなものだったのかもしれない。病気に関し「ひとつのポピュレーションにとって最も好ましい状態は『構成分子の均衡のとれた多様性』とでも言うべきもの」（『疫病と世界史』上二四〇）なのだから。

第7節　O型の宗教試論

ニニアン・スマートは、こう述べている。「両アメリカの諸地方に創り出された文化の諸類型は、著しく多様であった」(『世界の諸宗教I』一八二)。本章第2節から第5節までに見てきたように、確かに両米先住民諸集団の生み出した文化・宗教は多様であった。しかし、同時にそこには、顕著な共通性も見えた。

本章において見出された両米先住民諸宗教に普遍的な、あるいは頻出する諸テーマは、以下のようなものであった。

1. 人身供犠
2. 放血儀礼、あるいは血と肉の犠牲
3. 太陽信仰
4. 循環的宇宙論、終末観
5. 対立物の相互補完的共存
6. 多神教
7. 中国・インド型多神教の欠如

そして、両米全体、あるいは両米の多くの地域に見られたわけではないが、アステカの宗教における世界あるいは宇宙の維持のための多数の神々の犠牲というテーマは、人身供犠の正当化に用いられたという経緯はあるものの、まことに印象深い。

上に列挙した項目のうち、3から7までは、両米以外の地域にもその例は少なくない。1と2

が、そして、アステカの神々の犠牲というテーマが、両米先住民の宗教を強く特徴づけている。

ただし、人身供犠は実は旧大陸にもあった。放血儀礼、あるいは血と肉の犠牲にあたるものも旧大陸にその例は少なくない。たとえば古代中国でも多くの史跡で、人身供犠の結果らしき首なし死体が数多く発見されている。そう考えると、両米先住民の血なまぐさい宗教的実践は、世界宗教史上飛び抜けて怪異な現象とも言えなくなる。しかし、歴史が進むにつれて、旧大陸の各地にはより洗練された諸宗教が登場し、人身供犠などは次第にすたれていった。両米地域にはそうした洗練された宗教が誕生しなかった。いや、人身供犠などを核とする宗教をおしのけて宗教の主流になるまでには至らなかった。人身供犠に反対するケツァルコアトルのような有力な神格が生み出されても、結局は傍流の地位にとどまった。少なくとも、ヨーロッパ人の到来まで、両米大陸ではそういう状態が続いていた。

人身供犠＝放血儀礼複合とも言うべき宗教的実践の強度には、両米大陸の集団・文明ごとに差があった。何と言ってもアステカの血なまぐささは群を抜いていた。しかし、その南北の隣人たち、マヤ、インカ（中央アンデス）、北米先住民たちも、程度こそ異なれ、アステカと同質の宗教的実践を続けていた。ヨーロッパ人の到来まで、両米大陸のほぼ全地域にわたってこうした宗教的実践を核としない文明が存在しなかったことには、注目せざるをえない。

ただし、人身供犠＝放血儀礼複合という血なまぐさい実践の背後に、「価値あるものを差し出さない限り、より大きな価値は作れない」という犠牲の思想が、両米大陸で普遍的に見られたことも見落としてはなるまい。そして、人間の命、あるいはそれにつながる人間の血と肉こそ、その「価値あるもの」とされていたことをも。

アイリーン・ニコルソンは、「古代アメリカにおける初期の人身供犠は、おそらく自発的なものだっただろう」と言う。それは「世界を救済するため」であった（『マヤ・アステカの神話』一七四）。しばしばO型に強く見られる仲間愛の一つの表現がそれだったろうか。これもO型に強く見られる生への意志と、それと真っ向から対立するかに見える自発的な人身供犠（および放血儀礼）の行いとは、こうした仲間愛に媒介された時、両米先住民世界において対立しなかったのかもしれない。アステカにおける多数の神々の犠牲の物語は、そうした思想の一つの極致であったと言えよう。

第2節でも述べたように、こうした思想は、たとえばキリスト教におけるイエスの十字架上の死の意味付けにもつながってくる。それでも、我々は、ニコルソンの言うとおり、アステカで実践された「大量殺人および不本意な犠牲者の心臓を引き裂くこと」（一七四）が、自発的な人身供犠とは全く別物であることも忘れてはなるまい。

両米大陸では、ギリシャ・日本型多神教と似た多神教がベースではあったが、一神教に似て見える宗教も存在し（中央アンデスのビラコチャなど）、キリスト教を想起させる死と復活の理念もあった（マヤのトウモロコシの神など）。北米イロコイ族に見るように、ゾロアスター教の二元論に類似して見える宗教も存在した。創造と破壊の繰り返しというインド的な循環的宇宙論もあった。マヤとアステカ、さらにインカの「原理的に対立するものの相互補完的共存」など、中国の陰陽説を思わせるものもあった。

このように、旧大陸の様々な宗教や思想が、萌芽的な形で両米大陸には存在していたように見える。両米大陸は、宗教的には旧大陸のミニチュア版だったと言ってよいかもしれない。ただし、あくまでそれらは「萌芽」であった。完成度は低かった。より個々の神々の輪郭のはっきりした多神教も、本格的な一神教も、そして、本格的な二元論的宗教も、それらを生み出したのは、O型、A型、B型、AB型の全てをそろえた旧大陸の諸文明であった。中国・インド型多神教は、両米大陸には存在しなかった。

かつてのO型の天地両米大陸で繰り広げられた諸宗教には、以上のような大きな特徴があった。それは、両米の各先住民集団が全てO型だけから成っていたための諸特徴なのだろうか。あるいは、旧大陸の諸文明から孤立した環境でそれらの諸宗教が成立したという事情の方が要因としてはより大きいのだろうか。両要因は、それぞれどのような割合で寄与したのだろうか。

こうした問いにつき、残念ながら、現段階ではまだ明確に答えることはできない。

第四章　ギリシャ・日本型多神教（A型多住地域の多神教）

第1節　メソポタミア・エジプトの宗教

中東に「肥沃な三日月地帯」と呼ばれる地域がある。現在のイラク、クウェート、シリア、レバノン、ヨルダン、イスラエル、パレスチナ、エジプトにまたがり、太古から中東の中心地域であり続けていると言ってよい。中でも注目すべきは、この地域がともに古代四大文明に属するメソポタミア文明、エジプト文明の揺籃《ようらん》の地ともなったことである。

中東は世界最高のA型多住地域であるヨーロッパに隣接し、ヨーロッパほどではないが、やはりA型の多い地域である。ただし、ヨーロッパが全

「肥沃な三日月地帯」の血液型分布率（参考：サウジアラビア）

	O型	A型	B型	AB型
シリア	37.50%	46.25%	13.13%	3.12%
レバノン	36.11%	47.25%	11.52%	5.12%
ヨルダン	36.62%	38.36%	18.04%	6.98%
エジプト	33%	36%	24%	7%
イラク	37%	30%	25%	8%
クウェート	47%	24%	24%	5%
サウジアラビア	51.0%	26.2%	18.5%	4.3%

シリア（サンプル不明、1996年）：Sakharov RS
レバノン（サンプル5,445人、1953年）：主としてレバノン人のアラブ、ムーラント183
ヨルダン（サンプル12,215人）：1998－2003年、アンマンの献血者
エジプト（サンプル10,045人）：1949年（松田付録13）
イラク（サンプル4,056人）：1966年、売血者（松田付録24）
クウェート（サンプル2,632人）：1968年（同）
サウジアラビア（サンプル57,551人）：1985－1989年、1995－1999年の2度の調査の合計。サウジアラビア東部

体的にほとんど四〇%超と高いA型率を示すのに対し、中東地域は、ＡＢＯ式血液型分布率の地域差がかなり大きい。シリア、レバノン、ヨルダンではA型は四〇%前後で、ヨーロッパなみだが、イラク、クウェート、エジプトではA型率はせいぜい三〇%台半ばである。それでもA型B型の力関係で見た場合、中東も全体としては、ヨーロッパ同様、A型多住地域と言ってよいであろう。

古代メソポタミア文明、古代エジプト文明の時代と現在とでは、病気、民族混淆《こんこう》などの影響で、中東の血液型分布率は変化してきていると考えられるが、古代から現在まで、全体として中東がA型多住地域であるという点は、動くまい。

私は世界の中のA型多住地域の多神教をB型多住地域の多神教とは異なる特徴を持ったものとし、本書で、前者を「ギリシャ・日本型多神教」、後者を「中国・インド型多神教」と呼んでいる。本章のテーマはギリシャ・日本型多神教であるが、メソポタミア文明、エジプト文明の各宗教もこのギリシャ・日本型に属すると言ってよい。この節では、まず、「肥沃な三日月地帯」に生まれたこの二つの古代文明の宗教について検討する。

この「肥沃な三日月地帯」からは、後にユダヤ教、キリスト教が生まれた。さらに、ユダヤ教の強い影響のもと、三日月地帯からはやや離れたアラビア半島でイスラームが誕生した。メソポタミア・エジプトの宗教は、後の三大一神教との関連でも非常に重要なテーマとなる。「この地球に住むひとびとの半数が信仰する宗教が、「肥沃な三日月地帯」で創始された宗教に起源を持つ…もっとも古い文化に由来する宗教が現在もなお続いていることになる」(『一神教の誕生』一二三)。

（1）メソポタミアの宗教

人類最初の本格的な都市文明は、現在のイラク、クウェートにあたるメソポタミアの南部地域シュメールで誕生した。シュメール人は北方諸地域から南下し、メソポタミア南部に住み着いた。シュメール語はセム語には属さず、他の諸言語との明確な関係も現在まで見出されていない。シュメールに次いでメソポタミアに栄えたのは、シリア砂漠からやって来たセム語系のアッカド語を話す遊牧民族であった（『世界宗教史1』九四―九五）。メソポタミアの宗教は主としてこの二つの民族によって形成された。エリアーデによると、「両者の創造的才能は異なっていた…とりわけ宗教の領域では、両者の差異が著しい」（九五）。

最も初期のシュメールの宗教では、千を超える神々が存在していたと言う。しかし、シュメールが衰えた頃には、その数は数十に減っていた（『多神教と一神教』三一―三二）。神々の吸収合併が進んだのである。その作業の中心となったのは神官たちだった。神官たちは多神教であるシュメールの宗教の体系化を推し進めた。天空神アン、大気神エンリル、水神エンキの三大神の他、月、太陽、金星の三天体神が重んじられた。シュメールの実質的な最高神であるエンリルは、「神々の会議」で決めたことをためらいなく実行したとされる（『シュメル神話の世界』五四）。アッカド以降のセム語族の宗教が、メソポタミアにおいてマルドゥクなどの至高神の信仰を育てたことと比べ、興味深い点である。

神官たちは、神々について全てを知り、神々を喜ばす、ないしそれが不可能ならば神々をなだめる方法を知っているとされた。これが彼らに大きな威信を与えた（『世界史』上六〇）。

人間の起源については四つの物語があった。中でも興味深いのは、人間は人間創造のために殺されたラグマ双神の血で作られた（『世界宗教史1』九八）というものである。前章で我々はO型文明アステカの宗教に見られる世界（宇宙）の存続のための大量の神々の犠牲という教義に注目した。O型に加えA型も多く住んだと思われるシュメールの地にも、神々の犠牲というテーマはあったのである。時代的にはシュメールの方がアステカよりも何千年も早かった。もっともシュメールには、アステカのように繰り返し、大量に神々が犠牲になるという神話はなかったようである。

シュメールでは人間は何のために神々によって創造されたと考えられていたのか。「身ごもった女神たちは次々に出産し、神々が増えたので、神々は食物を得るために働かねばならなかった。…つらい仕事に耐えていた神々は不平をいい出しはじめた。きつい仕事をさせられた低位の神々はことにそうだった」（『シュメル神話の世界』二六）。そこで人間が神々の労働を肩代わりするために創られたのである（iii）。

シュメールには永遠の命という思想はなかった。人間は神によって土から創られ（人間の起源についてのシュメールの物語の一つ）、死んだら土に戻るのみなどと考えられていた。限られた人生を充実させることがシュメール人の目標だった（「四大文明第2集　メソポタミア」）。死者が生前の行いの如何を問わず一律に行かねばならなかった冥界は、一度そこへ下れば、戻ってくることはかなわない「暗く埃だらけの不快な場所」（『シュメル神話の世界』一八一）だった。死後のことには何も期待は持てなかった。そこで限られた人生を充実させることがシュメール人の目標となった（「四大文明・メソポタミア」）。

シュメール人たちは、宇宙の秩序はたえず乱されていると考えていた。世界を混沌に戻す元凶として神話的な大蛇が想定されていた。さらに、人間の罪、過失によっても宇宙の秩序は乱されると考えられた。このため、世界は新年祭によって周期的に再生ないし再創造されなければならなかった（『世界宗教史1』九九—一〇〇）。

シュメールを征服しメソポタミアの覇者となったセム系のアッカドは、三大神などシュメールの宗教から多くのものを引き継いだが、セム系独自の壮大な総合をメソポタミアの宗教にもたらした。アッカドによる最も重要な宗教的創造物は『エヌマ・エリシュ』と『ギルガメシュ叙事詩』とされるが、前者につき、エリアーデはこう述べている。「シュメール文学には、壮大さにおいて、劇的緊張において、そして神統記と宇宙創造神話と人間創造神話を結びあわせる努力において、これに比較できるものはない」（一一二—三）。

『エヌマ・エリシュ』は、より古い神々とより新しい神々の対立・葛藤の中から宇宙が創造され、マルドゥクが至高神となる過程を語ったものである。その概略は以下のとおり。

天空神アヌや全知神エアなど若い神々は、はしゃぎ回り、大声を出して宇宙の最初の大神アプスーの安息をかき乱した。アプスーは若い神々を殺そうと思う。妻ティアマトの諫《いさ》めも聞かず、計画を実行に移そうとするが、エアは機先を制し、アプスーを殺してしまう。

アヌも古い祖神たちを攻撃するが、ティアマトの逆襲が始まる。ティアマトとティアマトの創り出した「一一の合成獣」(『シュメル神話の世界』四四)の軍団の猛威を前に、アヌもエアも戦意を喪失するが、エアの息子マルドゥクが、自らを至高神として認めることを条件に、この軍団との対決に乗り出す。マルドゥクは勝利し、ティアマトの死体から天地を形成した。また、ティアマト軍団の首領キングを殺し、切り裂かれたその血管の血から「神々に仕えさせ、神々を休息させるために」人間を創造した(『世界宗教史1』一一三―一一六)。

エリアーデは、この神話に以下の解釈を与えている。

マルドゥクが天地を形成したのはティアマトの死体からであった。…それゆえに、宇宙は二重性を持つことになる。すなわち、まったく悪魔的であるとはいえないとしてもすくなくとも両義的な「素質」と、神的な「形式」(形式はマルドゥクによって創られたのだから)をもつのである。…世界は、一方の混沌として悪魔的な「原初性」と、もう一方の、神の創造性・現前性・知恵との「混合」の結果である…これはメソポタミアの思索が到達した、もっとも複雑な宇宙創造の定式であろう(一一七)。

アッカドは、人間の創造については、人間が神に仕えるために創られたとする点、また、人間が殺された神から創られたとする点でシュメールを引き継いでいる。ただし、人間観は悪化しているとエリアーデは言う。「人間はキングの血という悪魔的物質で創られている。シュメール版との差異は重大である。人間はその起源によって、すでに断罪されていると思われるので、悲劇的ペシミズムについて語ることが可能である」（一一七―八）。人間も世界も最初の素材は、「地位を失い、悪魔にされて、勝利した若い神に殺された原初の神の身体」（一一八）なのだった。キリスト教の原罪の思想を想起させる。

エアによるアプスーの殺害に始まり、マルドゥクによるティアマト、キングの殺害まで、『エヌマ・エリシュ』では、一連の神々の「創造のための殺害」（一一六）が行われた。世界（宇宙）の創造が成就するためには、神々が犠牲にならなければならない――我々はここで、シュメールの場合と同様、アステカにおける神々の犠牲のテーマを想起しても良い。

『ギルガメシュ叙事詩』の主人公ギルガメシュは、シュメールでは、「ビルガメシュ」と呼ばれていた。シュメール語で書かれたビルガメシュを主人公とする複数の物語の中から取捨選択して、アッカド語の『ギルガメシュ叙事詩』が編纂されたのであった（『シュメル神話の世界』二二六）。「三分の二が神、三分の一が人間」の主人公ギルガメシュ（二〇〇）は、不死を求めて旅をするが、それは果たされなかった。小林登志子は『シュメル神話の世界』で、こう語っている。「苦悩の後に、人間は所詮死すべき存在で、死は免れえないことを甘受するにいたるギルガメシュの姿はまさに古代オリエント世界の人々が共感する死生観」であった（二五九）。

ギルガメシュは単なる人間ではなかった。「英雄」であった。『ギルガメシュ叙事詩』では、真に「英雄的」な徳も人間的条件を超えさせることはできないとされたのであった（『世界宗教史1』一二三）。アッカドの宗教思想において人間は、あくまで「死すべきものとして創られ…ただ神に仕えるためにのみ創られた」（一一八）。アッカドの人間観は、『エヌマ・エリシュ』に語られた点以外でもやはり悲劇的なものであった。ここでは、「人間と神々との隔たりは、越えがたい」(一三〇)。

(2) 古代エジプトの宗教

「肥沃な三日月地帯」に生まれたもう一つの古代文明エジプトは、先行するメソポタミア文明の影響を受け、マクニールによれば、メソポタミアで千年ないしそれ以上かかったことを半分以下の時間で実現した(『世界史』上七八)。ただし、地理的に外敵に侵入されやすかったメソポタミアに対し、地理的に孤立し、天然の要害によって外敵から守られていたエジプトでは、文明や文化の条件が根本的に異なっていた。そこに生まれ展開した宗教も、メソポタミアのものとは少なからず異なっていた。

既に見たように、メソポタミアの人々は永遠の命という発想を持たず、限られた人生を充実させることを重んじたのだが、エジプト人には強い来世信仰があった。エジプト三千年の歴史において一〇〇〇万体とも一億体とも言われるミイラが作られた(「四大文明第1集　エジプト」)のもこの来世信仰と関わる。肉体を識別できる形で残しておくことが来世で生きるのに不可欠とされていたのである(『図説古代エジプト史』一一八)。エジプト人は、エジプトでの生活やエジプトで味わえる幸せに喜びを感じていて、来世でも同じ暮らしを続けたいと願っていたという(一一八)。

このように、両文明では、死のとらえ方が異なっていた。『ギルガメシュ叙事詩』が不死を求め、その探求に敗れた主人公を描いたのに対し、エジプトでは死んで甦った神オシリスが、「死の征服を願うあらゆる人々のモデルとな」った（『世界宗教史1』一五二）。オシリスはエジプトで最も多くの人々の信仰を集めた神の一人であり（一四五）、また、エジプトで非業の死を遂げた唯一の神でもあった（一四六）。エジプト人はオシリスの神話を中心に死の神秘についての思索を深め、ファラオのみならず、万民が死後、来世で暮らす、すなわち「死を征服する」という救済論を体系化したのだった（一六九―七〇）。

メソポタミアでは太陽神は「大いなる神々」の一人ではあったものの、国家神として重要視される存在ではなかったが（『シュメル神話の世界』一一）、エジプト人にとって太陽は一種の国家神であった。第三王朝以降、キリスト教が勃興するまで、エジプトでは太陽を創造主とする信仰が中心であった（『図説古代エジプト史』七四）。

生命が持続するのに必要である以上、この神秘的な太陽の動きはなんとしてでも守らなくてはならなかった。…冥界の中で、太陽は肉体的に再生し、それによって、さらに二十四時間進みつづけるエネルギーを注入される。…毎朝かならず太陽が昇ることに、エジプト人は自分も来世で復活する保証を求め、太陽の日々の運行に、宇宙の秩序維持という決して終わることのない任務が遂行されているのを感じていた。…自然現象の中で、太陽ほどエジプト人の注意をひいたものはほかになかった（八三）。

エジプトの王ファラオも、太陽との関連でその存在と権威が理解された。ファラオは、天地を創造して支配する太陽神の息子のうち、唯一肉体を持った子であるとされた。メソポタミアでは基本的に王は神とは見なされなかったが、ファラオは神とされた。「王が地上の創造主という役割をになっており、大空を進む太陽の完璧な写し身だった…地上の王は…混沌との戦いでは秩序を守る側として（太陽と…前川）共同戦線を張った」（九二）。エジプトの神殿は太陽を中心とする宇宙を動かし続ける装置と位置付けられていた。そこの至聖所で、王の命を受けた神官たちは万物の生存に欠かせない儀式を執り行った（九九）。こうした重責を担ったことで、神官たちは時としてファラオをもしのぐほどの権力を手にしていた（「エジプト発掘　第2集」）。彼らの政治への介入は時に甚だしいものとなった。

エジプト宗教史において異彩を放つ第十八王朝のアク・エン・アテン王の宗教改革は、こうした状況下に起こった。神官たちの権力からの自由の希求が、この王による改革の理由の一部とされる（『世界宗教史1』一六二）。

アク・エン・アテン王は、エジプト古来の多神教を否定し、当時有力だったアメン神を筆頭に他の神々を排除して、生の普遍的源泉であり、太陽神と同一視された至高神アテン（太陽球）のみへの信仰を主張した（一六二）。世界初の一神教の試みとも評価される改革だった。しかし、もともと王室と廷臣に限られた信仰であったこの改革（一六四）は短命に終わり、王の死後、エジプトには昔ながらの多神教が復活した。正統と見なされた王の名を載せた王名表から、アク・エン・アテン王はその関係者の名ともども削除された（『図説古代エジプト史』三三）。王が使用していた日輪（アテン）の図像が存在していたことを示す痕跡も全て消去されるというありさまだった（五二）。

アク・エン・アテンの改革とその失敗以降、エジプトはまるで化石化でもしたように動かなくなった。「それ以後エジプトは、宗教上の伝統を改めて…新しい現実を解釈しようとする努力を一切放棄してしまった。そこで、あらゆるものごとに頑《かたくな》な保守主義の態度をとり、ただそれが悠久の昔から伝わったというだけの理由で、古代の学問の一字一句もゆるがせにしないことが、ふつう一般の精神的態度になった。…エジプトは…古来の政治、文化上の特性を、ローマ時代まで守りぬくことができた」（『世界史』上一三三）。

エジプトのこうした強固な保守主義は、実はアク・エン・アテン以降だけのことではなかった。もともとエジプトには早い時期からこうした特徴が見られた。ヨーロッパの学者はこの傾向に「不動主義」の名を与えている。「伝統的儀礼形式の固定性、原初になされた武勲や偉業の反復は、宇宙の秩序をこの上ない神の働きであると考え、あらゆる変化に混沌への退化と、それゆえに、悪魔的な力の勝利をみる神学の論理的帰結である。…この傾向は、原初の創造があらゆる観点――宇宙論的、宗教的、社会的、倫理的――からみて完全だという理由で、それをそのまま保持することに努力が払われた」（『世界宗教史1』一三六）。アク・エン・アテンの改革は、エジプト文明のこうした伝統の中に置いてみなければ、いかに画期的あるいは衝撃的なものであったか、わからないであろう。

メソポタミアの宗教とエジプトの宗教には、多くの共通点も指摘できる。

まず、どちらにおいても、世界を秩序と無秩序の戦いと見、世界の秩序はたえず乱されつつあるため、宗教と王権は秩序の側に立って戦うべきだとされた点が挙げられる。シュメール人は世界を混沌に戻すおそれのある大蛇の存在を考え（九九）、エジプト人も太陽神の存在を脅かす、したがって宇宙の秩序を脅かす大蛇アポピの存在を考えた（一四三）。宇宙の秩序を再建し、宇宙の秩序を守るために、毎年の新年祭が重視された点も、両者に共通していた。

エジプトの歴史を通じて、秩序と無秩序の戦いは、オシリスの子で王権の主神であり、秩序の守護者であったホルスと、オシリスの弟で無秩序を形象化した神であるセトとの戦いとしても描かれた。オシリスを殺害したのもセトであった。セトはホルスが守る秩序を乱そうと絶えず活動していた（『図説古代エジプト史』八五）。しかし、宇宙の秩序を脅かす大蛇アポピと同様に、セトも汲みつくしえない力の化身として、決定的な仕方では殺害されえなかった（『世界宗教史1』一四九）。エジプトの宗教で最もまとまった量のエピソードがあるのは、ホルス神とオシリス神にまつわる神話であるという（『図説古代エジプト史』八五）。このホルスとセトの戦いは、後のゾロアスター教の善悪二神の戦いの教義を想起させる。

メソポタミアに、人間の創造のため、また、宇宙の創造の過程で殺害される神々というテーマが存在したのに対し、エジプトにもオシリスという殺害される神が存在した。そして、そのオシリスは死んで復活する神であったが、メソポタミアにもドゥムジ（タンムズ）という、死んで復活する神があった。

一神教との関わりで言えば、メソポタミアには、マルドゥクのような一神教の神の全能性に近い力と権威を備えた神が出現したし、エジプトにはアク・エン・アテン王による一神教的な信仰運動が見られた。メソポタミアについて言うと、『エヌマ・エリシュ』成立の頃、マルドゥクを神々の王とし、他の神々の属性をマルドゥクの権能の中に取り込むことが計画されたらしい（『シュメル神話の世界』四三―四四）。

「肥沃な三日月地帯」の宗教の影響は、一神教にのみ及んだのではなかった。次節で検討する古代ギリシャの宗教にもその影響は色濃かった。マクニールは、シュメールの宗教の後世への影響について次のように述べている。

（シュメールの…前川）信仰の体系は、ひじょうに強力だった。三千年の間、メソポタミアの神官たちは、シュメル人が文明の歴史のはじまりに考えだした観念と儀式にさらに磨きをかけつづけた。さらに、数多くの未開民族が、シュメルのパンテオンの偉大な神々が、実際にこの世をおさめている、と確信した。…その子孫たち――ギリシャ人、ローマ人、ケルト人、ゲルマン人、スラヴ人など――は空、雷、太陽、月などを崇拝しつづけたが、それらの神の力と性格は、古代シュメルの神官の思索から生まれたものなのである（『世界史』上六二）。

第2節　古代ギリシャの宗教

(1) 古代ギリシャの神々

メソポタミアの『エヌマ・エリシュ』では、宇宙創成が古い神々と新しい神々の対立に絡めて語られた。エジプトのホルスとセトの戦いも、ホルスがセトの甥にあたるわけだから、世代間対立の要素をはらんでいる。古代ギリシャにも、この神々の世代間対立が見られた。対立の機軸をなしたのは父と息子のそれであった。

体系化されたギリシャ神話で語られる古代ギリシャの最初の神々の王の夫婦は、天空神ウラノスと大地の女神ガイアであった。ウラノスは、ガイアとの間に生まれたヘカトンケイルたちとキュクロプスたちをタルタロス（一種の地獄）に押し込めた。ガイアはこれを恨み、ウラノスとの間に生まれたティタン神群を扇動してウラノスに復讐しようとした。これにティタン神群の一人、クロノスが応じた。クロノスはウラノスから暴力的に神々の王位を奪取した。

しかし、クロノスはウラノスとガイアから、自らもまたわが子に王位を奪われるという予言を受けた。そこで、クロノスは妻レイアとの間に生まれた子を、五人まで次々に呑み込んでいく。レイアは当然、クロノスを恨み、第六子のゼウスを何とか隠し、育てた。成長したゼウスは、レイアと知恵の女神メティスの策により、クロノスに呑み込まれていた三人の姉と二人の兄を解放した。ゼウスは姉・兄たちとともにクロノスを中心とするティタン神群と十年にわたって戦い、勝利して、神々の世界の支配権を手に入れた。オリュンポス神群の支配が確立した。

ここまで二度にわたって神々の王がその息子に王位を奪われたわけだが、父から王位を奪ったゼウスは、今度は自分がわが子に同じことをやられるのではないかと不安に思った。そこにガイアとウラノスの警告が下った。ゼウスはクロノスとの戦いを支えてくれたメティスを最初の妻にしていたのだが、ゼウスがメティスとの間に子をつくるのはよくないというのであった。

知恵の女神メティスからは並はずれて賢い子供たちが生まれることになっている。まず「父親に劣らぬ気性と賢い思慮を備えた娘御」つまりアテナ。そして、「そのつぎには　傲慢な心もつ息子を　神々と人間どもの王として　生むことになっていた」（『神統記』一一一―一二）。

もちろん、第二子の息子の方が問題だったのである。この息子が「神々と人間どもの王」となるためには、ゼウスからの譲位がなければ、当然ゼウスを倒さなければならない。この息子が生まれれば、二代続いた息子による父王からの権力奪取劇が、間違いなく繰り返されるであろう。

そこでゼウスは、なんと生まれる直前のアテナもろともメティスを呑み込んでしまった。ゼウスの王権を脅かす息子の誕生はこうして阻止された。神々の王位をめぐる父と息子の対立はここに終わりを告げ、ゼウスを頂点とするギリシャの神々の世界は安定したものとなった。その上、ゼウスは、メティスの比類ない知恵をも手に入れた（一一一二）。

しかし、この話には続きがあった。メティスを呑み込んだ後、ゼウスはひどい頭痛に苦しむようになる。ゼウスはたまらず、古代ギリシャのハイテクの神とも言うべき、火と鍛冶の神へパイストスに命じて、斧で自分の額を割らせた。そこから、なんとメティスとともにゼウスに呑み込まれていたアテナが、甲冑《かっちゅう》に身を固め、成人した姿で飛び出してきた。もともとゼウスからの王位簒奪《さんだつ》の不吉な予言は、メティスとの間の息子に関してなされたものであった。アテナまで呑み込む必要は本来ゼウスにはなかったろう。不吉な予言にあわてたか、アテナまで亡き者にしようとしたゼウスであったが、アテナはゼウスの体内でゼウスの頭痛を引き起こし、首尾よく生まれ出ることができたのであった。

その後アテナは、他の神からやっかみが出るほどゼウスに愛された（『イーリアス』上二一―二）。古代ギリシャにおける神々の深刻な世代間対立は、終息したのだった。メティスはゼウスに呑み込まれたままだったが。

古代ギリシャの神々の王位をめぐる世代間対立、息子による父王の駆逐は、メソポタミアの宗教（シュメール、アッカド両者の）における神々の犠牲、世界（宇宙）創造のための一連の神々の殺害というテーマの一種の変奏曲とも取れる。

ギリシャの神々の世界のもう一つの波乱要因は、神々の王とその妻の対立であった。既に見たように、ウラノスとガイア、クロノスとレイアは、夫の子供への処遇をめぐって対立した。それが、神々の王位の世代交代を促進することにもなった。ここでは、夫と対立した妻たちは、息子と組んだのであった。

ゼウスの場合はどうだったか。まず、自らの王位を奪う息子が生まれることを恐れ、ゼウスは最初の妻メティスを呑み込んだ。ゼウスはメティス自身に対しては不満も敵意もあったわけではないが、やはりここでも夫婦の利害は対立していた。そして、後にゼウスは姉ヘラを正妻に迎えるのだが、このヘラとゼウスの仲は、最悪であった。

原因はまずゼウスにあった。美貌でこれ以上はない高貴な生まれの正妻がありながら、ゼウスは他の女神たちや人間の女たちと次々に不倫を重ねたのであった。気の強いヘラは泣き寝入りするばかりではなかった。

ヘラはある時は、ゼウスのあまりの仕打ちに、ポセイドン、アポロン、アテナの助力で、ゼウスを皮紐で縛り上げた。後に『イーリアス』の英雄アキレウスの母となるテティスの助けがなければ、ゼウスの権力は終わりを告げただろうともいう（『ギリシア神話』六四）。

ヘラはまた、もともとはメティスが生む寸前まで胎内で育ててはいたものの、形の上ではゼウスが独力でアテナを生んだことが気に入らず、これに対抗してヘパイストスを独力で生んだ（異説もある）。ヘパイストスは、容貌に恵まれず、ヘラに邪険に扱われた。

ヘラは「彼神（ゼウス：前川）は、…自分ひとりが、不死である神々の中に飛び離れて、権力でも強さにかけても、優った者と思ってるのです」（『イーリアス』中三二〇）と他の神々に不平を鳴らすが、事実そのとおりで、ゼウスはヘラの反抗を許さなかった。厳しい罰も与えた。ヘラはしかし、恋敵、すなわちゼウスの不倫の相手たちへの念入りな意趣返しは忘れなかった（『ギリシア神話』六六）。

神々の中で王位に就いた後のゼウスに反抗的な態度をとったのは、ヘラだけではなかった。ポセイドンは、ヘラに協力してゼウスを縛り付けた一件以外でも、しばしば、ゼウスへの不満を口にし、逆らった。ポセイドンには兄弟どうしである自分とゼウスは本来、対等なのだという思いがあった。「やれやれ、いかさま彼（ゼウス：前川）も強くはあろうが、思い上がったことを言うもの、同じ位を保つ私を　無理やりに　力ずくでも抑えようとは。…腕力でなど私を　臆病者扱いして、脅かそうとはゆめ思うまいぞ。自分の娘や息子どもを　乱暴な言葉でもって叱っていたら、ずっとましであろうものを、自分が生んだ子供たちをだ」（『イーリアス』中三二五）。

アポロンはアテナと並び、ゼウスに特に愛された。少なくともホメロス以来、アテナがゼウスに次ぐ第二位の、アポロンがそれに次ぐ第三位の格の大神ともされた（『ギリシアの神話　神々の時代』一四四、一五六）。それでもアポロンは、二度、ゼウスの怒りをまねいた。最初はヘラ、ポセイドン、アテナと組んでゼウスを捕えた時である。この時は、ゼウスは怒って、彼をポセイドンとともにトロイアに送り、そこで人間であるラオメドーン王に一年間仕えさせるという変わった罰を下している（『ギリシア神話』八七）。二度目は、アポロンの息子アスクレピオスがその奇跡的な医術の力で死者を蘇《よみがえ》らせたため、自然の秩序を乱したとしてゼウスに雷電で殺されてしまった時、アポロンが狼藉《ろうぜき》をはたらいたためであった。この時もゼウスは、罰としてアポロンを長期間人間に仕えさせている（八七）。

人間に仕えさせられることは、人間をはるかに超えた境地にいる神々にとって大変な屈辱であった。ましてや、アポロンは並はずれてプライドの高い神であった。彼は本来自分への侮辱を決して許さなかった（八六）。しかし、相手がゼウスでは勝手が違った。

アテナは女神で、ゼウスの娘であったが、アポロンは男性神、ゼウスの息子であった。ギリシャの神々の王位をめぐる代々の父・息子対立に即して考えた場合、ゼウスとアポロンの対立のエピソードには、実はより深刻な含意もうかがえる。

ゼウスはオリュンポスの最高神であったが、万能ではなかった。オリュンポスの神々は、それぞれ生まれ持っての得意な領分を持っていた。たとえば愛の神アフロディテには、神々の激しい欲望をかきたて、愛の冒険に駆り立てるという楽しみがあったが、この女神がその気になった時には、ゼウスも形無しだったという（一三九）。『イーリアス』には、ヘラの願いを聞きいれて、睡眠の神がゼウスをしばらく眠らせるという話も出てくる（『イーリアス』中二九六以降）。何より、最高神ゼウスも、「運命」の力の前には無力であった。この「運命」の問題は大きなテーマなので、（3）で詳しく論じる。

先にゼウスはギリシャの最高神ではあるものの、ゼウスと対立する神々のエピソードは少なくないことを述べたが、ゼウスと他の神々に限らず、古代ギリシャの神々は、様々な組み合わせで、しばしば対立した。それは、ティタン神群とオリュンポス神群というような古い神々と新しい神々の戦いとは限らない。ギリシャの神界の最終的覇者となったオリュンポス神群の間でもしばしば戦いが起こった。『イーリアス』では、オリュンポスの主だった神々が様々ないきさつから、ギリシャ方、トロイア方に分かれて戦った。『イーリアス』第二〇書のタイトルは、ずばり「神々の戦い」である。

ゼウスは、オリュンポスの最高神ではあったが、以上に見てきたように、一神教の神のような絶対性は持っていなかった。また、ゼウスは智恵ある神として語られ、強大な神としては語られても、「善なる神」としては語られていない。少なくとも、ゼウスのその面は強調されていない。

この点も一神教の神との対照点である。

一神教、特にキリスト教との関連で重要な古代ギリシャのもう一人の神は、受難と復活の神話で知られるディオニュソスである。ザグレウスという神は、ゼウスとデメテルあるいはコレーとの間の息子であったが、妬まれてティタンたちに八つ裂きにされた。アテナが、この神の心臓だけを救い出した。アテナからまだ脈打っているこの心臓を受け取ったゼウスは、ティタンたちを雷で打ち、この心臓からディオニュソスを創造した。ディオニュソスは、「亡ぼされ、消え去り、生命を失い、それから再び生れた神」（プルタルコス）として、永遠の生命の象徴となった（『ギリシア神話』二二五）。ディオニュソスは、メソポタミアのドゥムジ（タンムズ）、エジプトのオシリスと並び、キリスト教のイエス復活の物語の下地になったと言ってよいであろう。

(2) 古代ギリシャ宗教における人間の位置

以上、古代ギリシャの神々について検討してきた。以下、古代ギリシャの宗教において、人間がどのように扱われているのかを見て行こう。

古代ギリシャでは、人間の創造について複数の神話がある。たとえば、大地の女神ガイアが、宇宙および最初の神族だけでなく、人類をも生んだ（『ギリシア神話』二二）。ティタン族が人間の先祖とされることもある（二二）。ある伝承は、あの火の英雄プロメテウスが、人類を創造したという。土と水（ないし彼の涙）で彼が最初の人間の身体を作り、それにアテナが魂と生命を吹き込んだのだと言う（三四）。ギリシャの抒情詩人ピンダロスは人類の起源をもっと高貴なものとした。「人間と神とは同族である。われわれは、生命の息吹きを同一の母に負うている」(三四)。ヘシオドスによると、最初の人類は、クロノスと同世代に属し、ゼウスによる主権確立以前、完全な幸福を享受した。これが人類の黄金時代とされる。

クロノスが支配していた間、神々と人間とは理解しあって暮していた。ヘーシオドスは次のように述べている。「当時、食事は一緒に行われた。人びとと不死の神々は共に腰を下した。」オリュムポスの神々がやってくると、何もかも変ってしまった。ゼウスは、人間に対し、神聖な主権を主張した（三五―三六）。

ゼウスを頂点とするオリュンポス神群の登場により、古代ギリシャの神々の世界は完成・確立したと言ってよいのだが、人類の黄金時代はそれ以前、クロノスがゼウスに追われる以前にあったのだとする考え方が古代ギリシャには存在したのである。

ゼウスの支配権確立後、神々と人間の間ははっきりと隔てられた。人間ははっきり神々よりランクが下の存在となった。本村凌二が言うように、実は乱暴も失敗も決して少なくないギリシャの神々には人間味があふれているが、だからと言って人間の側から気安く接することができる存在ではなかった（『多神教と一神教』一二八）。ゼウスの支配権確立後、そうなった。

そうなると、人間は、二つの点で神々を不快にするようになった。「一つは、道徳律を破ることにより――その場合、人間は神々の怒りをまねいた――、あるいは、あまりにも幸福であり裕福でありすぎることによって——この場合、神々の妬みをひき起した。こうした場合、何れにしても、不謹慎な人間は、ネメシスすなわち神の怒りに追及された」(『ギリシア神話』二四六)。

同じく多神教とは言っても、A型多住地域のそれ、「ギリシャ・日本型多神教」の大きな特徴の一つこそ、まさにこの神々と人間の間の明確なランク差、明確な力の差である。それが、人類の黄金時代が終わった後に生じた事態だとする見方が古代ギリシャにあったことは、まことに興味深い。

『イーリアス』においてゼウスは、人間たちに対して絶対の強者である神々のさらにその頂点に位置しているためか、人間たちを尊重してはいない。人間たちに対し、慈愛あふれる大神としてふるまってはいない。むしろ、「ゼウスは、人間どもが戦って滅んでいくのを眺めて楽しんだりする神であった」(『ホメロスの世界』一六四)。『イーリアス』の極めて悲劇的な、冷酷とも言える展開を操っているのは、神々、なかんずくゼウスなのであった(一三八)。

『オデュッセイア』では、神々の性格は『イーリアス』とはかなり異なったものとして描かれ、ゼウスやアテナは基本的に正義の実現者とされているが(一三八)、それでも、登場人物の一人は、世に不幸・苦しみがあふれるにまかせていると見えたゼウスについて、こう愚痴っている。「父神ゼウスよ、あなたより酷い神は他にはおられぬ。あなたは御自分が生まれさせておきながら、人間たちが不幸や耐え難い苦しみに遭うのを憐れむことをなさらぬ」(松平訳『オデュッセイア』下二一六)。

ここまで古代ギリシャの宗教におけるゼウスを頂点とする神々と人間の位置づけ、相互の関係について見てきた。基本的に両者の序列は明確で、神が上、人間が下であった。ところが、古代ギリシャでは、この二つの集団の間にもう一つ別のカテゴリーが存在していた。「英雄」である。ギランはこの「英雄」につき、「要するに、英雄とは、もともとは理想化された人間で、半神となり、そして、階級的には人間とオリュムポスの神々との中間に位置するものであった」（『ギリシア神話』二五七）と整理している。

たとえば、『イーリアス』『オデュッセイア』両叙事詩の主要登場人物たち、アキレウス、オデュッセウス、ディオメデス、大アイアース、メネラオス、ヘクトル、パリスなどや、怪物退治で知られるヘラクレス、ペルセウス、テセウス、アルゴー号で黄金の羊毛を探しに行ったイアソンなどが英雄の代表だろう。アキレウス、ヘラクレス、ペルセウス、テセウスなど、少なからぬ英雄たちは神の血を引いていたのだが、神々とは異なり、不死ではなかった（『ホメロス』二二）。

人間に対し絶対の強者と位置付けられている神々が、『イーリアス』『オデュッセイア』両叙事詩において、この英雄たちにはけっこうしてやられている。たとえば、ギリシャ軍の強者の一人ディオメデスは、らしくもなく戦場に出てきた美の女神アフロディテの手を槍で傷つけている（『イーリアス』上一八〇）。ディオメデスは、さらには戦争の神アレースの下腹を青銅の槍で突き刺し、アレースを苦痛に喘《あえ》がせている（上二一〇―一）。『オデュッセイア』には、ギリシャの強者メネラオスが「海の老人プロテウス」というエジプトの神をつかまえ、貴重な情報を聞き出すというエピソードが出てくる（呉訳『オデュッセイアー』上一一八―一二三）。

もっとも、神々の傷はどんなにひどくても常に治り、その身体は永遠に若さを保ったし（『ギリシア神話』四六)、メネラオスの手柄は、プロテウスの娘の女神の導きによるものではあったのだが。ディオメデスがアレースに一槍みまった時にも、アテナの手助けがあったとされている。

ギリシャの宗教では、神と人間には絶対の序列がある。必ず神が上で、人間は下である。この絶対の序列、絶対の秩序が攪乱《かくらん》されるケースは、「階級的には人間とオリュムポスの神々との中間に位置する」英雄の場合だけであった。既にあげた例以外にも、たとえば英雄の代表ヘラクレスは、タナトス、ハーデス、アレース(『ギリシア神話』一二〇)などしばしば有力な神々を負かしている。アポロンともやりあったことがある。しかし、英雄ならぬ普通の人間たちには、神々は「絶対に敵わない相手」「全く次元の違う相手」なのであった。

(3) 運　命

フェリックス・ギランは、ゼウスと運命の関係についてこう述べている。

神々の上に、ゼウス自身の上にも、全ての者が従わなければならない最高の力、モロス、すなわち「運命」がうろついていた。…ゼウス自身、モロスの決定を破棄することができず、最も身分の低い人間と同様に、それに従わなければならなかった。そのうえ、彼は、「運命」の決定を破棄しようとする気にも全くならなかった。というのは、彼自身最高の叡知をもった神であったので、運命の定めた、もの事のたどるべき道を覆せば、彼が治める責任のある宇宙を、混乱に陥し入れる(ママ)ことに気づいていたからであった(『ギリシア神話』四五)。

先に見たように、ゼウスは二つの予言によって、メティス、テティスという二人の女神への態度を決したのだが、それはとりもなおさず、それらの予言の内容を「運命」の定めとして受け入れたからであろう。メティスをめぐるウラノスとガイアの警告・予言については既に述べた。テティスをめぐる予言は、人類に火をもたらしたとされるプロメテウスによって発せられた。彼には予見の力があった（三三）。

ネレウスの娘テティスは美しかったため、ゼウスからもポセイドンからも求婚されていたのだが（一八五）、プロメテウスは、もしゼウスがテティスと結ばれたなら、彼を王座から追い落とす息子が生まれる危険があると予言したのだった（四〇）。ゼウスはこの予言を受け入れ、テティスをあきらめた。そして、テティスを人間と結婚させることにし、テッサリア王ペレウスをその相手に選んだ（一八五）。テティスの夫がもし人間なら、二人の間の子はそれほどの脅威にはなるまいとの判断からだった（『神の文化史事典』三四二）。この子こそ、『イーリアス』の英雄アキレウスだった。

英雄たちの生き方の独自性は、「運命」への対し方によく表れていた。最高神ゼウスも、「運命」の力の前には無力であった。ゼウスでさえそうなのだから、その他の神々も人間も、特別な人間である英雄たちも、やはり運命の力には抗えなかった。問題はその先である。運命は変えられないと退嬰《たいえい》的になるのか、変えられない運命をそれはそれとして受けいれた上で、生きている間は前向き、能動的であり続けるのか。アキレウスを代表として、特に『イーリアス』の英雄たちは、後者の道を選んだ。人間には運命の限界を超えることができないのであっても、「その限界すれすまで自分を高めることができるはずだ。このようにして卓越という徳がことさら重んじられることになる。その理想が、ヘラクレス、テセウス、アキレウスら数多くの英雄伝説として花開いたのである」（『多神教と一神教』一二九）。運命の不可避性は、英雄たちを絶望させるどころか、かえって強くしたのだった。

第3節　日本の多神教　神道――『古事記』神話を中心に

中東とギリシャ（ヨーロッパ）とは、地理的に接続し、文化的・宗教的交流も密だった。これに対し、本章で論じるもう一つの地域日本は、言うまでもなく両地域から地理的に遠く隔たっている。それでもこの章で日本を論じるのは、ひとえに、日本も中東・ヨーロッパ同様にA型多住地域だからである。そして、日本の多神教である神道が、他のA型地域の多神教と大枠で共通傾向を持つからである。それは、第七章で論じるB型多住地域の多神教、すなわち中国・インド型多神教との対比においてである。私はA型多住地域の多神教を、我々に特になじみのある地域の名を冠して、「ギリシャ・日本型多神教」と呼ぶことにした。

（1）記紀神話──『古事記』神話を中心に

ここでは、日本の多神教神道を論じるが、特に、B型多住地域インド生まれで、同じくB型多住地域中国を経由して日本にもたらされた強力な宗教仏教の影響のほとんど及んでいない記紀神話、中でも『古事記』神話を中心に考えていきたい。

『古事記』はその「序」によれば、七一二年に元明天皇に奏上されたとされている。『日本書紀』は七二〇年の成立である。『古事記』は、上中下三巻に分かれ、三浦佑之《すけゆき》が言うとおり、上巻が神々の世界を扱う神話の巻であり、中巻が、神々の世界から人間の世界への移行期、下巻が人間の世界、人間天皇を扱っていると言ってよい。『日本書紀』は、全三〇巻中、最初の二巻が「神代」、すなわち神話の巻である。古事記の中巻にあたるのは、第三―一〇巻、十一―二二巻が下巻にあたり（ただし、『日本書紀』第一五巻までで『古事記』下巻の内容はほぼ尽きている。第一六巻の武烈天皇から、第二二巻の推古天皇までの時代については、『古事記』は簡単なスケッチしか残していない）、二三―三〇巻は『古事記』が扱わなかった天皇の時代を語っている。この節では、主として『古事記』で言えば上中巻の内容、『日本書紀』では、一―一〇巻の内容を論じることになる。

『古事記』神話と『日本書紀』神話は大枠では同一の内容を持ち、古代日本人の宗教的世界観をよく伝えているが、両者の間にはいくつかの重要な差異も存在する。以下、『古事記』に即して議論を進め、必要に応じて適宜『日本書紀』に言及する形をとりたい。

『古事記』神話のおおまかな流れは以下のようになる。

天と地が初めて姿を見せた時、高天原《たかまのはら》に三人の神々が現れた。アメノミナカヌシ、タカミムスヒ、カムムスヒである。この神々はすぐに隠れてしまう。その後、様々な神々の誕生が告げられるが、それらの神々の具体的な事績は何も語られない。

『古事記』神話が具体的に動き始めるのは、イザナキ、イザナミという二人の神の登場からである。イザナキが兄で、イザナミが妹だが、二人は同時に夫婦でもあった。二人は最初に生んだ失敗児のヒルコを葦船で流した後、その交わりによって、日本の国土や様々な神々を生む。最後に火の神カグツチを生むと、イザナミは、その熱でダメージを受け、弱り、死んでしまう。イザナキは黄泉《よみ》の国にイザナミを連れ戻しに行くが、うまくいかず、地上に戻る。イザナキの禊《みそぎ》の際に、アマテラス、ツクヨミ、スサノヲの三貴子が生まれる。

イザナキは、太陽の女神アマテラスを自分の後継者とし、高天原を治めるよう命じた。また、ツクヨミには夜の国を、スサノヲには海を治めるよう命じた（つまり、地上を支配するよう命じられた者はいなかった。そこは、国つ神というイザナキ、イザナミから生まれた別系統の神々が既に支配していたからだろうか）。しかし、スサノヲは言うことを聞かず、激怒したイザナキは、スサノヲに追放を言い渡した。

スサノヲはアマテラスにわけを話してから去ろうとするが、スサノヲの心をはかりかねたアマテラスとの対決となる。ここで、不思議な展開（ウケヒ）となり、それぞれに子が生まれ、アマテラス名義の子は天皇家につながっていく。

この後、スサノヲは高天原で大暴れし、アマテラスは一時天の磐戸に隠れ、大混乱となった。

スサノヲは遂に高天原から追放される。地上に降りたスサノヲは、怪物ヤマタノヲロチを退治して、ヲロチの犠牲になりかかっていたクシナダヒメを解放し、妻とする。ヒメは国つ神でイザナキ、イザナミから生まれた山の神オホヤマツミの孫だった。ここに高天原からやってきた天つ神スサノヲと、国つ神の結婚が成立した。これが、両系統の神々の最初の婚儀であった。スサノヲは高天原には戻らず、二人の子ヤシマジヌミの系統が国つ神の本系となる。この系統にオホクニヌシが生まれる。

根の国（黄泉の国）に去ったスサノヲに代わって、オホクニヌシが地上の支配者となる。オホクニヌシはスサノヲの娘スセリビメをはじめ、多くの妻を持った。そこから多くの神々が誕生し、地上は栄えたが、ある時、アマテラスが、地上はわが子オシホミミが治めるべき国だと言い出す。この高天原の最高神の意志に従い、天つ神たちは地上に降り、オホクニヌシに降服（国譲り）を迫る。両陣営を代表した天つ神タケミカヅチと国つ神タケミナカタの対決も、あっけなく前者の勝利に終わり、オホクニヌシは自らの住いとして出雲大社の起源となる大宮殿を要求し、国譲りを受け入れる。この結果、アマテラスの孫ニニギが地上に降臨し、天つ神と国つ神の統一が果たされる。アマテラスが最初に地上を治めさせようとしたオシホミミは、地上に降りることを嫌ったのだった。

地上に降りたニニギは国つ神オホヤマツミの娘コノハナノサクヤビメと結ばれ、ホデリ（海幸彦）、ホスセリ、ホヲリ（山幸彦）という三人の子が生まれる。ニニギは、オホヤマツミが、コノハナノサクヤビメとともに差し出したその姉イハナガヒメを、醜い容貌を嫌って送り返したことで、永遠の命を失ったとされる。高天原の血を引くはずの天皇家が永遠の命を持たないことの縁起譚である。

　ホデリとホヲリは、ホヲリがホデリの大切な釣り針を失ったことで仲たがいし、対決するが、ホヲリの勝利に終わる。ホヲリは失くした釣り針を探しに行った海の底で、海の神ワタツミの娘トヨタマビメと知り合い、妻とするが、二人の間の子の系統から、記紀で初代天皇とされる神武《じんむ》天皇（カムヤマトイハレビコ）が誕生する。


　前節で論じたギリシャ神話では、神々の王たちとその息子たちの代々にわたる対立が語られていたが、古事記神話の世界では、全く様相が異なっている。神々の王位をめぐる親子対立は存在しない。イザナキはアマテラスに高天原の王位をゆだね、姿を消す。イザナキとスサノヲには対立が生じるが、それは、スサノヲがイザナキの王位を狙ったからではない。スサノヲがクシナダヒメを妻として後の国つ神の系統でも、スサノヲがオホクニヌシに何回もの試練は与えるものの、最後はオホクニヌシに手助けしたわが娘スセリビメともども祝福を与えている。そもそも、オホクニヌシとの一連のやりとりをした時点では、スサノヲは地上から根の国に移っていた。なお、オホクニヌシは『古事記』ではスサノヲの六世の孫だが、『日本書紀』ではスサノヲの子となっている。

　これに対し、『古事記』では、神々のきょうだい間の争いが目立つ。イザナキとイザナミは兄妹であり、夫婦であったが、イザナキが黄泉の国にイザナミを訪ねたことで、二人の関係は暗転した。アマテラスとスサノヲの対立は、神々の王位をめぐってのものであるかどうかははっきりしないが、スサノヲの高天原からの追放を招いた（もっとも、後にスサノヲはヤマタノヲロチの尾から取り出した草薙の剣をアマテラスに献上している）。オホクニヌシは、兄たち（八十神）にいじめられたが、スサノヲの祝福を受けた後、その兄たちを追い払い、地上の王者となった。ホデリとホヲリも対立し、ホヲリの勝利に終わった。

　古事記神話の神々の夫婦たちの関係も、波乱含みのものが少なくない。先のイザナキとイザナミの他にも以下のような話がある。ニニギは妻コノハナノサクヤが自分とのただ一夜の交わりで妊娠したと告げたことを怪しんだ。コノハナノサクヤは身の潔白を証明するため、燃え盛る火の中でホデリ、ホスセリ、ホヲリの三人の息子を生んだ。ホヲリは妻トヨタマビメに課された禁を破ってその出産の様子（トヨタマビメは巨大な鰐《わに》あるいは鰐鮫《わにざめ》〈『ビギナーズ・クラシックス　古事記』一二二〉の姿で子を産んでいた）を覗き見てしまい、深く恥じたトヨタマビメはホヲリのもとを去る。オホクニヌシはあれこれ手助けしてくれたスサノヲの娘スセリビメを正妻として迎えたが、なぜか二人の間には子がいない。オホクニヌシは、他の多くの妻との間には多くの子をもうけている。

　このように、『古事記』神話にも神々の対立・緊張関係は描かれているのだが、その終息は相手の完全な否定には終わっていない。天つ神と国つ神の対立でも、ギリシャにおけるオリュンポス神群とティタン神群の争いのような激しさはない。国譲りにしても、高天原（天つ神）が善で出雲（国つ神）が悪というような語り口にはなっていない（『神話と日本人の心』二三四）。前者が後者を殲滅するということもない。

河合隼雄は『神話と日本人の心』で『古事記』の国譲り神話について、『日本書紀』の関連箇所と対照しつつ、以下のように論評する。

非常に大切なことは、オオクニヌシが国譲りの条件として、自分の住所だけは、天つ神の御子の子孫の住所と同じようにして欲しいと言い、タケミカヅチも了承したのである。つまり、片方が他方を抹殺したり、征服したりした、という形ではなく、相手の神格を守りつつ国を譲り受けるという方法をとったのである。…このことは実に稀有なことではないだろうか。当時における「神事」の重要性を考えると、現実の政治向きのことは高天原系に譲り渡すが、宗教的な支配権は保持する、というのだから、ほとんど対等と言っていいほどの妥協である。神話の時代では、世界中で「祭政一致」の思想が強くはたらいていたと思うのだが、このような「分離」をしてまで妥協して、武力衝突を避けたのは、相当な均衡の知恵がはたらいたと言うべきである（二四四—五）。

河合は、『古事記』神話の大きな特徴として以下のようなことも述べている。

興味深い交錯…これが日本神話の特徴である。つまり、何らかの原理によって統一するとか、対立する原理をどのように統合してゆくかという考えによらず、原理的対立が生じる前に、微妙なバランスを保つように、異種のものの混在や、結びつきをはかるのである。そこにおいて最も大切なのは調和の感覚なのである（一二九）。

こうしたことと関連して、最高神アマテラスは、無謬性を持っているわけではないし（一三三）、ギリシャのゼウスと比べても明白な主神と言いがたいところがある（一七二）。高天原に最初に現れた三人の神々の一人、タカミムスヒが国譲り神話のはじめから、アマテラスと並ぶ高天原の最高神としてふるまい始める（『口語訳古事記』八三）。しかも、アマテラスと並ぶ高天原の最高神はほどなく、なぜか「タカギノカミ」と呼ばれることになる。タカミムスヒとタカギノカミの関係についての説明はない（八六）。『日本書紀』では、国譲り神話で高天原の神々に命令し、全てを取り仕切っているのは、アマテラスではなく、タカミムスヒであった。そこにはアマテラスの名は全く出てこない（『神話と日本人の心』二五二）。

アマテラスと対立・対抗するスサノヲは、『古事記』全体を通して、そのあり方・役割を変容させ続けた。

1　高天原の異端児。幼児的で乱暴であり、その結果、地上へ追放される。

2　地上に至るや、英雄神に変貌する。八頭の竜ヤマタノヲロチを退治してクシナダヒメを解放し、ヒメを妻とした。ここに天つ神と国つ神の混血が始まる。スサノヲは出雲を治める。1での乱暴狼藉、最高神アマテラスとの対立にもかかわらず、スサノヲは悪として葬り去られることはなかった（『神話と日本人の心』一九二）。

3　スサノヲは、『古事記』ではほどなく、根の国に移り、自らの六世の孫オホクニヌシに様々な試練を課して鍛える。「老賢者」的な姿を見せるのである（『神の文化史事典』二八六）。

『古事記』神話におけるスサノヲの存在感は決して最高神アマテラスに引けを取らない。アマテラスより登場シーンも多いし、むしろ、ある意味でスサノヲの方が目立つ。注意すべきは、「このようにいろいろと多様な役割をとらせつつ、なおかつ、スサノヲは主神ではない、という構造を日本神話はもっている」(一九一)ということである。

『古事記』神話のスサノヲ以外の神々は、基本的に誕生の時からその職域、管轄分野が定まっている。

『古事記』神話では基本的に神々は不死の存在であるが、例外的に二人の神の死が語られている。一人は既に多々論じたイザナミである。このイザナミの死について、河合は次のように語っている。「重要な火をもたらすために、言うならば、大女神がその身を犠牲にして生み出してくれた、という事実が相当に深い意味をもつ、と考えられる」(七〇)。火が文明の誕生・発達にとって至上の価値を持ったことは言うまでもない。「神々の犠牲」については、本書で第三章以来、注目してきている。

もう一人の神の死は、以下のような話である。国つ神たちの支配する葦原の中つ国に、高天原から降服を迫りに派遣されたアメノワカヒコが、オホクニヌシの娘シタデルヒメを妻とした。そして高天原に背いた。この咎《とが》で彼はタカギノカミの放った矢で胸を射抜かれ、死んでしまったのだった。

実は、『古事記』では、もう一人、とびきり重要な神が死んでいる。ただし、その神は何度も死に、その後、何度も生き返っている。オホナムヂことオホクニヌシである。オホクニヌシは、稲羽のヤガミヒメをめとりたいと望んでいた兄たち（八十神）に、ヒメを妻としたことを妬まれ、この兄たちによって焼けた岩に押しつぶされ、また、太い木の割れ目に挟まれて死んでしまった。そのたびにオホナムヂの母神が現れて、彼を復活させている。ドゥムジ（タンムズ）、オシリス、ディオニュソスを想起されたい。

イザナミ、アメノワカヒコ、オホクニヌシ以外のタイプの神々の死は、既に触れたニニギ以降の地上のアマテラスの系統、天皇家の系統の死である。すなわち、神々が人間化したことによる死である。『古事記』神話にはこの二つのタイプの神々の死が語られている。

ギリシャ神話と日本神話（『古事記』神話、あるいは記紀神話）を比べた時、明確な違いの一つは、ギリシャ神話に見られた、神々、特に神々の王ゼウスをも超える強大な運命についての思想が、日本神話には、少なくとも明確な形では、どうやら見当たらないということである。

ただ、『古事記』『日本書紀』ともに、中国の道教、儒教の影響を受けている。それらとともに、「天命」の思想（本書第七章第1節で詳論）も中国から日本に入っていた。『日本書紀』には、重い病となり、死を覚悟したヤマトタケルが、「天命たちまちに至り、余命幾ばくもありません」と父天皇に奏上する場面が出てくる（『日本書紀』（二）一〇四、四八二、『全現代語訳日本書紀』上一七一―二）。

（2）記紀神話における人間・天皇・英雄

『古事記』では、人間の誕生はどのように語られているのだろうか。

『古事記』では、冒頭のアメノミナカヌシ、タカミムスヒ、カムムスヒの出現からイザナキ、イザナミの登場までの間、他の様々な神々の出現が語られているのだが、その最初はウマシアシカビヒコヂであった。『古事記』ではその出現がこう語られている。

できたばかりの下の国は、土とは言えぬほどにやわらかくての、椀に浮かんだ鹿猪の脂身のさまで、海月なしてゆらゆらと漂っておったのじゃが、そのときに、泥の中から葦牙のごとくに萌えあがってきたものがあっての、そのあらわれ出たお方を、ウマシアシカビヒコヂと言うのじゃ（『口語訳古事記』一六）。

三浦佑之によれば、ウマシアシカビヒコヂは、「立派な葦の芽の男神」という意味になる（『古事記への招待』二六）。三浦は、このウマシアシカビヒコヂ誕生の神話こそ、『古事記』における人間の誕生の物語だと言う。

古事記には人間の誕生が語られていないというのが一般的な見解です。たしかに、人はこのようにして生まれたと語る神話はありません。しかし、わたしは、このウマシアシカビヒコヂこそ、最初に生まれた人あるいは人間の元祖となる存在であり、この神話は人の出現を語っているのだと考えています。なぜそう考えるかというと、別のところで、人は「うつしき青人草」と呼ばれているからです（『古事記への招待』二六）。

「うつしき青人草」という表現は、イザナキが黄泉の国にイザナミを訪ね、イザナミの変わり果てた姿に恐れをなして地上に逃げ帰るという神話の中に出てくる。そこで人間が草と呼ばれているることと関連付けて、三浦は正に草のように生えてきたウマシアシカビヒコヂこそ、「最初に生まれた人あるいは人間の元祖となる存在」と考えたわけである。確かに、『古事記』において、ウマシアシカビヒコヂのそれのような「萌えあがる」「生える」誕生の仕方は、他の神々については語られていない。

ただし、『日本書紀』では、様子が異なる。まず、正書にはウマシアシカビヒコヂが出てこない。一連の「一書に曰く」のいくつかには出てくるが、ある「一書」では、国常立尊《くにのとこたちのみこと》の誕生が、「葦の芽がはじめて泥の中から生え出したようである。それが人となった。国常立尊という」（『全現代語訳日本書紀』上一七）と語られ、「萌えあがる」「生える」誕生の仕方は、ウマシアシカビヒコヂだけのものではなくなっている。

『古事記』における人間の誕生については、三浦説を紹介するにとどめ、次の問題に進もう。神と人間の関係と、それとの関連で、天皇、英雄の位置づけである。

そもそも日本神話における「神」とはいかなるものなのか。三浦佑之によると、「日本語の『神』は善なるものだけをいう語ではなく、人には推し量れない力をもつもの、あるいは力そのものを『神』と呼ぶ。したがって、原義的にはカミは恐ろしいものであ」る（『口語訳古事記』三一）。「人には推し量れない力をもつもの、あるいは力そのもの」なのであるから、当然、神は人間を超えている。人間の思い通りにはならない。

そこから、次のような展開も生じたのだろう。民俗学者谷川健一によると、「ヤマト朝廷に烈しく抵抗する人々…も（ヤマト朝廷から見て：前川）『邪しき神』『邪しき鬼』にほかならなかった」（『日本の神々』五七）、「（ヤマト朝廷と敵対する：前川）先住の異族も国つ神と呼ばれていた」（七〇）。

こうした「神」は、端的に言えば人間である。ただし、記紀神話の担い手たちとは敵対する人間たちであった。記紀神話側、天皇権力側からすれば、彼らの存在は、簡単には自分たちの思い通りにならないものとして、「神」なのであった。

本書で私が神道（記紀神話）をギリシャ・日本型多神教とし、神々と人間とには絶対の序列の差があると言う時、記紀神話側、天皇権力側の敵＝「神」は、「神々」から除外して考えている。彼らは本書ではあくまでも「人間」である。

記紀神話においては、人間が修行の力で時として神々（今、範囲を確定した意味での）をもしのぐという中国・インド型多神教の特徴は見られない。古代ギリシャの宗教と同様、基本的に神々は常に人間を凌駕する。日本神話において、神々は非常に人間くさく描かれるのだが、それでもこの序列は動かない。ただし、天皇と英雄については、事態はもっと複雑である。以下、それぞれについて検討しよう。

天皇家の人々は記紀神話においては、高天原の神々の末裔、アマテラス直系である。『古事記』上巻は、天皇家がこうした神々の血を引いていると語ることを最大の目的としていると言ってよいであろう。しかし、現実の天皇たちは死を免れない存在であった。イザナミ、アメノワカヒコ、オホクニヌシという例外はあるが、記紀神話の神々は基本的に不死である。この矛盾を解決するために、記紀神話は、既に見たニニギとコノハナノサクヤビメ、イハナガヒメ姉妹の物語を用意した。

この物語による天皇の死の発生の説明は、全く唐突なものである。不死の天つ神の中でも、アマテラスの孫というとびきりの出自を持つニニギが、国つ神のイハナガヒメの受け入れを拒否したために、姉妹の父オホヤマツミの呪いを受け、死すべき存在になってしまい、ニニギの子孫たち（当然、その子ホデリ、ホスセリ、ホヲリを含む）、天皇たちも、死すべき存在になってしまったと言うのだから。

この説明の説得力の問題にはこれ以上深入りしない。ここで確認しておくべきことは、『古事記』中巻から下巻にかけての天皇の性格の変化である。中巻のはじめで初代天皇として語られた神武天皇から、中巻の終わりに河内王朝の始祖として語られた応神天皇までは、純然たる人間天皇ばかりとは言えない。神武は始祖天皇として仮構された天皇だし、応神《おうじん》は、母オキナガタラシヒメ（神功皇后）が、遠征先の新羅で、子が、すなわち応神が生まれそうになったため、出産を遅らせようと、腰に石を巻きつけて九州に帰ってから生んだとされている。三浦は応神のこうした異常な出生譚は、応神の河内王朝の始祖天皇的性格を物語っていて、応神に神としての性格が付与されているとしている。中巻は神と人の間の存在としての天皇を扱っているのである。これに対し、仁徳天皇で始まる下巻は、正に人間天皇を扱っている（「NHKカルチャーラジオ　古事記への招待」第一〇回）。

天皇たちの神々との力関係は複雑である。まず、天皇はアマテラスの血を引く神の子ということになっている。神そのものと言ってもいい。ニニギとイハナガヒメの一件によって死すべき存在になったとはいえである。『古事記』下巻の雄略《ゆうりゃく》天皇と一言主《ひとことぬし》の神の問答では、天皇は一言主大神にひたすら敬意を払うのだが、天皇が帰る時には、「大神は山々の峰に満ち溢れるほどにお伴を引き連れての、長谷の山の入り口まで送り届けてくれたのじゃ」（『口語訳古事記』三二七―八）という次第になる。これについて、武田友宏は、大神の丁重な見送りによって天皇の権威は守られたとし、ここでは「天皇の王威と神威とが対等」とし、さらに、「やがて訪れる律令時代には、こんな話など生まれようもないほど、神威は下落していく」としている（『ビギナーズ・クラシックス　古事記』二四四―五）。天皇は、権威において、アマテラスなどの特別な神々以外の一般の神々には引けを取らなかった。

ところが、『古事記』中巻の末尾近く、応神天皇の前の仲哀《ちゅうあい》天皇は、その大后オキナガタラシヒメに依り憑いた神の言葉を怪しんだため、その神に殺されたと語られている。この神は、ソコツツノヲ、ナカツツノヲ、ウハツツノヲの三神で、黄泉の国から帰ったイザナキが水の中に入って禊をした時に生まれたとされている。「アマテラス大神の御心」として、オキナガタラシヒメに依り憑いて言葉を伝えたとされている（『口語訳古事記』二二二）。この三神は必ずしもアマテラス直系のはずの天皇より格上の神々とも思えないが、こうした神々が「アマテラス大神の御心」の名において、仲哀天皇をはるか格下の存在として扱っているのである。アマテラスの系統に属するはずの天皇が、アマテラスの意志、高天原の動きを全く知らないのも印象的である。

記紀における神々と天皇の関係は、必ずしも首尾一貫したものではない。天皇家は、アマテラス直系というとびきりの神の家系とされながら、ニニギとイハナガヒメの一件によって死すべき存在になった、つまり人間化の過程に入った。天皇家は神々と人間の間の存在なのである。その意味で、不安定な存在と言ってよい。このことから、時には神々に勝る権威を示し、時にはそれほど格の高くない神々にも簡単にやられてしまう。

『日本書紀』には、自軍に有利なお告げを与えてくれたとして、天武《てんむ》天皇が、「三神の位階を引上げてお祀りになった」（『全現代語訳日本書紀』下二五九）という不思議な記述が出てくる。これに関し、谷川健一はこう述べている。「神が人間に位階を授けるというのではなく、人間が神に神階を授けるという奇怪なことが日本では古代からおこなわれてきた。…神階はもとより神の軽重とは関わりないが、…人間が神に位階を授けるということはまことに奇妙であり、不審である。しかしそれが格別ふしぎがられることなくつづき、歪曲がおこなわれた」（『日本の神々』一三一―三四）。神に神階を授けるのは、当然、一般の人間のやることではない。

記紀神話における英雄の存在もまた、注目すべきものである。神々から人間への移り行き、神々と人間の中間の世界を描いたとも言える『古事記』中巻には、『古事記』全体を通しての最大の人間―英雄ヤマトタケルの物語も含まれている。

ヲウス（ヤマトタケル）は、父景行《けいこう》天皇に兄をたしなめるよう命じられると、「夜明けに、兄が厠《かわや》に入る時をねらって、待ち捕まえて摑み潰し、その手と足とを引きちぎり、薦《こも》に包んで投げ捨ててしまいました」（『口語訳古事記』一九三）という、父天皇を仰天させるような「たしなめ方」

をする御子であった。三浦は、このエピソードにふれ、「ここに示されるヲウスの暴力性、凶暴さは、彼の英雄的な性格の一つの側面である。その横溢する暴力性＝力を制御できないところに、ヲウスの悲劇は孕まれている」（一九三）としている。「悲劇」のはじめは、その横溢する暴力性＝力を父天皇にうとまれたことであった。

父景行天皇は、ヲウスに次々に困難な外征の任務を与える。まず、九州南部のクマソタケル兄弟討伐を命じる。ヲウスは策略を用い、難敵を倒した。「ヤマトタケル」という名は、その敵から捧げられたものである。その後、ヲウス改めヤマトタケルは、「熊曾の国から帰り上る時に、山の神や河の神や穴戸の神（海峡を領有する神：一九七）などを、みな言向け和らげて東への道についた」（一九六）が、まっすぐ倭へは向かわず、出雲へ向かい、これも難敵のイヅモタケルを策略で倒す。タケルは都へ戻るが父天皇は、タケルをねぎらいもせず、「東の方、十あまり二つの国に沿うた道の荒ぶる神と、従おうとしない人どもを言向け平らげよ」（一九九）と、またしても困難な任務に追いやった。

タケルは東へ向かう途中、伊勢で叔母ヤマトヒメと会い、こう嘆く。「大君はもう、わたしなど死んでしまえとお思いになっているからでしょうか、いかなるわけで、西の方の悪い人どもを撃ちに遣わして、帰り上ってきてからまだいくらの時も経ていないというのに、軍人をもお与え下さらず、今また、東…に遣わされるのでしょうか」（一九九―二〇〇）。

ヤマトヒメは、ヤマタノヲロチの尾から出た草薙の剣などをタケルに授け、励ました。タケルは東へ向かい、「道々に出逢うた山や河の荒ぶる神と、従わぬ人どもを言向け、和らげ平らげていった」（二〇一）。さらに東に達し、走水の海を渡ろうとした時、その渡りの神がそれを妨げた。オトタチバナヒメの入水により、何とか向こう岸に渡ると、なおも奥に進み、「行き遭うごとに荒ぶる蝦夷どもを言向け、また、山や河の荒ぶる神どもを平らげ和らげ」東のはてまで征服する（二〇三）。都への帰路、足柄の坂本では、白い鹿に姿を変えていたその坂の神を殺してしまう。尾張のミヤズヒメと夫婦の契りを交わすと、タケルはなぜか草薙の剣をヒメのもとに置いて、伊吹山の神を征服しに行く。伊吹山の麓に着くと、タケルは「この山の神など、素手にてもたやすく倒せるものよ」と大口をたたく。さらに山を登って行くと、巨大な白い猪と出逢う。タケルはまたも挑発的な言葉を口にした。それが破滅のはじまりだった。

ヤマトタケルは、言挙げをしての、「この白い猪に姿を変えているのは、この山の神の使いであろう。今殺さずとも、帰る時に殺せばよかろう」と言うての、そのまま山を登っていったのじゃ。すると、山の神がにわかに荒れ狂うて、大粒の氷雨を礫のごとくに零らせての、ヤマトタケルを打ち惑わしたのじゃった。この白い猪に姿を変えておったのはの、その山の神の使いではのうて、まこと、山の神そのものだったのじゃ。それを見抜けずに、偽りの言葉を口の端に載せてしもうたのでの、ヤマトタケルは神の怒りに惑わされてしもうたというわけじゃ（二〇七）。

タケルはこの時の痛手がもとで重い病となり死んでしまう。

以上、『古事記』中巻のヤマトタケルの人生を、特にタケルと神々の力関係に注目しつつ整理した。タケルは「従おうとしない人ども」「荒ぶる蝦夷ども」などの他、「山の神や河の神や穴戸の神」「道の荒ぶる神」「道々に出逢うた山や河の荒ぶる神」を次々に撃破した。足柄の坂本では、白い鹿に姿を変えていたその坂の神をも殺してしまう。記紀神話においては、基本的に人間は神々には勝てない。何が、タケルのこの掟破りの勝利を可能にしたのか。また、タケルは走水の渡りの神と、伊吹山の神には屈伏している。特に後者には結果的に命まで奪われている。タケルと神々のこうした力関係をどう理解すべきだろうか。

タケルの伊吹山の神への屈服について、武田友宏は次のように解釈している。

伊吹山の神を退治に出かけたタケルは、剣（草薙の剣：前川）を置き忘れたことに気づいたものの、剣が自分を守ってきたことに気づかなかった。…自分の力を過信したタケルは、素手で神に立ち向かおうとした。この瞬間、神剣の加護はタケルのもとを離れた。…いかなる英雄も剣霊に見離されたならば滅びるほかない。この刀剣信仰は、『古事記』の敬神思想を太く鋭くつらぬいている（『ビギナーズ・クラシックス　古事記』一八三、一九〇）。

つまり、タケルは人間ではあるが、英雄として「神剣の加護」を、神の加護を受けていた。タケルの多くの神々への掟破りの勝利を可能にしたのは、この神の力であった。タケルは草薙の剣を手に入れる前から、「山の神や河の神や穴戸の神」「道の荒ぶる神」を征服したと語られている。

草薙の剣ならずとも、英雄タケルの用いた剣の剣霊はタケルに力を与えていた。それを失った時、伊吹山の神というそれほど格が高くもない神にもタケルはあっけなくやられてしまう他なかったのである。

実は人間が神を倒す話は、『古事記』にもう一つ出てくる。神武東征である。神武天皇は始祖天皇として仮構されたことは確実であるが、一応、普通の神々とは異なる存在として、人間化の途上にある存在として語られている。東征の最初、熊野の山の荒ぶる神に苦戦していたカムヤマトイハレビコ（神武）は、サジフツというタケミカヅチにまつわる神剣を授かるや、にわかに勢いづいた（『口語訳古事記』一二五）。イハレビコはこの剣の剣霊に守られたと考えてよい。

タケルが走水の渡りの神に屈服した場面についても考えてみなければならない。実は、この場面ではタケルは既に神剣草薙の剣をヤマトヒメから授かっていた。この剣もここではタケルを守ることはできなかった。記紀に登場する人物たちの中でも、ヤマトタケルと神々の力関係が最も複雑である。

一つにはタケルが天皇の御子であったことが、とびきりの神剣の加護はなくとも多くの神々を征服したとの語りを正当化していよう。英雄タケルはただの人間ではないのである。

ちなみに『日本書紀』では、『古事記』とは異なり、タケルと父景行天皇は極めて仲睦まじい親子として語られているのだが、そこでは景行天皇がタケルにつき、次のようなことを語っている。

いまお前の人となりを見ると、身丈は高く、顔は整い、大力である。猛きことは雷電のようで、向うところ敵なく、攻めれば必ず勝つ、形はわが子だが、本当は神人である。これはまことに自分が至らず、国が乱れるのを天があわれんで、天業を整え、祖先のお祭りを絶えさせないようにして下さっているのだろう（『全現代語訳日本書紀』上一六六）。

英雄タケルは天皇家に属し、高天原の神々につながり「半神」である。そのことが、剣霊の加護もあり、通常の人間には不可能な神々への勝利を可能にした。しかし、タケルはまた人間であった。遠く最高神アマテラスの血を引いてはいたが、天皇家の人間化は容赦なく進んでいた。その人間の部分により、最後は伊吹山の神に屈し、死んでしまったのである。本章第1節で論じた「三分の二は神、三分の一は人間」とされたメソポタミアの『ギルガメシュ叙事詩』の主人公ギルガメシュの死が想起される。

ヤマトタケルは英雄であり、神々に勝つことさえあったが、それは生まれつき強かったからで、また、剣霊の加護があったからで、『古事記』には、厳しい修行の結果、時として神をも超える力を手に入れたというような、中国・インド型多神教に見られるタイプの物語はない。『古事記』あるいは記紀神話で注目すべきは、むしろ、アマテラスにつながるとびきりの神格を持つ神の一族が、人間化して、ありきたりの神に負けてしまうという展開のユニークさである。ヤマトタケルの物語は、この点につき、最も印象的な事例である。

天皇、英雄ヤマトタケルという中間的存在には注意を要するが、記紀の世界においては、やはり基本的に、素と素で向き合う時、神は人間に対し絶対の強者である。日本同様A型多住地域の多神教であるメソポタミア、エジプト、古代ギリシャの多神教と、この点、構造を同じくしている。

第五章　A型と一神教

A型多住地域で誕生した二つの代表的宗教形態は、前章で論じたギリシャ・日本型多神教と本章で論じる一神教である。この二つの宗教形態には、神（々）は常に人間よりも強大な存在であるという共通点がある。B型多住地域の代表的宗教形態であるインド・中国型多神教において、神々と人間が連続した関係、一続きの関係にあるのに対して、A型多住地域のこれら二つの代表的宗教形態では、神（々）と人間は互いに異次元の存在、すなわち断絶の関係にある。

歴史的に見れば、一神教は、A型多住地域で、ギリシャ・日本型多神教的環境の中から生まれている。すなわち、人類最初の本格的一神教であるユダヤ教は、古代オリエントの地で誕生した。ギリシャ・日本型多神教をベースに、一神教という新たな宗教形態が誕生したと言ってよい。

ギリシャ・日本型多神教においては、神々と人間の関係が断絶しているとは言っても、多くの宗教で神々の性格は濃厚に人間的なものとして語られていたのだが、一神教の神は、いずれも超越的絶対神である。人間にはこの神の考えは理解できない。同じくA型多住地域に誕生した宗教形態ではあるが、神々と人間の断絶は、一神教において、ギリシャ・日本型多神教より徹底したものとなっている。一神教において、神（唯一神）の力はギリシャ・日本型多神教における神々の力と比べ、より強大なものとして語られてもいる。

A型多住地域の宗教とB型多住地域の宗教を分ける最大の指標は、一神教と多神教の違いではない。神々と人間の関係が断絶しているか、連続しているかである。一神教は、断絶タイプの宗教グループの中の新種として生まれ、やがて、断絶タイプの宗教の主力に成長していく。現在、全人類の半数以上が、三大一神教、すなわちユダヤ教、キリスト教、イスラームのいずれかの信徒である。

この一神教グループの検討を、人類最初の本格的一神教であるユダヤ教から始めたい。

第1節　ユダヤ教

(1) ユダヤ人たちの血液型分布率

まず、ユダヤ人たちの血液型分布率を確認しておこう。

第四章第1節で確認したように、古代ユダヤ教の生誕地中東地域は、ABO式血液型分布率の地域差がかなりあり、シリア、レバノン、ヨルダンではA型は四〇%前後だが、イラク、クウエート、エジプトでは、A型率はせいぜい三〇%台半ばである。それでも全体として見た場合、少なくともB型との力関係からは、中東はA型多住地域と言ってよい。太古から中東の中心地域であり続けてきているのが、「肥沃な三日月地帯」だが、古代ユダヤ教の故地イスラエル、パレスチナもこの三日月地帯に属する。

イスラエルのユダヤ人の血液型分布率については、ちょっと古いが、一九五一年の一万二〇〇〇人の調査による、O型三六％、A型四一％、B型一七％、AB型六％がある（『「血液型と性格」の社会史（改訂第二版）』付録一〇）。調査によってそれぞれ若干異なるが、ドイツ・東欧のアシュケナージ系ユダヤ人は、総じてA型率が四〇％を超え、B型は一七％ほどである（同）。これに対し、南欧、北アフリカなどのセファルディー系ユダヤ人については、A型三〇％前後で、B型をかろうじてしのいでいるだけのデータもある（同）。ただし、セファルディーについての調査は、いずれもサンプルが十分ではない。

現代のユダヤ人の血液型分布率で目立つのは、やはりA型率の高さである。ただし、ユダヤ教の聖典『旧約聖書』を生み出した頃のユダヤ人と現在のそれとでは、血液型分布率は厳密には一致しないだろう。民族の血液型分布率は、伝染病の大流行などによって、かなりの変動を被る場合がある。血液型によってそれぞれの病気への抵抗力に差があるからである。血液型分布率の異なる他民族との混血の問題もある。

ユダヤ教は現在でこそ、「ユダヤ人の民族宗教」となっているが、かつては積極的な布教活動を行っていた（『ユダヤ人の起源』二六五）。布教の範囲は中東、北アフリカ、ヨーロッパなどだった。現在の「ユダヤ人」が、そうした多様な民族からの改宗者の子孫を抱え込んでいるということは定説と言ってよい。このユダヤ教の布教範囲は、A型多住地域を中心としている。現在のユダヤ人の血液型分布率が、かつてのユダヤ教の布教先の諸民族の血液型分布率に大きく規定されている可能性は否定できない。

近年、かつてのユダヤ教の布教先として、コーカサスに拠ったテュルク系のハザール人が、しばしば論争の的となっている。たとえば、シュロモー・ザンドは、現在のユダヤ人の大半を占めるアシュケナージ系ユダヤ人は、実はハザール人ユダヤ教徒たちの末裔であると主張し（三三二〜）、その『ユダヤ人の起源』は、イスラエルで激しい論争を引き起こしつつ、世界各国でベストセラーとなった。

古代ユダヤ教徒の血液型分布率は、今のところ明らかとなっていない。しかし私は様々な状況証拠から、現在のユダヤ人同様、やはりA型主導であったろうと考えている。このA型主導と推測される民族の中から、人類初の本格的一神教ユダヤ教は産声をあげたのである。そして、同じユダヤ人の中からキリスト教の開祖イエス・キリストも現れた。ユダヤ教、キリスト教という二つの一神教は、A型主導の血液型分布率を持つ民族という環境の影響を濃厚に示して誕生し、成長したのである。我々は本書では、以下、そうした仮説のもとに、話を進めていく。

（2）一神教の誕生

A型主導と推測される古代ユダヤ人の中から、一神教はどのようにして生まれたのか。オドン・ヴァレは、『一神教の誕生』において、イスラエル周辺の二大文明メソポタミア、エジプトの中に一神教の先行形態を探っている。

（メソポタミアの…前川）祭司的王や（エジプトの…前川）ファラオは多神教の神といわば「複数契約」を交わし、それぞれの神の地上における代理人としての役割をはたしていた。しかし権力というものはすべてそうだが、とりわけ君主制において「不協和音」は好まれない。そのため大勢の神が美しいハーモニーを奏でられるように、特定の神が「指揮者」の役割をはたしていたのである。たとえばアッシリアでは、国家神アッシュールが「神々のなかの王」として選ばれていた。…このように、オリエントは一神教に向かったわけではないにせよ、少なくとも単一神教（複数の神の存在は認めるが、そのなかで特定の神が主神の地位を占めるという宗教形態）に移行することによって、王権や国家の統一をはかったのである（『一神教の誕生』二二―二三）。

しかし、メソポタミア、エジプトからは、一神教が生まれることはなかった。前章で見たように、実はエジプトではアク・エン・アテンの一神教的改革が行われたのだが、ごく短命に終わっている。結局、永続する本格的な一神教は、当時の一弱小民族に過ぎなかったユダヤ人からしか生まれなかった。ヴァレは言う。彼らが「なぜ伝統的な多神教を捨てて、一神教という『革命』に向けて行動を起こしたのか。この歴史上の大問題に対する明快な答えは、いまのところ存在しない」（二四）。

マクニールも、ユダヤ教という一神教の誕生の背景について考察している。「古代オリエント社会の知的、宗教的発達は、倫理的、超絶的一神論への傾きを持っていた。しかし、ユダヤ人だけが、この傾向を論理的で明確な結論にまで一貫して押しすすめる力を持っていた。…ヤハウェは、常に嫉妬ぶかい神だった。彼は民衆の一致した忠誠心を要求し、あらゆる対立者を排した。それ故、ヘブライの預言者たちが、ヤハウェ崇拝を、妥協のない一神教に発展させるのは、さして困難なことではなかった」(『世界史』上一三一、一三七)。

ヤハウェの嫉妬ぶかさについては、『旧約聖書』「出エジプト記」に以下の一節がある。「主であるわたし(ヤハウェ：前川)は、ねたむ神であるから、わたしを憎むものには、父の罪を子に報いて、三、四代に及ぼし、わたしを愛し、わたしの戒めを守るものには、恵みを施して、千代に至るであろう」(「旧約聖書」一〇二)。「出エジプト記」には、こうも語られている。「主のほか、他の神々に犠牲をささげる者は、断ち滅ぼされなければならない」(一〇六)。

後の方の引用にあるように、実は、ヤハウェ信仰の最初の段階では、ヤハウェ以外の神々の存在は否定されていなかった。そうした神々の存在については何の疑問も持たれていなかった。ただし、イスラエル民族とヤハウェの特殊な契約関係(シナイ山で神から預言者モーセに与えられたトーラー〈律法〉による)が強調され、イスラエル民族がヤハウェ以外の諸神に信仰を捧げることは厳重に禁止されていた(『宗教学辞典』六〇〇—一)。

『旧約聖書』には、ユダヤ教の母体となったこうした多神教的世界観の名残が散見される。たとえば、「詩篇」第八二篇「アサフの歌」冒頭にはこうある。「神は神の会議のなかに立たれる。神は神々のなかで、さばきを行われる」(八二一)。ここには、ヤハウェ(ここの「神」)以外の「神々」への言及があり、しかも、ヤハウェは、そうした神々と相談の上、「さばき」を行うとされている。

しかし、ヤハウェ以外の神々の存在を認めていたとなると、それは、少なくとも完成した一神教とは言い難い。ユダヤ人たちの宗教、ヤハウェ崇拝は、最初から一神教として完成していたわけではない。ユダヤ人たちの宗教の真の一神教化に向けては、ヘブライの預言者たちの多大な貢献が必要であった。彼らは、ヤハウェをカナン侵入時代のように戦争の部族神として扱うのではなく、ヤハウェの力を普遍化した（『世界史』上一三七）。

ユダヤ教の真の一神教化に最も貢献したのが、捕囚期の預言者、第二イザヤであるとされている（『宗教学辞典』六〇一）。「イザヤ書」第二イザヤ部分には、以下のようなヤハウェの言葉が記されている。「わたしのほかに神があるか。…わたしはそのあることを知らない」（『旧約聖書』一〇〇六）。「わたしは義なる神、救主であって、わたしのほかに神はない」（一〇〇九）。

こうして完成した一神教であるユダヤ教における唯一神ヤハウェと人間の関係の独自性は、単に人間がただ一人の神に向かい合うということだけにとどまらなかった。『旧約聖書』に描かれるヤハウェの姿はしばしば人間にとって極めて不条理なものであった。

『旧約聖書』「創世記」には、イスラエル人の最初の族長アブラハムの、メソポタミアの祖国・故郷を離れる試練（神の命令による）に始まる一〇の試練の話が出てくる。これらの試練を通して、アブラハムの神への信仰・認識が深まったという物語である。中でも最後の最大の試練は、異様としか言いようがない。神はアブラハムにただ一人の子イサクを生贄に捧げよと要求したのだった。「神はアブラハムを試みて彼に言われた。『アブラハムよ…あなたの子、あなたの愛するひとり子イサクを連れてモリヤの地に行き、わたしが示す山で彼を燔祭《はんさい》としてささげなさい』」（『旧約聖書』二五)。

アブラハムは、神の命令に従って次々に試練に打ち克ちながら、長い間待ち望んでやっと息子イサクを授かった。アブラハムにとってイサクは生きる希望そのものだった。その「イサクをささげよという神の命令は、アブラハムが神を信じて歩んできた過去と未来のすべてを奪い取ることを意味した」(『パノラマバイブル』二五)。しかし、アブラハムはそのことで神に一言の不平も言うことなく、神の言葉に従い続けた。

そして遂に、アブラハムが「刃物を執ってその子を殺そうとした時、主の使が天から彼を呼んで言った、『アブラハムよ、アブラハムよ…わらべに手をかけてはならない。…あなたの子、あなたのひとり子をさえ、わたしのために惜しまないので、あなたが神を恐れる者であることをわたしは今知った』」(『旧約聖書』二五)。

このエピソードにおいて、極限的な場面でも神への畏れ、絶対帰依に生きたアブラハムの姿勢は、神に愛でられることとなり、アブラハムはユダヤ教においてモーセと並ぶ信仰の模範とされている(『ユダヤ教の歴史』三〇)。しかし、それにしても、一神教の信仰を持たない私の目には、この話にもそれへの評価にも、率直なところ、違和感がある。前章第1節で見たように、メソポタミアにも人間は神に仕えるために創造されたという人間観が存在したのだが、アブラハムとイサクの話から窺われる人間観、神観は、耳障りとも言える。

定方晟《さだかたあきら》は『憎悪の宗教』において、仏教の立場から三大一神教(ユダヤ教、キリスト教、イスラーム)を批判的に語っている。しばしば仏教には甘く、評価が盲目的になる点には注意が必要だが、一神教に関するその発言、ここではさしあたりユダヤ教に関する発言には、うなずかされるものがある。

ユダヤ教…の神を敬うためには一般常識は捨てなければならない（一六）。

ヘブライズムでは神は絶対であり、神の掟は人間の心情に逆らうものであっても順守されなければならない（八五）。

旧約聖書に登場する義人たちは、どんなに不条理な仕打ちを受けても、どんなに苦しい目に遇わされても、神に従うことをやめない。この異質性が合理的思考者たちのあるものには非凡と映り、かれらにユダヤ教に対する畏怖の念を生じさせるのである（三五）。

ユダヤ教におけるこうした一種異様な神―人間の関係は、ユダヤ教を強く特徴づける以下の諸点とも関わっている。すなわち、ユダヤ教における神―人の契約、その契約の具体的内容を成すユダヤ教の六一三にも及ぶ戒律、そして、選民思想である。

本村凌二は、『多神教と一神教』において、ユダヤ教のこうした特性につき、以下のように整理している。

ヘブライ人あるいはイスラエル人（は：前川）「契約の民」とよばれ、その宗教の核心に唯一神と民とが契約するという観念がある…神と人とが契約するという発想はなんとも独特であり異様ではないだろうか。…神々をあがめる世界であれば、いずれかの神に帰依すればそれでいいことになる。しかし、一神教ではほかの神をあがめてはならない。唯一神信仰はほかの神々を否定するという形でしかありえないのだ。だから、神との契約が結ばれ、人々は永遠の義務を負わされることになる。しかし、その契約によって彼らは抑圧と差別からの解放を得ることができるのである（七三―七四）。

この引用中の「永遠の義務」こそ、ユダヤ教の六一三にも及ぶ戒律、すなわち「律法」である。また、ユダヤ人たちは、神に特別に愛されたからこそ、自分たちは神と特別に契約を結んだのだとし、そのことを誇った。「その契約によって彼らは抑圧と差別からの解放を得ることができる」ともした。これこそ彼らの選民思想である。

(3) トーラー（律法）

ユダヤ教では、トーラー（律法）は伝統的に、シナイ山で神から預言者モーセに与えられたということになっている。そして、それは通常はモーセ五書（創世記、出エジプト記、レビ記、民数記、申命記）を指すが、『旧約聖書』全体を指すこともある（『ユダヤ教の歴史』付録五）。ただし、ユダヤ教では、モーセ五書を「成文トーラー」とし、これとは別に、ユダヤ教の師から弟子へと受け継がれた「口伝トーラー」をも重視している。これもまた神の啓示であるとされている。それを編纂したものが、ミシュナである。ユダヤ教の指導者ラビたちは、成文トーラーから六一三の戒律を導き、ミシュナによってそれをさらに詳細に規定した。この啓示法の体系が、ユダヤ人の生きる道とされた（一三）。ちなみに、ユダヤ教においてヘブライ語聖書（『旧約聖書』）に次ぐ権威ある経典とされるタルムードは、ミシュナとそれについての賢者たちの議論（グマラ）から成る（付録五）。

六一三の律法のうちでも、バビロン捕囚時代に始まった安息日と割礼は、とりわけ重要なものである。

市川『ユダヤ教の歴史』によると、「安息日は…七日に一度、仕事を禁止して肉体を休息させ、精神を活性化させ、自分の生き方を反省する制度である。…自由な時間がふんだんにあるので、心がけ次第で退屈にもなれば充実の一日にもなるが、肝心なのは、ユダヤ教は、七日に一度、厳重に労働を禁止し自由な時間を確保させ、人間に反省と熟慮の時間を与えた宗教であるということだ」（一五―一六）。

安息日の徹底した遵守は、捕囚時代に、ユダヤ人たちが周囲の強大な他民族に吸収されてしまうことを防いだ。「ユダヤ人が安息日を守ったというより、安息日がユダヤ人を守った」といわれるほどだった（一五）。ユダヤ人がいかに安息日を重視したかは、「出エジプト記」中の以下の一節からもうかがえる。「すべて安息日に仕事をする者は必ず殺されるであろう」（『旧約聖書』一二一）。

割礼は、男性性器の包皮を切り取る儀礼で、神とユダヤ人の契約のしるしである（付録一三）。当然、たやすく行える儀礼ではなく、それを経たユダヤ人を周囲の他民族から視覚的に区別するとともに、ユダヤ教への改宗を限定的なものにした（『ユダヤ人の起源』二六一）。こうして割礼も安息日律法同様、ユダヤ人と周囲の諸民族を差別化し、ユダヤ人の他民族への吸収・消滅を防いだ。ちなみに割礼は、安息日におこなってもよいとされている（『ユダヤ教の歴史』付録一三）。割礼のユダヤ教にとっての重要性の証左の一つと言えよう。

アケメネス朝ペルシャのメソポタミア、エジプト征服後、ユダヤ人はエルサレムへの帰還と神殿再建を許された。この直後、ユダヤ教史上重要な、神とユダヤ人の契約締結が行われた（「ネヘミヤ記」第八章）。この契約の中心人物エズラやネヘミヤは、ユダヤ人たちの近年の「苦難は明らかに人間（ユダヤ人：前川）の過去のいたらなさを神が怒り給うているのだから、聖書に明示された神の意志にさらに忠実に従うようつとめねばならぬ、と強調」していた（『世界史』上一四〇）。そして、

律法に精通した祭司エズラが、…「モーセのトーラー」…を…民の集会で読み聞かせた。ユダの民は、亡国と神殿崩壊の原因が自分たちの背信行為にあったことを悟り、悔い改めて神に立ち返る。彼らは、ここで契約の民を（あらためて：前川）自覚し、安息日と割礼をその契約のしるしとして極めて重視することになった。この契約締結によってユダヤ教が成立したと捉える見方がある。神殿祭儀という要素のほかに、神の掟として安息日と割礼を厳守するという主体的要素が加わったからである（『ユダヤ教の歴史』二四）。

ユダヤ教においては、神との契約と結びつく戒律の重要性は、このように極めて本質的なものである。これに関し、以下の指摘がある。「こうした法と宗教の深い関わりは、イスラエル人だけでなく、オリエントでは一般的に見られる特徴だった。…（ユダヤ教の：前川）「律法」は多くの条項で成りたっているが、その大部分は近隣諸国の法典を参考にしたものだ」（『一神教の誕生』二八）。

⑷ 選民思想

ユダヤ教の選民思想は、一般に自民族中心主義として理解されることが多いが、ユダヤ教側のこの思想についての言い分、自負はそれとは幾分異なったものである。すなわち、この選民思想は、「神に愛される民の試練として、自ら進んで律法のくびきを負い、六一三戒による特別の契約を交わして神の民になり、世の光としての導き手を自認した。他民族、他宗教の人々には…ユダヤ教への改宗を強く要求しないのである」（『ユダヤ教の歴史』一七）。

人類初の本格的一神教となったユダヤ教には、アブラハムとイサクの話に代表されるような、一種異様な神―人間の関係、神―人の契約というユダヤ教以前には見られなかった独特な、あるいは異様な観念、六一三にも及ぶ戒律、選民思想といった前例のない様々な特徴があった。そうした特徴を墨守しながら、ユダヤ教徒たちは、数千年にわたって自分たちの信仰を守った。一神教としてのユダヤ教の明確な確立以前のメソポタミア、エジプト、一神教としての完成以降のキリスト教、イスラームなど、ユダヤ教徒たちは、ほぼ恒常的に、周辺の大国や大宗教に圧迫され、翻弄され続けた。

そうした苦難の中でのユダヤ教徒たちの思考には、独特の癖があった。全てを自分たちの信仰のあり方、自分たちの宗教的使命と関わらせて考えるという点である。「宗教的使命」の意識は、当然選民意識と関わる。

まず、新バビロニアにより、前五八六年に祖国が滅亡し、エルサレム神殿が破壊され、バビロン捕囚を体験した時に、ユダヤ人たちは痛切な思いで、祖国滅亡と神殿崩壊の意味を考え抜いた。この際、彼らは国家の滅亡を、軍事力の強弱ではなく、自分たちの信仰の問題として捉えた。そしてこうした破滅が生じたのは、イスラエルの神に対する自分たちの背信行為のためだったのだとした。こうして信仰の自覚と悔悛が促され、民族の危機に宗教的意味付けが与えられた（二一―二二）。

このバビロン捕囚の時代に、ユダヤ教史上でも特筆すべき思想の一つである、第二イザヤの苦難の神義論が登場する。それは、バビロンでのユダヤ人たちの捕囚民としての苦難の日常を宗教的に栄光化するものであった。

ちなみに神義論とは、神が義であることを証明する議論である。第二イザヤの苦難の神義論では、自らが選んだ特別な民としてユダヤ人と契約を交わしたはずのヤハウェが、ユダヤ人たちのバビロンでの苦難の日々をなぜ見過ごしにしているのかという痛切な問いに答え、ヤハウェの義が語られる。

既に述べたように、第二イザヤにおいて、ユダヤ教は一神教として完成する。彼にとってヤハウェは世界神である。マックス・ヴェーバーは、『古代ユダヤ教』の中で、この苦難の神義論の内容を以下のようにまとめている。

ヤハウェのみがこの世界の創造者であり世界の支配者であって、この世界史の過程はヤハウェのかくされた計画のもとにおこなわれるのである。だがイスラエルの屈辱的な運命は英知にとんだ救済計画の実現のための手段の一つ、しかも最重要なもの、である。まずさしあたってイスラエルじしんのためにはそれは浄化の手段である…しかしながらそれは、そのほかの全預言者においてそうであるような、ただたんにイスラエルじしんのためばかりではない、むしろ他の諸民族のためでもある。…賢明なる神の世界統治という別して普遍的なる観点の下でイスラエルの苦難の神義論を問題とすること、これこそがかれ(第二イザヤ：前川)の問題なのである。…その全体の意味はほかでもない、(ユダヤ人の：前川) パーリア民族状況の、そしてこの状況の中で忍耐強く持ちこたえていることの栄光化、なのである。このことによってイスラエル民族…は、この世界に救済をもたらす者にまでなるのである(『古代ユダヤ教』五六四―七一)。

第二イザヤの語るユダヤ人たちの苦難の神義論において、バビロンで、パーリア、すなわち賤民扱いの屈辱を受けていたユダヤ人たちは、いわば神の世界救済計画のための犠牲の羊なのであった。ユダヤ人たる第二イザヤは、自分たちの全く無力な状況を逆に栄光化し、自分たちが苦しんでいるのは、神に愛され、選ばれたからこそだとした。いわば負け惜しみとも言える思想であったが、この思想によってバビロン時代の、そして後世のユダヤ人たちは前を向くことができた。祖国喪失の状況を生き抜く精神力を与えられたのであった。また、この思想は、イエス・キリストの十字架上の死の犠牲による全人類の救済という、後のキリスト教の神学にも多大な影響を与えることになる。

時代はぐっと下り、ドイツにおける革命の失敗に幻滅して、一八四〇年代からドイツ語圏のユダヤ人たちの新天地アメリカへの移住が始まる。アメリカに渡ったユダヤ人たちは、ドイツのユダヤ教改革派の流れに倣い、アメリカ社会への完全な適応をめざした。ユダヤ教の穢れや清め、服装の規定などは、現代人の宗教感情に反するとして破棄した(『ユダヤ教の歴史』一九六)。しかし、彼らにも自分たちの苦難の歴史についての独特の見方は受け継がれていた。「ユダヤ人の離散は、罰ではなく使命である。それは、ユダヤ教の高潔な倫理思想を諸民族に伝えるために不可欠であり、預言者の教えである普遍的な正義と慈愛こそが、ユダヤ教の本質である」(一九七)。

ユダヤ人の離散状態は、神の罰によるのか、神の試練なのか、それともそれは神が与えた使命なのか。こうした「ユダヤ人の実存にかかわる宗教的な問い」は、その後もユダヤ人たちによってしきりに議論された(二三九)。

時代はさらに下り、一九一六年六月から九月まで、新カント派の哲学者コーヘンと宗教哲学者マルティン・ブーバーという、ともに高名なユダヤ系知識人の間で、シオニズムの是非をめぐる論争が行われた。その際、シオニズム支持の論陣を張ったブーバーの議論にもユダヤ教の選民思想が濃厚だった。

ブーバーの立場によれば…シオニズムにとっても、ユダヤ主義の目標は「人間精神の贖いと世界の救済」であるが、その手段として不可欠なのが「抑圧された民（ユダヤ人：前川）の解放と唯一神の祭壇への参集」である。メシア時代に、ユダヤの民は人類のなかにとけこむがよい。しかし、未来にメシア時代が出現するために、今、ユダヤの民が消滅することがあってはならない。パレスチナにユダヤ人共同体を建設する闘争は、超民族的闘争である。われわれがパレスチナを欲するのは、ユダヤ人のためではなく、人類のためである。なぜなら、われわれは世界の救済をめざすユダヤ主義を実現する手段として、それを欲しているからである（二〇六―七）。

ナチスによるショアー（ホロコースト）についての考察も異色である。それは自分たちを被害者とのみ認識し、加害者たちへの復讐をひたすら念じるということには終わらなかった。「ユダヤ人の関心は被害者となったことへの問いに向けられ、究極的には、神がなぜ介入の手を差し伸べなかったかという根本的な問いへと向かった」（二四五）。そしてある者はショアーを神の介入の結果であり、犠牲者の死は神の罰ではなく人類の償いとしての死であると捉えた。またある者は、ショアーは人知のおよばない神の計画であるとした。ショアーを神がユダヤ人に与えた新たな試練であるとして、生存者は殉教者を決して忘れてはならないと訴えた者もあった（二四六）。

第2節　キリスト教

（1）キリスト教の創造者

キリスト教を生み出したのはユダヤ人である、ユダヤ人の伝統である——と簡単には言い切れない。キリスト教の開祖ナザレのイエスは、ユダヤ人であるが、キリスト教は、イエスのみによって確立されたわけではないからである。イエス亡き後、イエスの使徒たちはキリスト教の布教に邁進《まいしん》したが、中でもパウロの貢献は多大であった。キリスト教は、イエスという開祖と、パウロという組織者、体系化の強力な担い手の両者があって初めて、世界宗教への道を歩むことが可能となった。

パウロもユダヤ人であったが、その生誕の地タルソスではギリシャ文化が濃厚であった。パウロはギリシャ語、ギリシャ文化に親しんでいた。このパウロを通して、キリスト教へ、ギリシャ的なものが流入した。

キリスト教はユダヤ的なものとギリシャ的なもの、あるいはヨーロッパ的なものの混成物として確立した。A型主導民族ユダヤ人と、同じくA型主導民族集団ヨーロッパ人のそれぞれの文化遺産が混ざり合うことで生まれたのだった。パウロという窓口以降も、キリスト教へは、布教の進展とともにヨーロッパ的なものが、次々に流入して行った。本節でキリスト教を論じるにあたり、まずこのことを確認しておかなければならない。

キリスト教のこの、ともにA型主導民族・民族集団のではあるが、ハイブリッドな性格について、ここでは二つの発言を引用しておこう。「東地中海諸都市のギリシャ語を話す住民の偉大な宗教的創造はキリスト教である」(『世界史』上二七七)。「ローマ帝国支配下の地中海世界は普遍的文明であったが、そこにはさまざまな民族が流れ込み、それとともにさまざまな宗教的習俗が混合していた。キリスト教はこのような世界で形成されていったのであった」(『キリスト教の歴史2』二六九)。

(2) 原始キリスト教

以上、キリスト教がユダヤ、ヨーロッパという二つの伝統の出会いによって生み出されたことを確認したところで、ナザレのイエスに、すなわち、キリスト教の始源に話を戻そう。

ナザレのイエスの思想と生涯については、『新約聖書』冒頭の四つの福音書、すなわち成立順にマルコ、マタイ、ルカ、ヨハネが伝えている。四福音書の成立は、最初のマルコが七〇年頃、最後のヨハネが一〇〇年頃、間のマタイ、ルカがそれぞれ、八〇年代、九〇年代と考えられている(『聖書の読み方』一八六—八八)。実は、『新約』のパウロ書簡は五〇—五六年頃のものと推定されている(一八九)。四福音書はパウロの影響の強かった時代に成立している。福音書に描かれているナザレのイエスの姿は、既にある程度、ギリシャ化・ヨーロッパ化されたものであると考えた方がよい。ともあれ、福音書に描かれたイエスの思想と生涯、および「使徒行伝」などに描かれた使徒たちの布教活動は、概略、以下のようになる。

ナザレのイエスは、紀元二八年頃（『レクラム版　聖書人名小辞典』五二）、ローマ帝国支配下の古代イスラエルの地で布教活動を開始した。当時、ユダヤ人たちの間には重苦しい異民族支配のもと、終末観が広まり、救世主（メシア）が待望されていた。もっとも、政治的・軍事的救世主が待望されていたのだが、イエスはそうしたものとしては登場せず、ユダヤ人たちの精神的救済を目指し、苦難の解決をもたらす神の国到来の福音を説いた。

　イエスの教えでも神は絶対神ヤハウェであった。この点はユダヤ教からの継承である。ただし、この神とユダヤ人との関係については、福音書に見えるイエスの思想は独自なものであった。イエスはユダヤ教の律法中心主義には批判的だった。無数の細かな戒律を墨守さえしていれば、宗教的に義とされるとは考えなかった。むしろ、神の人間（ユダヤ人）への愛を説いた。ユダヤ教において神は、「怒りの神」であったが、「愛の神」という全く新しい神観念を、イエスは人々に提示した。そして、自分は神が人間を救うために地上に送り出した神の独り子であるとした。このことは、ユダヤ教の立場からは当然、神への許しがたい冒瀆《ぼうとく》だった。

　イエスは、当時、律法に反する、あるいは律法を守る能力がないとし、蔑視され、罪人呼ばわりされていた弱い立場の人々（徴税人、売春婦、病人など）をむしろ好んで福音の対象とした。こうしたことも、ユダヤ教の指導者たちの強い反発を買った。

　十二使徒の一人、イスカリオテのユダの裏切りもあり、イエスはユダヤ教指導者たちによって捕えられ、処刑された。イエスの公的活動は、わずか二年ほどのものであった（『聖書人名小辞典』五二)。

弟子たちはイエスを捨てて散り散りに逃げていたが、刑から三日目にイエスが復活したと告げ歩く者があった。生前のイエスは、自らの刑死と復活を弟子たちに予言していた(『キリスト教の歴史1』二二)のだが、それが実現したと言うのである。弟子たちは再び集った。彼らはこの復活の奇蹟により、イエスは本当に神の子だったのだと信仰を新たにした。

こうして、ペテロを中心とする使徒たちの伝道活動が始まる。やがて、かつてユダヤ教パリサイ派としてキリスト教徒たちを迫害していたパウロが、キリスト教に改宗した。彼がギリシャ語に堪能でローマ市民権も持っていたことは、キリスト教の布教に大きく役立った。彼はキリストの復活による人間の罪からの救いを説き続けた。ペテロなどイエスの直弟子たちは、割礼則への固執など、ユダヤ人の枠からなかなか出られなかったが、パウロはこうした点の是正にも粘り強く取り組み、キリスト教を世界宗教に向けて脱皮させた。

キリスト教において、イエス復活の信仰は決定的な重要性を持っている。このイエスの復活を受け入れることで、イエスの弟子たちの間に、特にパウロによって、新たな救済の神学が生まれた。それは、イエスをいわばユダヤ教の伝統的な過越祭の際のエルサレム神殿での犠牲の子羊に見立てたものであった。すなわち、イエスは自らの「過越の仔羊としての犠牲死によって、全ての人間の罪を贖った」というのである(『ユダヤ教の歴史』四六)。

この新たな、「後にキリスト教の代表的神学になる…『生贄と犠牲』の秘儀」(『イエス・キリスト』三四七）の神学について、遠藤周作は、以下のように解説している。

神と人間との（人間の原罪を超えた：前川）和解には、神の子イエスの死の犠牲が必要であり、イエスは人間の罪を背負う生贄の羊だったという答えを当時の原始キリスト教団にあって（ポーロ：前川）ほど、はっきり、うち出した者は他にない。……人間の死を神への犠牲と生贄だと思う観念。これは勿論ポーロの独創ではない。……生贄と犠牲とが人間の罪を償うという感覚は（ユダヤ人：前川）のなかで歴史的にも生き生きと続いていたのだ。ポーロはこの歴史感覚のなかから、十字架にかけられたイエスの死の意味を、人間と神との和解の生贄として見出すに至ったのである。そして彼の独自性は人間が神の怒りをなだめるためだけの従来の生贄の意味を百八十度、転換させて、神が人間の罪をゆるすために、わが子「キリスト」を地上に送り人間の罪をすべて担わせたと主張した点にある（三四六―七）。

ちなみに、このパウロの神学をもとに、キリスト教の中心的儀礼の一つ、聖餐式が生まれた。「信徒は（イエスの：前川）いけにえの血と肉であるブドウ酒とパンを享受することによって、（イエスの：前川）復活の命を摂取することができた」（『ユダヤ教の歴史』四六）。

ほぼO型だけを担い手とする両米先住民の宗教についての考察以来、本書では、世界宗教史における犠牲の思想の系譜に注目してきているが、ある意味で最もA型らしい宗教、A型地域ならではの創造物たる一神教においても、このように犠牲の思想は中核的意味を持っていた。前節で既に見たように、第二イザヤの苦難の神義論において、賤民扱いの屈辱を受けていたユダヤ人たちは、いわば神の世界救済計画のための犠牲の羊なのであった。同様に、十字架上の刑死を遂げたキリスト教の開祖イエスは、「人間の罪を背負う生贄の羊」あるいは、「人類を救うための犠牲の羊」として理解された。「ヨハネ福音書」には、イエスが語ったものとして、以下の一節がある。「人がその友のために自分の命を捨てること、これよりも大きな愛はない」(「新約聖書」一六七)。

ここで、第二イザヤの苦難の神義論におけるユダヤ人像と、『生贄と犠牲』の秘儀」の神学におけるイエス像を比べてみよう。

ユダヤ人:神の世界救済計画のための犠牲の羊 vs イエス:人類を救うための犠牲の羊
ユダヤ人:神に選ばれた民(選民) vs イエス:神の独り子

両者は、相似形をなし、イエス像は、ユダヤ人像のいわば濃縮版になっている。

『新約』には、三つの死と再生の物語がある。一つはイエスのそれだが、これについては、既に論じた。イエスの再生、すなわち「復活」は、キリスト教において枢要な意味を持っている。

二つ目はペテロの物語である。ペテロはイエスが捕えられた時、鶏が夜明けを告げるまでに三度、イエスなど知らないと嘘をついた。鶏が鳴いた時、ペテロは、イエスが自分のこうした裏切りを予言していたことを思い出し、自己嫌悪から激しく泣いた。その涙の中で、ペテロは浄められた、と福音書は語っているように見える。それを下地に、イエス復活の報に接するや、ペテロは伝道の旅に出るのである。イエスを三度まで否認し裏切ったことで、ペテロは精神的に一度死んだ。しかし、激しく泣いて浄められ、イエスの復活によって救われ、生き返った。再生したのである。

もう一つは「使徒行伝」に描かれたパウロの物語である。パウロは、パリサイ派に属する熱心なユダヤ教徒として、はじめ、キリスト教徒たちを迫害していた。イエス亡き後のキリスト教徒たちのリーダーの一人だったステパノの殺害にも賛成した。「サウロ（パウロ：前川）は家々に押し入って、男や女を引きずり出し、次々に獄に渡して、教会を荒し回った」（「新約聖書」一九三）。しかし、ダマスコ（ダマスカス）に向かう途中、彼は「サウロ、サウロ、なぜわたしを迫害するのか」という「イエスの声」を聞く。彼はこれを機に、回心し、キリスト教の熱心な伝道者となる。キリスト教の立場からすれば、キリスト教迫害者時代のパウロは精神的に死んでいた。それが、「イエスの声」を聞くことで、救われ、キリスト教徒として生まれ変わったのである。パウロの中に律法による救いというユダヤ教の伝統的な教義への疑問が次第に蓄積されてきていたことが、この回心の背景にあったと考えられている。

ペテロとパウロのここに紹介したような「死と再生」のエピソードは、キリスト教における最重要な「死と再生」、すなわち、イエスの十字架上の刑死と三日目の復活の物語と対を成す。

実は、ペテロ以外のイエスの直弟子たちも、個々にはそのエピソードは語られていないが、既に述べたように、イエスが捕らわれた時には皆、師を見捨てて逃亡していた。キリスト教の立場からすれば、彼らは皆、ペテロ同様イエスを裏切って、一旦は精神的に死んだのだ。しかし、イエス復活の報に接し、彼らもペテロ同様、イエスへの信仰を新たにした。イエスによって救われ、精神的に再生したのである。このように、『新約』において、彼らについても、「死と再生」の物語は語られていたと言えよう。

初期キリスト教のリーダーたちは、ペテロを筆頭とするイエスの直弟子の「裏切り者」たちと、キリスト教徒迫害歴のある「前科者」パウロから成っていた。『新約』はそのことを隠していない。むしろ、彼らのそうした負い目を、「悔い改めと許し」というキリスト教の基本教義を語るための素材としたのだった。罪を犯した者であっても、悔い改めれば、神は許して下さる。だから、今からでも遅くない。悔い改めよ。そして、この慈悲深い神に従え、というわけである。

そのとき、ペテロがイエスのもとにきて言った、「主よ、兄弟がわたしに対して罪を犯した場合、幾たびゆるさねばなりませんか。七たびまでですか」。イエスは彼に言われた、「わたしは七たびまでとは言わない。七たびを七十倍するまでにしなさい…」（「新約聖書」二九）。

「ルカ福音書」十五章の有名な「放蕩息子の帰還」のエピソードも、悔い改めと許しの物語である。『新約聖書』中、後悔した、すなわち悔い改めたのに、遂に許されなかった人物が一人だけいる。イエスを裏切り、売り渡したとされるユダである。「マタイ福音書」は、ユダの後悔と最期を次のように語っている。

イエスを裏切ったユダは、イエスが罪に定められたのを見て後悔し、銀貨三十枚を祭司長、長老たちに返して言った、「わたしは罪のない人の血を売るようなことをして、罪を犯しました」。しかし彼らは言った、「それはわれわれの知ったことか。自分で始末するがよい」。そこで、彼は銀貨を聖所に投げ込んで出て行き、首をつって死んだ（四七）。

「使徒行伝」第一章では、「腹がまん中から引き裂け、はらわたがみな流れ出てしまった」（一八一）と、ユダはいかにも悪人らしい最期を遂げている。『新約』におけるこうしたユダの取り扱いについて、佐藤研は、以下のように批判する。「イエスを三度否んだペトロとイエスを敵に『売った』ユダの差は、どれほどもありはしない。一方が後日聖人として扱われ、他方が悪魔と等置されるのは全く不当なことである」（『ユダのいる風景』一〇一から再引用）。この佐藤の発言を引用した荒井献は、ユダはスケープゴートにされたのだと言う。「成立しつつある正統的教会が、ユダの『罪』を赦さず、自らの『罪』をも彼に負わせて、彼を教会から追放しようとした」（『ユダとは誰か』一七〇―一）。

ペテロの否認の話は、ペテロが自らの罪を悔いて立ち直る話であるとともに、イエスがペテロを許す話としても語られているはずである。しかし、ユダの扱いはペテロとは違っていた。

（3）「聖なる一」――キリスト教教義の確立

イエスの活動と、イエス死後のペテロ、パウロを中心とする使徒たちの活動によって、キリスト教の原型は次第に固まって行ったのだが、キリスト教の歴史において次に特筆されるべき出来事は、ローマ帝国の征服である。

キリスト教はローマ帝国から長く迫害された。その間にペテロ、パウロらの殉教もあった。しかしやがて形勢は転じ、三一三年のコンスタンティヌス大帝のミラノ勅令以来、キリスト教はローマ帝国の国教化の道を歩み始める。世界帝国ローマを手中に収めたことはキリスト教の発展にとり、決定的だった。その後のキリスト教は、長くローマ帝国の宗教としての様々な刻印を保った。

大宗教、世界宗教へと発展していく中で、キリスト教では、教義・神学の組織化・体系化が進んだ。中でも三位一体の教義は最重要なものである。

同じく一神教とは言っても、ユダヤ教、キリスト教、イスラームでは、その教義内容はかなり異なっている。キリスト教の最大の特徴は、正にこの三位一体の教義に集約される。それは父なる絶対神とその独り子イエス、さらに聖霊なる神は、唯一の神の三つの位格(ペルソナ)であり、三者に優劣の差はないというものである。特に問題となるのは父なる神とイエスの関係である。

ガリラヤのナザレで大工のヨセフとその妻マリアの間に生まれたイエスの活動により、キリスト教は誕生した。当然のことながら、この人物の重要性はキリスト教にとり極めて大きい。他方、イエスの思想の源になっているユダヤ教では、ヤハウェの唯一絶対性が強調されている。ヤハウェは唯一絶対なのだから、ヤハウェの父母、兄弟、妻、子など、ヤハウェと同格に近い存在などありえない(この点はイスラームの場合のアッラーについても同様である)。ところが、イエスは自らを神の独り子と称した。初期のキリスト教徒たちは、イエスの重要性とヤハウェの絶対性をともに満足させるという難問を突き付けられた。

この難問の解決は、イエスの神性と歴史性を同時に強調するという方向に進んだ（『宗教学辞典』一四八）。そして、最終的に三位一体というユニークな教義へと結実したのである。端的に言えば、イエスという歴史上の人物の重要性を強調するために、キリスト教は一神教としてはかなり無理な調整を強いられたわけである。後に詳しく見るように、イスラームに言わせれば、キリスト教は「神の独り子」イエスなどという神と同格のものを認める限り、少なくともまともな一神教ではありえないことになる。

しかし、自然に考えれば三つの別個の神的存在を、無理をしてでも、「一つ」だと言い抜こうとした初期キリスト教の神学者たちには、並々ならぬ「一への意志」が感じられる。キリスト教教義の核の部分には、この三位一体という荒業とも言える論理があるのだが、一旦これが教会の公認教義となるや、それをもとに精緻な教義体系と強固な教会組織が整備されていった。ちなみに、三位一体は、カトリック、プロテスタント共通の絶対ゆるがせにできない教理であった（『キリスト教の歴史1』二五五）。

合言葉は常に「一」であった。つまり唯一の絶対者が、この世界あるいは宇宙を支配し、真理はただ一つ、キリスト教徒の信仰内容もただ一つ、同じものでなければならない。『新約聖書』「エペソ人への手紙（エフェソの信徒への手紙）」の次の一節は印象的である。

聖霊による一致を守り続けるように努めなさい。からだは一つ、御霊も一つである。あなたがたが召されたのは、一つの望みを目ざして召されたのと同様である。主は一つ、信仰は一つ、バプテスマは一つ。…すべてのものの父なる神は一つである。…わたしたちすべての者が、神の子を信じる信仰の一致と彼を知る知識の一致とに到達し、…（『新約聖書』三〇四）。

この「聖なる一」にそむくことは許されなかった。

「聖なる一」の重視は、まず、キリスト教の内部で、正統と異端の峻別、異端の排除・弾圧につながった。キリスト教は教勢を拡大していく過程で、様々な民族と向き合うこととなった。それぞれの民族固有の信仰は否定されるが、実はその信仰内容の一部がそれぞれの土地でキリスト教信仰の中に密かに紛れ込み、保持されたこともまれではなかった。そうなると全体としてのキリスト教は事実上、多様な教義を抱え込むことになる。

B型多住地域の諸宗教なら、そんな時、多様な、場合によれば互いに相矛盾する教義でさえ、大きな袋よろしく、全て取り込むことが多い。しかし、A型の宗教キリスト教はそうではなかった。二つの対立・矛盾する考え方があれば、どちらか一方のみが正しく、もう片方は完全に間違っているとした。神学者たちの長い議論を経て、一旦正統教義が確立すると、もうそれ以外のものに存在の余地はなかった。異端の烙印を押され、それを捨て去ることを強要された。それが受け入れられなければ、武力も含め、様々な弾圧が待っていた。

「聖なる一」の重視は、キリスト教内部にとどまらない。他宗教に対しても厳格に貫かれた。宗教が複数あるとするならば、「聖なる一」の考え方からすれば当然、どれか一つだけが正しく、他は誤り、邪悪な思想、否定され、滅ぼされるべき存在となる。当然、キリスト教のみが唯一の正しい宗教とされた。

かくして、キリスト教は、全世界をキリスト教一色に染め上げることを自らの聖なる使命とみなした。「マルコ福音書」末尾の「附録」（「マルコ」本体より後の時代の加筆とされる）に、イエスによる使徒たちへの命令の形で、そうした使命が明言されている。「行って、全世界のすべての人間に福音を説け。信じて洗礼を受ける者は救われ、信じない者は罰せられる」（塚本訳『新約聖書福音書』六六八）。

なにしろ神から与えられた神聖な使命である。一切遠慮は無用。キリスト教徒は全世界のキリスト教化に向け、勇猛な戦いを挑んだ。彼らにとって、自分たちの神に従わず、自分たちに抵抗する異教徒たちはしばしば憎悪の対象に他ならなかった。征服、殺戮《さつりく》、強制改宗に遠慮はいらなかった。異教徒たちを自分たちと対等と考える認識はなかった。それは神への冒瀆でさえあった。「汝の敵を愛せよ」という「愛敵」の思想を説きながら、キリスト教はいつの間にか、「敵」を迫害する悪しき伝統に染まっていた（『ユダのいる風景』一一八）。

ともあれ、「聖なる一」という信条が、キリスト教徒たちに絶大な行動力を与え、世界を大きく変えたのである。

ところで、これほど「聖なる一」に執着し、それを信徒たちの絶大な行動力に変えても来たキリスト教だが、実は子細に見ると、一神教としては不徹底であるかに見える点も少なくない。

三位一体の教義も、キリスト教内部での受け止め方はともかく、たとえば既に述べたように、イスラームは、それが神の唯一絶対性をそこなうものであるとして批判した。

『新約聖書』における四福音書の併存も、よく考えてみると、一神教としては不思議である。四つの福音書は、基本的には、イエスの思想と生涯について互いによく似た物語を語っているが、全く同じではない。特に「共観福音書」と総称されるマルコ、マタイ、ルカの三福音書と、ヨハネ福音書では、かなり内容が異なっている。共観福音書も子細に検討すると、それぞれに違った世界を展開している。たとえば、ユダの論じ方の変化。それは、ひるがえってイエス理解の違いにもつながってくる。キリスト教にとって最も重要なはずのイエスの思想と生涯を語った、互いに異なる物語が無造作に四つ並置されているというのは、一神教としては実は相当異様なことなのではないか。

このことに関連して、『キリスト教の歴史1』は以下のように語っている。「近年の研究の示唆するところは、例えば四つの福音書の存在が、四種の原始教会グループのあったことを示す、といわれるように、少なくとも一世紀のキリスト教の教会は統一した教義というものをまだ確立させていなかった。…極めて多様だったと想定されるのである」（二九）。「初期キリスト教が出現後しばらくして、極めて多様化し、教義もまだ確立しないままの状況が進むなかで、正統信仰というものが戦いとられていかねばならなかった」（六二）。『新約聖書』における四福音書の併存は、こうしたキリスト教初期段階の混乱の名残なのであろう。

カトリックで特に盛んなマリア信仰、および、キリスト教史上の信仰の英雄たちとも言うべき、聖者たちへの信仰も、キリスト教の一神教的性格を判定する際には、不利な要素であろう。

（4）宗教改革と二重予定説

前節で、定方晟の三大一神教への批判を紹介した。たとえばアブラハムとイサクの話から窺えるユダヤ教における神と人間の関係は、定方には異様なものに映った。「ユダヤ教…の神を敬うためには一般常識は捨てなければならない」（『憎悪の宗教』一六）。「ヘブライズムでは神は絶対であり、神の掟は人間の心情に逆らうものであっても順守されなければならない」（八五）。ヘブライズムとギリシャ思想（ヘレニズム）のハイブリッドとして確立したキリスト教の伝統においても、こうした異様とも思える神と人間の関係はしばしば姿を見せた。ここでは、その最も顕著であり、かつ現代社会への甚大な影響の点からも重要な事例を見ておこう。宗教改革の時代に、ジャン・カルヴァンの説いた二重予定説がそれである。

ローマ・カトリック教会はヨーロッパ中世期を精神的に支配した。相次ぐ寄進などにより、教皇領は拡大し、ローマ教会は大封建領主ともなった。すなわち、強大な世俗権力をも手中にしていた。しかし、そうした絶頂期に、ローマ・カトリック教会は次第に堕落していった。

こうしたローマ・カトリックの姿に幻滅したドイツのマルティン・ルターは、一五一七年、「九十五箇条の論題」を掲げ、宗教改革の烽火《のろし》をあげた。中でも信徒がそれを購入すれば、様々な罪が免責されるとされた贖宥《しょくゆう》符（免罪符）のローマ教会による販売はルターには耐え難かった。ルターは「信仰のみによる義」「聖書中心主義」「万人祭司説」を掲げ、キリスト教の再生を期した。こうした主張に基づき、彼は聖書をドイツ語訳し、聖書各国語訳のさきがけともなった。こうして聖書は、一般民衆も自由に読むことのできる経典になった。

ルターに続き、ジュネーヴのジャン・カルヴァンも、独自に新たなキリスト教を確立しつつあった。ルター、カルヴァンを中心とする批判勢力はプロテスタント（抗議する者）と呼ばれ、次第にカトリックとは異なるキリスト教の新たなグループを形成していった。

その後、信徒数ではカトリックが優勢ではあるものの（二〇一五年にカトリック一二・四億人に対し、プロテスタント五・四億人。『データブックオブ・ザ・ワールド2018』三七）、アメリカ、イギリス、ドイツなど、プロテスタントの影響力の強い国々が世界の政治・経済をリードする状況が現在まで続いている。その意味で、現在の世界は「プロテスタント化された世界」と言いうる側面を持っている。そうした世界の創出にあたり、最も影響力のあった思想家こそジャン・カルヴァンであり、その二重予定説は、近代資本主義誕生の触媒になったとも言われている（マックス・ヴェーバー）。前置きはこれくらいにして、二重予定説の検討に進もう。

二重予定説の内容は以下のようなものである。

神は永遠の昔から、全ての人間に全く異なる二種類の運命のいずれかを定めている。すなわち、死後天国に召され、永遠の救いにあずかる者と、死後、地獄に落とされ永遠の呪いを受ける者とである。人間の生前の行為によって死後の運命が分かれるのではない。人間のどんな行為も神の永遠の決定を変えることはできない。人間的判断からすれば、非の打ちどころのない立派な生涯を送った者が、実は地獄行きに定められていて、死後、永遠にむごたらしい責め苦に苛まれるのかもしれないし、極悪非道、最低の人間と見えた者が、実は天国に昇るのかもしれない。しかも、誰も神の決定を知ることはできない。自分がどちらの運命に定められているのかは、死んでみるまでわからない。

一神教の伝統を持たない日本人には、とまどうばかり、あるいはあきれるばかりの内容であろう。全知全能でひたすら善良なはずの神ともあろうものが、何という理不尽なことをするのか。こんな教えを、当時のキリスト教徒たちは本気で信じたのか。わからないことだらけだろう。ちなみに、予定説についての素朴だが、なかなか鋭い疑問が、私が教えたある学生から提出された。「イエスが全人類の罪の身代わりに十字架に架けられたはずなのに、予定説で生まれた時から救われない者があるのは不思議である」。

しかし、カルヴァン、あるいはこの教えを受け入れた者たちは、我々にこう切り返すだろう。

神は絶対的存在で、無限の力と最高の智恵を持っておられる。神の前に人間はほとんど無に等しい、ちっぽけな、はかない、有限の存在でしかない。そんな有限の存在にどうして無限の存在である神の尊いお考えが理解できるだろう。人間の身で神のお考えを理解しうると考えるとは、神の御決定に不平を言うとは、傲慢以外のなにものでもない。神はあくまで善良であり、人間には理解できない深いお考えに基づいて、全ての人間の死後の運命について正しい決定を下されたのである。

カルヴァンとその周辺の人々は、神は人間の判断、思惑などを遠く離れた、いや、それらとは全く交渉を持たず、人間の世界から超越した「超越的絶対神」と認識していた。ユダヤ教に始まる一神教の歴史の中でも、おそらく、このカルヴァンの二重予定説の神が、超越的絶対神としては最も徹底したものであったろう。

ここまで徹底しないまでも、一神教における神と人間の関係は、既に見たように、ユダヤ教以来、「断絶」が基本であった。神と人間とは峻別されている。人間には神への絶対服従が求められた。神を知ること、理解することではなく、ただ信じること、従うことが求められた。人間は神の奴隷と言ってもよかった。

価値は常に外にあった。神こそがそれである。権威は常に外にある。神こそがそれである。人間は無であった。究極の弱者であった。そのことを受け入れてこそ、神の栄光にあずかることができ、救われるのだとされた。

こうした論理、信仰によってキリスト教世界はカルヴァンの登場まで千五百年ほども、ユダヤ教まで入れれば二千数百年も鍛えられてきた。そうした背景を知って初めて、異様な二重予定説も、納得・共感はできなくとも、我々にとって少しは理解可能となるだろう。

この二重予定説は思わぬ仕方で大きく歴史を動かした。カルヴァンの思想はイギリスに渡り、ピューリタンを生み出した。彼らも二重予定説にさらされた。もしかすると自分は永遠の呪いに定められているのかもしれないという底知れぬ恐怖の中で、ピューリタンたちはどう生きたのか。

あまりに恐ろしいこの教義に向き合ったピューリタンたちは、やがて巧妙な抜け道を探し出す。神の決定を知ることはできないとしても、救いに定められた者の生活にはある徴《しるし》があるのではないか、それを見つけることで神の決定を推測することができるのではないかと考えたのである。具体的には、各人が神の栄光を増すため、非常に組織化され体系化された職業活動を休みなく行っているということが、そうした徴とされたのであった。それを通してこそ、神の意志が地上に実現されると考えられたからである。ユダヤ・キリスト教では、長い歴史を通して、労働、あるいは職業活動に宗教的意義を認める考え方が次第に強化されてきていた。

本来の二重予定説には救いがなかったが、それへのこうした半ば無意識の修正は、ピューリタンたちに絶大な影響を及ぼした。彼らは永遠の救いか永遠の呪いかをかけた壮絶な闘いを繰り広げる。自分は救われる側だと信じることができるよう、全力を尽くした。

彼らの日常は多少図式化して言えばこうだった。

朝早く起き、まず神に祈りを捧げる。それから神に感謝し、食事。一目散に仕事場へ。骨身を惜しまず、労働。なにしろ神に認めてもらえるような誠実な質の高い労働でなければならない。昼食を手早くすませると、また精いっぱいの労働。日が落ちると帰宅。神に祈りを捧げ、夕食。あとは余暇、とはならない。その日の仕事ぶりについて振り返り、反省する。「自分は怠け心に負けて、仕事で手を抜くようなことはなかったか。もしそうなら、それは神によって永遠の救いに選ばれた者の所業ではない」。そして、翌日の仕事の段取り、心の準備。かくて就寝。夜が明ければ、また同じ懸命な労働の一日が始まる。

日曜は安息日とされていたものの、ピューリタンたちは、こうした毎日を繰り返した。しかも、芸術、食事、遊戯など、感覚的な快楽におぼれてはいけないとされた。そんなことに時間と金を費やしても、神は少しも喜ばないと思っていた。食事も味は二の次、三の次。そもそも食は命を保つためにこそあるのである。身体を健康に保ち、神に捧げる労働の生活を下支えする栄養さえ摂れればそれでよい。しばしば、毎日同じ献立が続く。それどころか、毎食同じものをさえ食べる。手のかからない、うまくもなんともない食事である。ピューリタンの影響力の強かったイギリス、アメリカの、しばしば話題となる食文化の貧困は、おそらくこうしたことの名残である。

熱心な労働を毎日続ければ、当然、収入は増える。しかし、それを個人的快楽に使うことは許されない。となると、その財はどうなるのか。仕事に投入されたのである。それが繰り返される。かくてピューリタンたちの経済は拡大再生産の軌道に乗る。十六世紀後半から、イングランドにはこうした異様な信仰・労働の生活を送った人々が大量に出現した。彼らが拡大再生産を続け、富を積み上げることで、産業革命の基礎が築かれた。組織的で体系的な労働にいそしむ人々が大量に出現したことも、イギリスの新しい経済体制の誕生にとって決定的だった。その新しい経済体制こそ、近代資本主義である。

二重予定説という不思議な恐ろしい教義が、全く予期しない結果として近代資本主義誕生を促進したのである。この新しい経済体制は世界中を巻き込んで、人類の運命を大きく変えていく。現在我々が住んでいる世界は、「A型の宗教」キリスト教の一宗派の宗教思想を産婆としているのである。

ところで、近代資本主義を誕生させたイギリス、その植民地としてスタートしたアメリカなど、多くのピューリタンたちの末裔を抱える国々で、二重予定説は今どうなっているのだろうか。実は消えてしまったのである。近代資本主義は成長し、すっかり確立されてしまうと、宗教の支えを必要としなくなり、宗教とは別の独自の強力な力を帯びるようになった。それによって社会の世俗化が進んだ。要するに宗教の影響力が弱まったのである。近代の誕生を呼び込んだ二重予定説は、近代化の進展の中で蒸発したのである（以上、長々と、『プロテスタンティズムの倫理と資本主義の精神』）。

キリスト教について、もう一つ語っておかなければならないことがある。キリスト教と近代科学との関係である。近代科学もまた、おそらくキリスト教抜きには成立しえなかった。キリスト教の神観念が、ヨーロッパに始まる近代科学の性格を決定付けたのである。

キリスト教では宇宙の創造者・支配者は当然、ただ一人の絶対神である。その神は首尾一貫した合理性を持った全知全能の存在とされた。とすれば、とキリスト教徒たちは考えた。宇宙もまたその全体が神の統一的な意志のもと、首尾一貫した合理的秩序をなしているはずだと。

実は近代科学もまた、特にプロテスタント、なかんずくイギリスのピューリタンによって先鞭をつけられた。それは神への道として始まった。既に見たように、ピューリタンにとって、超越的絶対神の考え、意志を知るなどということは、有限な存在である人間にとって、かなわぬ夢だった。しかし、彼らは、「神の仕事を物理的に把握しうる精密自然科学においては、人間は世界にたいする神意のいかんを跡づけうると信じたのである」（『職業としての学問』四〇）。ピューリタンたちは、先述の二重予定説の修正と似たような経過を科学の場でもたどった。自然界の探求は、当時の科学者たちにとり、言ってみれば、神の意志を顕したものとされる聖書の研究と本質的に同質の営為だった。

既に述べたように、キリスト教では、基本的に断絶論理が支配的だった。神と人間は当然峻別される。それのみではない。神の被造物の中でも唯一、精神を備え、別格とされた人間と、動植物あるいは自然も峻別される。神と人間は別々の世界を持ち、人間と自然も別々の世界を持つ。この認識が、自然を人間の主観から切り離し、客体的・客観的に取り扱うという基本的態度をキリスト教徒の自然探究者＝自然科学者にもたらした（『自然科学ノート』一一一―一一四）。

こうした経緯で、ピューリタンを中心とするキリスト教徒たちは、近代資本主義に加え、近代自然科学をも生み出したのである。両者は互いに支え合い、依存し合いながら、世界の相貌を劇的に変えていった。十九世紀から二十世紀にかけて、ピューリタンの発祥地イギリス、次いでは、ピューリタン移民を精神的核として大国への道を歩んだアメリカが、近代資本主義、近代科学のいずれにおいても世界を強力にリードした。政治、文化、スポーツなど、その他の様々な領域でも世界をリードした。かくて、世界は、プロテスタント化、あるいはピューリタン化された。

Ａ型多住地域、すなわち、Ａ型Ｏ型を中心とする地域の宗教キリスト教が世界を変え、近代化したのである。人類は現在、その恩恵とそれの生み出した様々な難題の両方を手にしている。

（5）キリスト教世界の拡大と分裂

宗教改革、市民革命、産業革命などを経て、ヨーロッパ諸国の国力は高まり、次第に海外に進出し、植民地を獲得した。その過程で、植民地住民のしばしば強制的なキリスト教への改宗も進められた。かくてキリスト教は、従来のヨーロッパに加え、南北アメリカ大陸、オーストラリア、ニュージーランド、中南部アフリカ、アジアにも拡大していった。

特にB型多住地域アジアへの進出が注目される。ちなみに、アジアの国別キリスト教徒人口ランキングは、以下のとおりである。

国の規模の違いがあるため、ここで二位、五位に甘んじているフィリピンと韓国が、アジア諸国の中では最もキリスト教の力が強いと言えよう。ちなみにこの両国とも、A型の方がB型より多い。フィリピンでは僅差であるが。

一神教はA型多住地域の発明であるが、それは発祥の地から世界中に輸出され、植民地政策などの影響もあり、そこに根づいた。

アジアの国別キリスト教徒人口ランキング

1位	中　国	1.3億人超	（wiki.「中国のキリスト教」）。近年の急速な増大が注目される。
2位	フィリピン	9,700万人	キリスト教徒は全人口の92.7%。
3位	インド	3,100万人	
4位	インドネシア	2,600万人	
5位	韓　国	1,500万人	キリスト教徒は全人口の29.3%

（中国を除き、『データブックオブ・ザ・ワールド2018』から算出）。

キリスト教同様、世界宗教に成長したイスラームの現状を見ても、現在、一神教はA・O型集団のみのものではない。しかし、その発祥の地がA型多住地域であったことには、ちゃんと理由・意味がある。それは必然的なことであった。それは、ちょうどA型多住地域ヨーロッパで生まれた近代資本主義が、今や全世界に広がり、ヨーロッパだけのものではなくなっているものの、やはりヨーロッパで誕生したことには理由があったのと同様である。

かくて、キリスト教は、現在、全人類の三二・九％を信徒に抱える大宗教となった（『データブックオブ・ザ・ワールド２０１８』三七ページの二〇一五年のキリスト教徒人口と、『データブックオブ・ザ・ワールド２０１６』巻頭の二〇一五年の世界人口から前川が算出）。カトリックが信徒数ではプロテスタントを圧倒していることについては既に紹介したが、ここでより詳しく、現在のキリスト教の代表的グループについて整理しておきたい。

イエスやペテロ、パウロなどに代表される原始キリスト教の時代から古カトリックの時代にかけて、ローマ帝国での国教化もあり、キリスト教の教勢は拡大を続けた。しかしその後、キリスト教を二つの大波が襲った。

ローマ帝国は三九五年に東西に分裂し、全体として、かつての大帝国ローマの地域は活力を失って行った。そうした中、七世紀に入ると、新興のイスラームが急激に教勢を拡大する。勢いに乗るイスラームによって、当時、五大司教区（アレクサンドリア、ローマ、アンティオキア、エルサレム、コンスタンティノポリス）に分けられていたキリスト教世界は、ローマ、コンスタンティノポリスの二司教区を除いてイスラームの手に帰した。

残った二つの間にも火種があった。四五一年のカルケドン公会議の結果、コンスタンティノポリスの大司教がローマの下位とされて以来、東西の教会には不協和音が絶えなかった。そうした不協和音は、二つの司教区におけるキリスト教のあり方に、教義、儀礼共に徐々に相違点が蓄積されてきていたためでもあった。遂には一〇五四年に相互破門により、キリスト教会は二つに分裂する。西のローマ・カトリック教会と東のギリシャ正教会（東方正教会）である。このうち、西ヨーロッパを支配したローマ・カトリック教会が宗教改革の嵐の中で、さらに二つに分裂し、現在の体制につながっていく。

かくして、キリスト教世界は現在、大きく三つのグループに分けられている。カトリック一二・三八億人（全キリスト教徒の五一・三％）、プロテスタント五・四一億人（二二・四％）、東方正教二・八三億人（一一・七％）。これでキリスト教徒全体の八五・五％を占める。この他、世界中に様々なキリスト教系の小グループが存在している。これだけで総計三・五億人（一四・五％）となる（以上、『データブックオブ・ザ・ワールド２０１８』三七ページの表「世界のおもな宗教人口（二〇一五年）」をもとに算出）。

東方正教は主としてギリシャ＝スラヴ世界に広がっているが、組織形態としては民族教会が基本である。ギリシャでは「ギリシャ正教会」、ロシアでは「ロシア正教会」などとなる（『キリスト教の歴史３』六）。現在、単一の民族教会としては、規模においてロシアが一位、ルーマニアが二位となっている（八四）。民族教会が基本というあり方は、ややもすると、民族を超えた正教グループの連帯を危うくしかねないので、正教信仰を奉じる民族別諸教会間で行われる相互承認と合議制のルールが、このグループでは極めて重要なものとなっている（二五八）。

　歴史的に見れば、正教グループで最も格式が高いのは、ローマ、コンスタンティノポリスの二司教区の相互破門によって独立したビザンツ教会である（ビザンツはコンスタンティノポリスの旧名に由来）。イエスによって始まったキリスト教だが、ギリシャ語を自由に駆使してキリスト教の確立・布教に努めた使徒パウロの活躍もあり、「キリスト教は、そもそもギリシャ語文化圏（すなわち後のビザンツ教会の支配地域：前川）に根づき、発展を遂げた」（一一）。ローマ帝国以来のローマ文明が、規律と秩序を重視し、それがローマ・カトリックの堅固な教団組織・一元支配に結実したのに対し、「ビザンツ文明は、教父神学…のなかにプラトン哲学をはじめとする古代ギリシアの哲学を取り込み、その基礎の上に深遠なキリスト教神学を発展させた」（一四八）。ただし、ビザンツ・キリスト教は東ローマ（ビザンツ）帝国が護持する宗教の域を出なかったとも言われる（一二）。

　一四五三年に東ローマ（ビザンツ）帝国が滅亡すると、ロシアは正教キリスト教世界における唯一の指導的な独立国家となった（九一）。国の規模の大きさ、抱える信徒数の大きさから、この後、ロシアは正教世界における中心であり続けている。もっとも、歴史と格式を誇るコンスタンティノープル総主教の権威と指導力もなお無視できない。正教キリスト教世界において、ロシア＝スラヴ系とギリシャ系という二つの教会勢力の競い合い（二五九）、時として険悪な対立（たとえば一九九六年のエストニア正教会のロシア正教会からの離反を機に。二六二）が続いている。

　正教キリスト教世界を構成する各教会は、最初から特定の国家との結びつきが強く、ローカルな存在に留まっているとも言える。正教各民族教会は、全てユダヤ教的な民族宗教の枠の中にあると言ってもよい。キリスト教世界の内部に、パウロ以来、キリスト教が否定してきたはずのユダヤ教的民族意識に近いものが存続しているとも言える。

正教キリスト教の「民族教会」、すなわち一種の「民族宗教」という形とは異なるが、プロテスタントも、多くの教派に分かれている。ルターが宗教改革を始めた時、キリスト教世界全体の再生を志していたのであり、カトリックの旧弊を一掃した統一的新生キリスト教を構想していたはずである。ところが、宗教改革の動きは、カルヴァン派など、ルター派以外のプロテスタントの諸グループをも誕生させた。さらにその後も、アメリカなどを中心に新たな教派が多数誕生した。そうしたことの背景には、ルターの掲げた聖書中心主義があった。マクニールは語っている。

プロテスタンティズムの皮肉のひとつは、それがセクトや小セクトに分裂する傾向をもっていたことであった。改革者たちは、すべてのキリスト者を包含する単一の普遍的教会の理念をけっして捨てなかった。しかし、宗教的権威の唯一の根源である聖書は、様々な解釈が可能であった。ひとりの人間にとって自明に思われた真理も、確実な救済を求める点においては同じように真摯で熱心な別の人間には、必ずしもそうとは思われなかった。そのような場合、両者のそれぞれは、他者を間違った教義を説くものとして非難せざるを得ず、寛容心よりも力をもってしばしばそれを行った。しかし、改革の最初の世代の白熱的な激しさがおさまると、教会の組織をつくって教義上の調和を図ろうとする努力が、プロテスタンティズムに与《くみ》したヨーロッパの多くの地方で成功をおさめた。イギリスにおいては、この変化は他よりも長い時間がかかった。…すべての人間生活を神に一致させて作りあげようというピューリタンたちの努力は、オリヴァー・クロムウェル（一五九九―一六五八年）の下での聖者の政府が完全に失敗するまではやまなかった（『世界史』下七三―七四）。

引用の後半にはプロテスタンティズム各グループの調和・連帯に向けての言及がある。それは、世界のキリスト教徒の一致と協力をめざすエキュメニズムの運動に見て取れる。その象徴的な組織「世界教会協議会」には、現在、プロテスタント諸団体のほとんどと、正教会の多くの教会が加盟している。カトリックも、第二ヴァティカン公会議以来、この運動に関心を示しているという（『キリスト教の歴史2』付録二）。それでも、プロテスタンティズム諸教派の併存状態はやはり続いている。

正教キリスト教では、はじめから「民族教会」を認めるという形で、キリスト教の中に、いわば多神教的状況の存在を容認していた。各民族というキリスト教の絶対神以外のものによって信仰のあり方がある程度決まっているのだから、これは一種の多神教的状況と言ってさしつかえない。

これに対し、プロテスタントたちの諸教派併存は全く別の事情によって発生した。プロテスタントたちは、マクニールも言うとおり、「すべてのキリスト者を包含する単一の普遍的教会の理念」を持っていた。あくまで、唯一の絶対神による一枚岩の信仰という一神教としての筋を通そうとしていた。しかし、各自の信念に従った聖書解釈の結果、こと志と異なり、彼らもまた分裂した。すなわち、一神教としてのキリスト教の中に多神教的状況を発生させたのである。

プロテスタントたちの諸教派は、おそらく、他の諸教派の存在を互いに快くは思っていない。一神教徒なのだから当然である。しかし、ローマ・カトリックの専制支配、宗教改革時代の戦乱、トリエント公会議後のカトリックとプロテスタントという二つの信仰圏の三百年間の対立（『キリスト教の歴史2』一〇）、「いわば冷戦体制」（二八）を経て、彼らはもはや自らの教派によるキリスト教の統一、そのための他教派、他グループへの征服戦争は望まなかった。かくて、ピューリタンの思想を主要な精神的支柱の一つとして建国されたアメリカ合衆国では、「むしろ宗教の自由な実践のために」「憲法規定によって政治と宗教を分離するという実験」が行われた。それは、「公定教会が存在する限り、少数派の信教の自由は保障されない、というのが彼ら（アメリカ建国者たち：前川）の強い信念であった」（二〇一）からである。「アメリカの独立は、政治的自由だけでなく宗教的自由を求めての独立でもあった」（同）と言われる所以である。

ちなみに、カトリックは団結を信条とし、正教やプロテスタントとは異なり、分派の動きは目立たない。カトリックは数々の異端の挑戦を退けたが、東方正教会とプロテスタントだけは軍門に下しえなかった。

一神教としての徹底・逸脱に関し、カトリックとプロテスタントには、対照的な点が多い。カトリック：ヴァティカンを絶対的中心とした強固な一体性、一元性を誇っている。この点は一神教が理想とする姿である。
ただし、マリア崇拝、多数の聖者への信仰を抱える点は、多神教的である。
プロテスタント：マリア崇拝、聖者崇拝を否定し、（三位一体の）神のみを信仰の対象とした。権威のよりどころを聖書に絞った。一神教としてあるべき姿である。
ただし、意図してのことではないが、多くの教派に分かれた。この点は多神教的である。

この両者と対比すると、東方正教には、民族教会など、多神教的側面は指摘できても、一神教として、他グループよりも特に厳格に見える点が見当たらない。

ここで注目しておきたいのが、正教地域の血液型分布率である。ヨーロッパのカトリック圏、プロテスタント圏の血液型分布率には、基本的に大きな違いはない。若干の地域差はあるが、O型、A型ともに四〇％ほど、B型は一〇％ほどである。これに対し、正教地域、すなわち、ギリシャ、バルカン、スラヴ地域の血液型分布率では、B型が伸びている。特にロシアを含む東欧ではB型は二〇％前後にまで伸びている。ちなみに、東欧諸国の中でのB型の最低値はブルガリアの一六％である（『「血液型と性格」の社会史（改訂第二版）』付録六）。

このように、キリスト教は、代表的なものに目をとめるだけでも、多くのグループに分かれている。これにさらに全部で一四・五％にも及ぶ群小の「その他」グループが存在する。一口に「世界で三分の一の人口を占めるキリスト教世界」とは言っても、分裂・隔離・孤絶などにより、複雑な歴史を経てきている。一神教であるキリスト教、三位一体という荒業を繰り出してまで自らが一神教であることに執着したキリスト教が、様々な点で多数の神々の対立と連帯から成る多神教と似た状況にあることは、興味深い。

第3節　イスラーム

(1) ユダヤ＝キリスト教とイスラームの対照

ともにユダヤ教を母体として生まれた二つの一神教、キリスト教とイスラームは、長い間ライバル関係にある。ともに世界三大宗教の一角を占め、現在、信徒数では、一位キリスト教三二・九％、二位イスラーム二三・二％（ちなみに、三位ヒンドゥー教一三・四％、四位仏教七・一％）となっている（『データブックオブ・ザ・ワールド２０１８』三七ページの「世界のおもな宗教人口（二〇一五年）」と、『データブックオブ・ザ・ワールド２０１６』巻頭の二〇一五年の世界人口から算出）。ライバル関係にある二つの一神教が、信徒数で一位、二位を独占しているのである。また、この両者の順位は、遠からず逆転すると予測されている。二十一世紀半ばには、イスラームの信徒数の総計は世界人口の三分の一を占め、キリスト教徒人口を上回ると考えられている（『イスラームの歴史２』二七七）。

両者の信徒数が遠からず逆転すると考えられている最大の要因の一つは、イスラーム圏のほとんどが発展途上国に属するということである（二七八）。中でもイスラーム生誕の地中東地域はほぼその全体がイスラーム圏に属する。いわゆる先進国と比べ、発展途上国では総じて出生率が高い。キリスト教は全世界に広がっているが、中でも先進国のほとんどはキリスト教圏に属する。すなわち、ヨーロッパ、北米などの西洋諸国である。

発展途上国にイスラームが進出した大きな理由の一つは、キリスト教圏である欧米による植民地支配への抵抗という歴史であった。「東南アジアやアフリカでは、植民地化に対抗してイスラーム化が進展し、反植民地化闘争を通じて社会のイスラーム性が深まる現象が起こった」（五二）。「ケープで使役された奴隷の大半はマダガスカルやインド洋の島々、東アフリカ沿岸などの出身者でムスリムでない者が多かったが、彼らの多くもイスラームを受け入れていった。彼らが白人の宗教であるキリスト教とは違う選択肢として、イスラームに親近感をもったのは自然なことだったろう」（一一〇）。

ちなみに、信徒数では千五百万人ほどとぐっと少ないが、世界に存在するもう一つの一神教ユダヤ教も、歴史的には中東のイスラエルの地で誕生したものの、現在、主として北米、イスラエルの宗教となっている。これも「先進国の宗教」「西洋の宗教」と言える。近代国家イスラエルは、いわば欧米の出店のようなもので、伝統的な中東の国家とは一線を画している。

かくして、三つの一神教について、現在、次のような棲み分けを指摘することができる。

ユダヤ＝キリスト教：全世界的に広がっているが、西洋を重要な勢力圏とする。相対的に先進国イスラーム‥これも全世界的に広がっているが、その勢力圏の主力は非西洋地域である。相対的に発展途上国の一神教と言える。

ユダヤ=キリスト教とイスラームは、それぞれの勢力圏の血液型分布率についても興味深い対照を示している。前者は、既に第1節、第2節で確認したように、明確にA型多住地域の宗教である。キリスト教が盛んでB型率の高い地域としては、韓国二七%、モルドバ二六%、ラトビア二四%、フィリピン二四%などが挙げられるが、これらの地域でも、例外なくA型の分布率の方がB型の分布率より高い。ただし、アフリカ中西部のキリスト教徒多住地域には、僅差ではあるが、B型がA型の分布率を上回る地域がある。

これに対し、イスラーム圏は血液型的に見て、極めて多様である。A型率が四〇%ほどにも達し、B型を圧倒する地域（パレスチナ、シリア、レバノン、ヨルダン、トルコなど）もあれば、逆にB型が三〇%台半ばに達し、A型をはるかに凌駕して、血液型的には完全に「インド・中国型多神教」地域に属するパキスタン、バングラデシュなどもある。中国のウィグル人は、O型二七・九%、A型三〇・七%、B型三〇・八%である（Jue Liu）。インドネシアのように、O型が四〇%ほどで首位を占め、A型、B型が、二〇%台後半で競っている地域もある。ちなみにインドネシアは国別ムスリム人口で世界一である。

第七章で詳しく見るように、国・民族としては中国、漢族の血液型分布率が最もバランスがとれているが、宗教としてはイスラームの血液型分布率が全体として最もバランスがとれている。一神教はA型と極めて親和性の高い宗教だが、その中で、イスラームはちょっと特殊、一味違った一神教であると言ってよい。

ところで、イスラーム誕生の地、サウジアラビアの現在の血液型分布率はどうなっているのだろうか。

サウジアラビアの血液型分布率については、現在、首都で最大の都市でもあるリヤドを擁する東部の調査が最も充実している。イスラームの歴史と深く関わるメッカのサウジ国民についても、近年の調査結果がある。その二つを掲げておいた。

二つの調査の結果は、ほぼ同傾向と言ってよい。どちらもA型がB型より多いが、A型多住地域と言えるほどA型率は高くない。O型の高率が目立つ。高頻度で出現するO型は、アラビアを特徴づけると言われている（M. A. Sarhan 二〇一九）。

既に見たように、中東にもヨーロッパ並みのA型率の地域がある。しかし、中東の血液型分布率は多様で、万遍なくそういう状況にあるとは言えない。基本的にどこでもA型率が高く、O型と競っているヨーロッパとは違っている。どうやらイスラームは、他の二つの一神教、ユダヤ教、

サウジアラビアの血液型分布率

	O型	A型	B型	AB型
サウジアラビア東部	51.0%	26.2%	18.5%	4.3%
メッカのサウジアラビア国民	48.3%	29.9%	17.5%	4.2%

東部（サンプル57,551人）：1985－89年、1995－99年、献血者
メッカ（サンプル4,930人）：2014－16年

キリスト教とは異なり、A型の多い民族の中から生まれたわけではないようだ。この二つの宗教が、そうした環境の中で生まれ、その後もA型多住地域を主力として拡大していったのとは異なり、イスラームは、中東の中でもO型の多い、O型多住地域に生まれ、後に中東のA型多住地域に、さらには、際立ったB型多住地域を含む中東外の広大な地域にも教線を拡大していったのである。

現在ではイスラームは、中東のみならず、アフリカ、南アジア、東南アジア、中央アジアなどにも広がっているが、その教義、信徒組織の大枠が確立されたのは、あくまでも中東においてであった。開祖ムハンマドを生んだアラブ人のみならず、ペルシャ人、トルコ人など、中東の多くの民族・国家がイスラームという世界宗教の確立・拡大に寄与した。その点、キリスト教がヨーロッパの宗教であるのと同じ意味で、イスラームは中東の宗教と言ってよいであろう。

(2) イスラームの誕生

イスラームの開祖ムハンマド（五七〇頃―六三二）は、六一〇年、彼が四十歳頃から断続的に、神（アッラー）の啓示を受け始めたとされる。自分は神の使徒であるという自覚、あるいは使命感に目覚めた彼は、六一四年頃から人々に自らの信じる新たな教えを説き始めた（『イスラームの歴史1』一〇）。

ムハンマドの時代のアラビア半島には、多くのユダヤ人たちが住んでいた。ムハンマドは、ユダヤ教の教義に親しんでいた。そして、彼は全てのユダヤ教徒たちが、ユダヤ教とは異なるものの、ユダヤ人たちと同様、ただ一人の神（ムハンマドは、その神は、ユダヤ教の神ヤハウェと同一であると考えていた）を奉ずる教え、ユダヤ教を凌ぐと信じる教えを伝える自分を神の使徒として受け入れてくれるものと期待した。しかし、ユダヤ教のラビたちの反応は冷たかった（六〇）。

イスラエル人の祖先アブラハムは、その子イシュマエルを通して、アラブ人の祖先でもあるとされているのだが、ムハンマドは、自分はこのアブラハムの純粋な系譜を引き、アブラハムの信仰を受け継ぐ者であると考えていた。そうした自負もあり、彼は、自分の新たな信仰を受け入れなかったユダヤ教徒たちは、神から与えられた書物（つまり、『旧約聖書』）を誤解・曲解していると考えた（六一）。従って、彼は、ラビたちの主張にとらわれる必要を認めなかった。いずれにしても、ムハンマドが自らの新たな宗教を育て上げていく上で、ユダヤ教のラビたちとの論争は、大きな意味を持っていた（六二）。

ムハンマドの周辺には、キリスト教も浸透していた。しかし、当時のアラビアのキリスト教では、ネストリウス派、単性論派などの異端が影響力を持ち、様々なキリスト論が並び立っていた。要は、四分五裂状態だったのである。ムハンマドは、こうしたアラビアのキリスト教徒たちとも論争し、彼らも経典（すなわち聖書）を正しく理解していないとした。当然、彼は、キリスト教徒たちの主張にも支配される必要はないと考えた（六四）。

ムハンマドは、ユダヤ教、キリスト教を、最初から否定していたのではない。むしろ、両宗教とも自らの信じる神と同一の神を唯一の神と奉じる、自らの新しい教えの兄弟宗教であると考えていた。たとえば、彼は、ユダヤ教のモーセと、キリスト教のイエスを、神（ムハンマド自身が奉じる神アッラー）が特別に選んだ預言者で、自分の大先輩であるとみなしていた（六四）。アッラーは、ムハンマド以前にも、人類を導くために多くの預言者を遣わした（『コーラン』下七八）のだが、モーセ、イエスはその中の最有力者たちだったとみなしていた。

ただし、ムハンマドは、自らの教えこそ、ユダヤ教、キリスト教を凌ぐ最高のものであると思っていた。『クルアーン』には、ムハンマドを「預言者の封印（ないし打留）」（『イスラームの歴史1』一六六、『コーラン』中二九四）、すなわち、最後の最高の預言者とする一節がある。かくして、ムハンマドは、第三の一神教を自覚的に創始したのであった（『イスラームの歴史1』六四）。

この宗教は「イスラーム」と呼ばれるようになるが、これは、「（神アッラーへの）絶対的帰依」を意味する。ムハンマドが説いた信仰は、一人一人の個人と神との契約であった（五〇）。そのことで、それはまた、アラブ人の従来の強固な血縁意識を否定するものでもあった。ムハンマドは、神を信じれば楽園を約束されるという吉報の伝達者であると、自己を規定した（五六）。

なお、ムハンマド以来、イスラームでは、ユダヤ教、キリスト教を自らの兄弟宗教と見做す考え方が主流だが、ユダヤ＝キリスト教側は、こうした扱いを拒否している（「キリスト教とはようだい宗教なの？」『朝日新聞』二〇一四年八月三日）。

イスラームの聖典『クルアーン』は、ムハンマドがアッラーから受けた啓示を整理したものとされるが、そこにおいて、アッラーはいかなる神とされているのだろうか。それについて目についた点をいくつか挙げておこう。

まず、イスラームが一神教であることの厳格な宣言。「まことに、アッラーは御自分が他の何者とも並べられることをお許しにならない。…アッラーのほかに何か（邪神を）並べて拝む者は、とり返しのつかぬ迷妄の道に踏み込んでしまったのじゃ」（『コーラン』上一三一）。最初の本格的な一神教ユダヤ教以来、一神教の神は、いずれも際立って独占欲の強い「妬みの神」である。アッラーも例外ではない。

イスラームにおいて、神の唯一性の教義は、「タウヒード」と呼ばれる。タウヒードは、イスラームの本質中の本質とされる（『イスラームの歴史1』三）。「天でも地でも、アッラー以外に神々があるとしたら、天地はその（美しい）秩序を失ってしまうであろう」（『コーラン』中一五四）。

タウヒードの強調は、その陰画として『クルアーン』におけるアッラーの多神教への痛烈極まりない非難ともなる。「多神教徒は見つけ次第、殺してしまうがよい。…多神教徒などに、どうしてアッラーやその使徒と正式の協定が結んだりできるものか。…彼らは…たいていは邪曲な徒ばかり」（『コーラン』上二五）。「多神教徒ども…己の無信仰を公言して憚らぬやから」（二五二）。「多神教徒は、まったく汚れそのもの」（二五四）。「多神に仕えるということほど世にけしからんことはない」（『コーラン』中二七七）。

「多神教徒は見つけ次第、殺してしまうがよい」とまで言い切る激しさは、誕生後まだ間もなく、それこそ多くの多神教徒たちの敵意に囲まれ、不安に苛まれていた時代のムハンマド、あるいはムスリム共同体の余裕のなさの反映でもあったろうか。

このように自らへの絶対的信仰・絶対的忠誠を信徒に要求するアッラーであるが、アッラーの思考、アッラーの決定は、人間たちに容易に理解できるものばかりではなかった。「アッラーは御心のままに掟を作り給う」（『コーラン』上一四三）。「天と地の主権はアッラーのもの。誰を赦し、誰を罰するもすべて御心次第」（『コーラン』下一三二）。

イスラームでも天国・地獄からなる来世を考えていたが、人間が正しいと思ってしたことでも、神にどう評価されて、どういう来世につながるかはわからない（『イスラームの歴史1』一〇一）。それでも、信徒たちはアッラーに絶対的に服従しなければならなかった。「（啓示をあるがままに受け取る：前川）伝承主義者によれば、啓示は善悪を超越しており、その内容のゆえにではなく、ただ神が命じたからこそ、従うべきものとされる」（一〇〇―一〇一）。

唯一絶対で強大極まりない力と限りない聡明さを備えたアッラーが、なぜ最初から最高の宗教イスラームを人類に授けなかったのかという素朴な疑問には、アッラーは『クルアーン』の中でこう答えている。「勿論、アッラーさえその気になり給えば、汝ら（ユダヤ教徒、キリスト教徒、および回教徒の三者：訳者井筒による注）をただ一つの統一体にすることもおできになったはず。だが、汝らに（別々の啓示を）授けてそれで試みて見ようとの御心なのじゃ。されば汝ら、互いに争って善行に励まねばならぬぞ」（『コーラン』上一五五）。信徒たちがアッラーのおもちゃにされているようにも見えるが、彼らはこのことに反旗を翻しはしない。

しかし、アッラーは、自らの世界創造の正当性を語ってもいる。同時に、人間たちがそれを正しく理解していないことを嘆いてもいるようだ。「天と地と、その間なるすべてのものを我らは面白半分に創ったのではない。真面目に創ったのだが、大抵の者にはそれがわからぬ」（『コーラン』下一〇九)。

『クルアーン』は、アッラーについて、ここまでに紹介したのとは違う姿をも提示している。しかも、繰り返してである。確かにイスラームにおいて、「神は一方的に命令をくだし、人を罰する恐ろしい存在でばかりあるわけではなく、そもそも人々に近しい存在としても表象されていた」(『イスラームの歴史1』一六三)。

『クルアーン』にはたとえば以下のような一節がある。「わし(アッラー：前川)は(常に信者の)近くにあり、わしを呼ぶ者がわしに呼び掛けた時、その呼び掛けにすぐ応じてやる」(『コーラン』上四五)。「アッラーは、実に気がおやさしくて、すぐに感激なさるお方」(『コーラン』下二五)。「アッラーは、どのような罪でもすっかり赦して下さるお方。まことに気がやさしくて、情ぶかいお方におわします」(六四)。「主は何遍でも赦して下さろう」(三〇九)。アッラーは、『旧約』的な「怒りの神」としてばかりではなく、『新約』的な「愛の神」としても表象されていたようだ。

(3) ムハンマド死後の展開

ムハンマドの時代に、イスラーム共同体はアラビア半島のほぼ全域を手中に収めた。ムハンマド死後も、正統カリフ時代、ウマイヤ朝時代を通じて、その版図の拡大は続いた。かくして、ムハンマドが最初の啓示を受けた六一〇年からほぼ百年後の七一一年にはインダス川下流域に達し、七一二年にはサマルカンドを征服した。このほぼ百年間で、東西八〇〇〇キロにおよぶ広大な領域がイスラーム圏となったのである(『イスラームの歴史1』一九六―七)。イスラームは、最初の百年の内に、O型が圧倒的に多いアラビア半島内の発祥地から、同じ中東内でもA型の多い地域に進出し、さらに、世界最高のB型多住地域南アジアにまで進出したのだった。

イスラームの根本的な教えは、預言者ムハンマドが『クルアーン』を「神の言葉」として唯一神から受け取ったという教義にあるが（『イスラームの歴史2』二七五）、『クルアーン』は、当初、もっぱら暗唱によって伝えられていた。暗唱には、暗唱者ごとの微妙な記憶の違いが必ずつきまとう。かくてムハンマド死後十年もしないうちに、多様なムハンマド理解、多様な『クルアーン』テキストの問題が深刻化し始めた。そこで第三代正統カリフ・ウスマーンは、標準的な『クルアーン』のテキストを作成し、その写本を主だった都市に送った（『イスラームの歴史1』八〇）。その際、ウスマーンは、標準テキスト以外の全てのテキストを焼却させたため、現在まで、『クルアーン』の異本は発見されていない（『岩波イスラーム辞典』三三九）。ただし、ウスマーンに抹殺された無数の異本の多くが、非公式の形では今日に伝わっているともされる（『コーラン』下三三九）。

ウスマーンにより、『クルアーン』の標準テキストが定まったことは、言うまでもなく、イスラーム史において、画期的なことであった。以降、この『クルアーン』は、何にもましてイスラーム世界の一体性を支える柱となる。しかし、ウスマーンの同時代には、この標準テキストに異を唱え、自らが諳《そら》んじている『クルアーン』こそ正統なものであると主張する者たちも少なくなかった（『イスラームの歴史1』八〇）。

そうしたことも災いしたか、ウスマーンは、ムハンマド時代を知らない若者たちの不満を買い、彼らの反乱の中で殺されてしまう。この若者たちは、ムハンマドの男系従弟で娘婿のアリーを指導者に担いだ。ここに、ムスリムたちは熾烈《しれつ》な内戦を経験する（八一）。今に至るもイスラームを大きく二分するスンナ派、シーア派の対立はここに淵源している。ウマイヤ家のムアーウィアがこの内戦を収集するが、その際、アリーの態度を妥協的とした不満分子が、アリーを暗殺してしまう。しかし、アリーを慕う人々は、その後、イスラームの中にあって、シーア派として独自の動きを示していくことになる。

シーア派はイスラーム共同体（ウンマ）の指導権は、アリーとその男系子孫によって継承されるべきだとした。アリーの血統を最重視したのである。これは血縁の絆を否定したイスラームの教義とも矛盾しかねなかった（一二九）。これに対し、ウンマの多数派は、シーア派の血統主義に対抗する形で、預言者ムハンマドの慣行（スンナ）に立脚した共同体の団結の護持を標榜《ひょうぼう》し、十世紀から十一世紀にかけて、スンナ派として確立された（『イスラームの歴史1』付録七）。後にスンナ派となった人々は、イスラーム共同体全体の団結を優先する姿勢を持っていたため、諸宗派が七―八世紀に成立したのに対し、派の形成は遅かった。また、多数派であるため、宗派意識は希薄であるという（『イスラームの歴史2』付録一一）。

イスラームの根本聖典『クルアーン』には、既に見たように異本がない。そこで、宗派の差異をもたらす最大の対立点は、スンナ派とシーア派の場合に見るように、ムハンマド没後のウンマ全体の指導者を誰にするかということであった（『イスラームの歴史2』付録一一）。

ちなみにイスラームにはスンナ、シーアの二大宗派以外にも宗派はある。千年前には何十もの宗派があったというが、現在は十指に満たない。その正統性の有無は、ウンマ全体のゆるやかな判定による（同）。イスラームにおける宗派の存在は、キリスト教の宗派の場合と同様、一神教における多神教的要因の一つと言ってよい。

ウマイヤ朝の時代が進むにつれ、ムハンマドの時代を知る人々はどんどん世を去っていく。いきおい、年配者から、ムハンマド時代のことを聞き出した者たちは重んじられる。ムスリムであるためには、ムハンマド時代の慣行を知らなければならないと考えられたからである。ウマイヤ朝の歴代カリフもムハンマド時代の先例を尊重しようとした。かくして、アラブ人たちは、祖先から聞いたムハンマド時代に関する情報、あるいはムハンマドの言行についての情報を整理することとなるが、この整理された伝承を「ハディース」と呼ぶ。イスラーム社会の必要に答える形で、ハディースの専門家も生まれた（『イスラームの歴史1』八一）。疑いなく真正と認められるハディースはごく少数であったが、それでも、伝承主義者は、預言者のものである可能性がわずかでもある限り、ハディース重視の姿勢をとった（九八）。こうして、伝承の真偽を問うハディース学は、イスラーム諸学のいわば「基礎学問」の位置を占めることとなった（一一三）。

ムハンマド死後百年ほどが過ぎ、ウマイヤ朝も後半になると、既にアラブ人以外の少なからぬ人々がイスラームに改宗していた。さらに、七五〇年には、ムハンマドの後継者たちの中で再び内輪もめが起こり、ウマイヤ朝が倒され、アッバース朝が始まる。この王朝は、アラブ人の軍事力には頼らない方針をとった。すなわち、ウマイヤ朝が、アラブ・ムスリム優先策をとったのに対し、アッバース朝は、民族を超えた全ムスリムの平等を掲げたのである。こうして一気に他民族からの改宗者が増えた（一九七）。

（4）シャリーア

こうした流れを反映して、イスラームはムハンマドの提示した基本線は尊重しながらも、その性格を徐々に変化させていった。まずウマイヤ朝後期に、アラブ人以外の改宗者は、イスラームについてより理念的なものを求めるようになる。イスラームは、単にアラブ人の慣行ではなく、論理的な宗教である必要が生じた。ハディースを学び、それに基づいて論理を組み立てる道が模索され始めた。また、クルアーンを正確に読む学問も芽生える（『イスラームの歴史1』八四）。こうした動きの延長上に、アッバース朝期には、イスラームは、しだいに整備されていくことになるイスラーム法を中心とする信仰体系へと姿を変えていく。

イスラームが、アラビア半島を超えて拡大した最初の領域は、シリアなどの中東内のA型多住地域であった。イスラーム共同体における血液型分布率は確実にA型率を高めていた。ここに見たシャリーア、すなわちイスラーム法の支配へというイスラームの変容と、イスラーム共同体におけるA型率の上昇には、何らかの関わりがあったのではないか。ちょうどユダヤ人の間に生まれたキリスト教が、ギリシャを中心とするヨーロッパ文明の中で鋳なおされて、ユダヤ的なもののとヨーロッパ的なもののハイブリッドとして確立したように、イスラームの骨格は、中東のO型多住地域の思想とA型多住地域の思想のハイブリッドとして初めて成立したと言ってよい。

イスラームに改宗する、あるいはムスリムになる者には、シャリーアに従って正しく生きることが求められる（二六）。ところが、実は、具体的には何がシャリーアに従った正しい行為なのかは、ムスリム自身にも簡単にはわからない。

ムスリムは、常に神の意志を発見していかなければならない。「イスラム教徒にとってもっとも重要なことは、変化する現実の錯綜したさまざまな具体的な状況の中で、従うべき神の意志は何であるか、を見いだすことである」（『宗教学辞典』二一）。そのためにスンナ派では四つの法源を設定している。その四つの法源に基づきながら、ムスリムは、法あるいは、神の意志にたどり着こうとする。ユダヤ教徒が六一三の定められた戒律に従うのに対し、ムスリムは言わばその都度、戒律を発見していくという違いが、二つの宗教の間にはある。

ここであらかじめ言っておくと、四つの法源の解釈を通して、神の意志としての特定の事案に関する法規定を導くのはウラマーと呼ばれるイスラーム法学者である（『イスラームの歴史1』付録五）。四つの法源を定めたのも彼らであった。一般のムスリム個々人が神の意志を探るのは困難であった。イスラーム圏の政治的支配者カリフやスルターンにも、実は立法したり、イスラームの教義を解釈したりする権限は認められていなかった（三三）。イスラーム共同体（ウンマ）を律するシャリーアの整備がなされていく中で、イスラーム法の担い手としてのウラマーの重要性は高まって行った。ウラマーはイスラーム社会の運営に欠かせない存在として、各地域社会のリーダーともなって行った（二一〇）。

興味深いことに、彼らは原則として一般人であり、彼らの多くはたとえば歌手、絹取引、菓子商人などを含む生業を持っていた（一〇五）。彼らは結局は世俗の人間であり、聖職者というわけではなかった。イスラーム社会には、キリスト教におけるような聖職者は存在しない（一二）。具体的なシャリーア発見の手順は以下のようなものであった。

まず法源については、スンナ派の法学者の大多数は、クルアーン、スンナ、イジュマー、キャースの順に四つであるとする。つまり、ある問題の答えを知りたければ、まずクルアーンを参照するが、そこに答えがなければ、次にスンナを参照する、という具合である。スンナは…法学用語としては、預言者ムハンマドの言行を指す。…法理論では、クルアーンとスンナをまとめて啓示とみなす。それはムハンマドが神に等しいという意味ではなく、彼が生前、イスラーム共同体の政治的・宗教的指導者として、神から法的な問題の判断権を与えられていたからである…第三のイジュマー、つまりイスラーム共同体の全法学者の合意も法源とされた。つまり、啓示で解決のつかない問題について、あらゆる法学者の学説がぴたりと一致しているとき、それが答えであるとされる。…しかし、細かい法的な問題については、厳密な意味でのイジュマーが成立しているものは少ない。そこで、啓示が答えていない問題のほとんどは、第四の法源キャースによって解決される。キャースとは、そのような問題について、法学者が答えを推し「はかる」こと、つまり推論である。しかし…推論といっても法学者の勝手な判断であってはならない。キャースは、たとえ啓示に扱われていない問題であっても、類似の問題に関する別の啓示から答えを類推するなどの、数種類の方法に限られる（八八―八九）。

イスラームの根本教義として知られる六信・五行も、『クルアーン』、ハディース（スンナの典拠）に基づいて、ウラマーたちがまとめたものであった。六信は、神（アッラー）、天使、啓典（『クルアーン』）、神の使徒（ムハンマド）、来世、神の予定の六項目であり、五行は、信仰告白、礼拝、喜捨、断食、巡礼の五項目である。全てのムスリムは、内面的な六信を全て信じ、それと同時に五つの外面的な行為たる五行の全てを遵守することを要求された（三三）。ここには、心で信じることとその表現としての行為があいまって完全な信仰となるという考え方があった（八六）。

イスラームについて注目すべき点の一つは、キリスト教とは異なり、教義の解釈や生活の規範について、最終的な判断をくだす権威や機関は存在しないということである。イスラーム社会では、ウラマーによる意見の表明やそれに基づく論争を通して新しい規範や伝統が形作られてきた（三六）。

このこととも関連して、イスラーム法について語る場合、欠かせないのが、複数の正統性を認められた法学派、スンナ派であれば四法学派の存在である。神アッラーの唯一絶対性（タウヒード）をあれほど強調し重視するイスラームが、神の意志を発見するためのイスラーム法学に、複数の正統的あり方を承認しているのは何とも不思議である。そこで、この四法学派について、検討しておかなくてはならない。堀井聡江《さとえ》は、この問題につきこう整理している。

シャリーアは統一されていない。ほとんどの問題で法学者の学説が分かれ、したがって矛盾する複数の法律があることになる。例えば、クルアーンではワインの飲用が禁止されているが…その他の酒については、やはり禁止という説もあれば、酩酊しない限度なら合法とする説もあるが、いずれの説もシャリーアの規定である。そこで、例えばウイスキーを飲んだ者は、カーディー（裁判官：前川）がどちらの説を支持しているかによって、飲酒の罪に問われるかどうかが決まる。こうした法学者としての「立場」（マズハブ）をもっとも大きなレベルで分けるのが、法学派である。法学派はスンナ派・シーア派といった宗派によっても異なるが、スンナ派では四つの法学派（マーリク派、ハナフィー派、シャーフィイー派、ハンバル派）が認知された。スンナ派だけでも、シャリーアは最低四つあることになるが、信者はどの学派に従ってもよい…さらに、各派のシャリーアも完全には統一されておらず、同じ問題についても時代や地域によって学説が変化しているのが普通である（『イスラームの歴史1』九二―九三）。

「信者はどの学派に従ってもよい」とされる理由について、堀井は次のように説明している。イスラーム法学史上、最初の法理論の書『リサーラ』を著したのは、四法学派の一つにもその名を残しているシャーフィイー（ムハンマドが属するクライシュ族の生まれ：『岩波 世界人名大辞典』二〇一二）であるが、この

シャーフィイーの理論は、シャリーアのどの規定も、何らかのかたちで必ず啓示に由来し、したがって神の法として正当化されることを保証した。ただし、神の法だからといって、シャリーアは一つでなければならないわけではない。むしろ彼は、イジュティハードには人間の理

性にともなう限界があり、法学者によって異なる見解に達するのは当然であるとした。彼によれば、イジュティハードの目的は真理に達することではなく、「努力」そのものに宗教的な価値がある。したがって、複数のシャリーアが存在しても、そのどれもが正しいとはいえないという意味で、等しく受け入れられるべきである。こうした彼の議論は、四法学派の学説がいずれもシャリーアとして認められることの理論的根拠となった（『イスラームの歴史1』一〇九）。

引用中の「イジュティハード」とは、『クルアーン』やハディース、先行する法学理論などの解釈をとおして、新たな法規定・理論を発見しようと努力する行為とされる。法学的イジュティハードをおこなう権限は、高い学識を認められた法学者に限られた（付録二）。

イスラームにおける複数の法学派の正統性の承認は、ちょうどキリスト教の『新約聖書』がイエスの思想と生涯に関する四つの福音書を併存させているのと一対を成す。四つの福音書のそれぞれは、イエスの教え・生涯についての決定版、むしろ、唯一の書を目指して書かれたものだったろう。しかし、四つのうちのいずれか一つを唯一の書として選ぶ決定的な決め手は存在しなかった。同様に、イスラームにおいて、ムスリムたち、法学者たちは、自らが従うべき神の意志を真摯に探求したのであるが、「皮肉なことに、ひたすら唯一なる正しい解釈を求めるのゆえに、実に多くの解釈が考え出される結果となった」（『コーラン』下三三八）。キリスト教においてそうであったように、厳格極まりない一神教イスラームの内部にも、はからずも多神教的性格が忍び込んだわけである。この点については、諸宗派の存在の問題に関しても既に触れた。

スンナ派だけではなく、シーア派にも固有の法学派が誕生した（『イスラームの歴史1』二七）。堀井からの引用の中で、ムスリムはどの法学派に従ってもよいとされていたことを確認したが、「従ってもよい」だけではなく、全てのムスリムは実際に、やがていずれかの法学派に所属するようになった。そして、その学派の解釈に従って裁判の判決を受け、商売の契約を結ぶなどするようになっていった。驚くべきことに、広大なイスラーム圏において、「さまざまな法体系を持つ複数のシャリーアが国家によって承認され、現実社会のなかで有効に機能していた」（二七）のである。

ただし、複数の法学派は、互いに全く理解し合えないほどに異なっていたわけではない。「法理論の確立によって、各法学派のシャリーアは、構造のうえでは似かよったものになった。つまり、標準的な法学書のなかでは、どの学説についても、四つの法源または…補足的な方法のいずれに由来するのかが明記されるようになる」（一一〇）。

複数の法学派は誕生したものの、シャリーアはもともと、「唯一神の導きに従った正しい人間の生き方を示した不変の真理であり、…あらゆる地域・時代に適応（ママ）されると信じられていた。他方、「具体的な規定の導引を法学者の解釈に依存しているため、実際の運用においては、各時代・地域の社会状況に適応した柔軟性をもつ」（付録五）。法学者は概して、それぞれの社会の慣習には柔軟な姿勢をとり、必要と認められるものは、合法と認めていった（九三）。イジュティハードに媒介されたイスラームにおける「法の支配」には最初から、こうした二面性が存在せざるをえなかった。「複数の正統な法学派の存在」という「厳格な一神教イスラーム」には甚だ不似合いに見える状況は、そうした二面性の一つの帰結であった。

(5)「イジュティハードの門の閉鎖」とイスラーム改革

スンナ派四法学派の間では、おおむね十世紀までにそれぞれの骨格が固まってしまうと、第五、第六のシャリーア、すなわち、新たな法学派の登場を防ごうという暗黙の了解ができて行った。この了解は「イジュティハードの門の閉鎖」と呼ばれた(『イスラームの歴史1』一一〇)。これは、ある問題に関するシャリーアの発見という一般的な意味でのイジュティハードの禁止ではなかった。しかし、「門が閉ざされ」切った十二世紀頃からは、やはりイスラーム思想界は停滞し始めた。イスラーム文明は初期の活力を失い始めた(四―五)。

かくして、イスラーム文明は、長期的にゆるやかな停滞・凋落《ちょうらく》を続けていくことになる。それと裏腹に、かつてイスラーム圏の栄華を仰ぎ見ていたヨーロッパが華々しい躍進を遂げた。イスラーム圏は政治・経済・科学など、様々な領域でヨーロッパに屈した。近代に入り、こうした状況に危機感を抱いたムスリム知識人たちは、イスラームおよびイスラーム圏の改革を目指すようになった。そんな中、「イジュティハードの門の閉鎖」も批判を免れなかった。

アフガーニー、アブドゥフ、リダーの三人は、近代における「イスラーム改革のトリオ」と呼ばれるが(『イスラームの歴史2』三四)、まずその最初の人物アフガーニーが、イジュティハードの門の再開を説いた(『イスラームの歴史1』六八)。そして、時代的に見て三番目の人物リダーは、二十世紀初頭前後に、この「閉鎖」論を次のように批判した。

イジュティハードの門が閉鎖されることは、法理論上はありえない…もし、「閉鎖」を断じた者がイジュティハードをする権限をもつ者であるならば、その判断はイジュティハードでしかありえないし、そうであるなら、それは見解の一つとして有効だとしても、他者を縛って「閉鎖」を一般化するような効力はもちえない（『イスラームの歴史2』六二）。

こうしてイジュティハードの有効性・正統性を論証し、イスラームの停滞状況に風穴を開けようとしたリダーだったが、シャリーアが根源的にはらむ前記の二面性については無自覚だったようだ。彼は「イスラーム法の内実には、時代や地域の違いによらない普遍的な原則と、法学者の解釈によって定立されるゆえに、時代性や地域性を内包する低次の規則がある」とし、後者の法規定のみ時代とともに刷新されるべきだとしたのである（六二）。

ともあれ、リダーを含むイスラーム復興主義者たちは、時代状況に対応するため、イジュティハードを現代に再生させようとした。そして、それはその後のイスラーム復興の基盤を築くものとなった（三三）。イジュティハードの再生のためには、典拠に戻って解釈し直す必要があった。その典拠は、言うまでもなく『クルアーン』、ハディースである。

こうした流れは継続し、イスラーム法の再構築の一環として二十世紀半ばから「法学ルネサンス」が始まった。

それは伝統的な法学の遺産を総点検することから始まった。具体的には、一九五〇年代から、膨大な資料に基づく「イスラーム法学事典」の編纂などの作業がおこなわれた。そこでは、現代まで続いている七つの法学派（そのうちの六つは、スンナ派四法学派と、シーア派の二つの法学派ウスール派、アフバール派：『イスラームの歴史1』付録五）に、資料的に全貌が確認される「消滅した法学派」であるザーヒル学派…を加えたイスラーム比較法学が展開された（『イスラームの歴史2』六四）。

ところで、イスラームの二つの先輩格の一神教、すなわちユダヤ教、キリスト教においても、それぞれ聖書（ユダヤ教は『旧約』のみ、キリスト教は、『旧約』および『新約』）を通して神との対話がなされ、神の意志の解釈・探求がなされていると言える。しかし、これら二つの宗教におけるそうした解釈・探求とイスラームにおけるイジュティハードの営みとの間には大きな違いがある。それは四つの法源という考え方である。

ユダヤ教の場合、『旧約』の他に膨大なタルムード文献があり、これはイスラームで言えばハディースに似た位置づけを持っていると言ってよい。しかし、イスラームのイジュマーにあたるものがユダヤ教には見当たらない。キリスト教では、『聖書』の下にタルムード、ハディースにあたる経典は存在しない。イジュマーにあたるものも、少なくとも制度化されてはいない。正統教義の確定作業の段階では、キリスト教でも神学者たちの討論・合意が大きな意味を持ったのは確かだが、日常的にイスラームのイジュティハードにおけるイジュマーのような手続きが行われているわけではない。イスラームは、一神教の中でも、とりわけ念入りなシステムを持つ、神の意志の解釈・発見の宗教であると言えよう。

ところで、イスラームにおけるイジュティハードの営みが四つの法源を重視するという形に落ち着いてからも、それは大方のムスリムの賛同を得たとしても、全てのムスリムを納得させたわけではなかった。何よりもイジュティハードの営みに中枢として関わるウラマーの伝統的な支配に異を唱える動きが繰り返し起こった。

たとえば、近代以降のイスラーム改革において、先述の「イスラーム改革のトリオ」と並ぶ影響力を持ったイブン・アブドゥルワッハーブ（一七〇三―九一年）も、ムハンマド時代の「素朴なイスラーム」に戻るべきことを説き、イスラームの教えを『クルアーン』、ハディースといった原典に立脚させることを強調しつつ（『イスラームの歴史2』八）、伝統的にイスラーム学が認めてきたハディース集（スンナ派では六書など）の権威を否定し、スンナ派四法学派の権威も否定した（六九）。当然、ウラマー層とは敵対関係に立った。

彼はムハンマド・イブン・サウードと盟約を結び、武力によって自らの主張の実現を期した。これが現在のサウジアラビアのもととなった（六九―七〇）。アブドゥルワッハーブはタウヒードを極めて重視し、それに反すると判断した聖木崇拝や聖者廟参詣などに反対した。彼は支持者とともに、自ら聖木を切り倒し、廟を破壊した（七一）。何とムハンマドの墓さえ破壊した（七〇）。それへの崇拝はタウヒードに反すると考えたからである。

イスラームの歴史において、こうした伝統批判、伝統破壊が繰り返されてきたことを確認する時、現在世界を騒がせているムスリム・テロリストたちの姿も少し違ったものに見えてくる。

既に述べたように、イスラームはアッラーの意志を解釈・発見する宗教である。その際、具体的な状況下、何がアッラーの意志であるのかについては、実は決定的な判断基準は存在しない。とすれば、ムスリム・テロリストたちが、大方のウラマーたちの判断に拠らず、『クルアーン』、ハディースの独自の解釈から、自らのテロ行為を聖戦として正当化することも可能となる。それどころか、彼らにすれば、自分たちこそが「本当のムスリム」で、自分たちに賛同せず、敵対する大方のムスリムは、不信仰の徒だということにさえなる。実際、ムスリム・テロリストたちは、しばしばこうした論法を用いている（二六六など）。主観的には、彼らは本当に自分たちは正義の陣営なのだと考えているのかもしれない。

ところで、ムスリム・テロリストたちの最大の標的は、現在、欧米諸国である。欧米は言うまでもなく、キリスト教圏である。そのことを確認する時、『クルアーン』中の既に紹介した一節が気にかかる。その一節とはこれである。「多神教徒は見つけ次第、殺してしまうがよい」（『コーラン』上二五二）。

もちろん、キリスト教は多神教ではない。しかし、その三位一体の教義をイスラームは認めていない。「これ啓典の民よ（ここではキリスト教徒への喚び掛け）、汝ら、宗教上のことで度を過し（三位一体やキリストの神性の教義などを指す）てはならぬぞ。…救主イーサー（イエス：前川）、マルヤム（マリア：前川）の息子はただのアッラーの使徒であるにすぎぬ。…決して『三』などと言うてはならぬぞ（三位一体の否定）。…アッラーはただ独りの神にましますぞ。ああ勿体ない、神に息子があるとは何事ぞ」（一四二）。神だけでなく、「神の独り子」イエス、さらに聖霊まで崇拝するキリスト教は、解釈のしようでは、「多神教」ということになる。そして、『クルアーン』は「多神教徒は見つけ次第、殺してしまうがよい」と「お墨付き」を与えている。そうなると、キリスト教徒殺害に遠慮はいらないということになりかねない。

(6) イスラームにおける犠牲の思想

ところで、ムスリム・テロリストたちには自爆テロが常套手段の一つとなっている。テロリストたちには賛同できないが、それはそれとして、自爆テロという行為そのものを分析してみると、そこに自らが信じる大義のための自己犠牲という論理が読み取れる。本書では、各宗教における「犠牲」「自己犠牲」の位置づけに注目してきている。そこで、テロリストに限定せず、イスラーム全般について、犠牲、自己犠牲の思想を探ってみよう。

既に見たように、他の二つの一神教では、自己犠牲は極めて重要な位置づけを与えられている。ユダヤ教では、たとえば、第二イザヤの苦難の神義論に、「神の世界救済計画のための犠牲の羊ユダヤ人」というユダヤ人たちの自己認識があった。キリスト教でも、イエスは人類を救うため、自らを十字架上で犠牲に捧げたとされ、そのことが神学上、決定的な意味を持っている。

イスラームの場合、イード・アルフィトルと並ぶイスラームの二大祭の一つイード・アルアドハー（犠牲祭、大祭）に注目すべきだろう。これは、アブラハムが唯一神の命令で息子を犠牲にしようとした瞬間に、唯一神から息子の身代わりの犠牲獣が与えられたという『旧約聖書』を出典とする『クルアーン』の章句に由来する。この大祭において、各地のムスリムが、アッラーに羊などの犠牲の動物を捧げるのである（『イスラームの歴史1』一六）。

おそらくムスリムの義務としてのアッラーへの絶対服従を主題化したのであろうこの大祭に、犠牲の主題が出てくることは興味深い。ムスリムにとって最高の価値であるアッラーへの絶対服従を全うするためには、その他のどんな価値あるものも、たとえば、アブラハムの場合、ただ一人の息子さえも、犠牲に捧げる覚悟が求められるということだろう。

また、六信五行の五行の中に、「喜捨」がある。喜捨の行為は何がしか自己犠牲に関わるであろう。これについて少し詳しい説明を見てみよう。

喜捨は、貧しい同胞のために財産の一部を差し出すものであり、信徒にとって支払う義務がある。…いったん喜捨を集めれば、それを貧者などの該当者に分配しなくてはならない。義務の喜捨は分配先がクルアーンの規定で八種類（貧者、寡婦、孤児、旅行者など）と定められているから、厳密な運営が必要となる。自由な喜捨は任意の慈善行為に供出してかまわないため、これも善行として奨励される。断食月には、断食明けの食事を恵まれない人々のために提供することが求められる（『イスラームの歴史2』五五）。

任意の喜捨…は…喜捨していることをみせびらかしてはいけないが、他にとくに条件はない。

現代イスラーム経済論では、喜捨は福祉制度のもっとも重要な基盤とされる（付録五）。

イスラームの五行の一つ、喜捨には、このように義務的なものと任意のものがあるが、いずれもムスリムの相互扶助、助け合いの精神に基づくものである。余裕のある者が、余裕のない者に分け与える。この行為には、当然何がしかの自己犠牲がつきまとう。そうした自己犠牲を義務化し、奨励して、イスラーム共同体は、その全体としての繁栄を勝ち取ろうとするのである。

(7) スーフィズム

ここまでに検討してきたイスラームの律法(シャリーア)第一主義の教義・儀礼は、いわばイスラームの表の顔である。イスラームには、実はもう一つの、いわば「裏の顔」がある。スーフィズムである。「スーフィーの神秘思想家がマホメットの教義に…新しい力」を加えた(『世界史』上三七九)。「ほとんどのイスラム教徒の国々で、初期イスラムの律法尊重主義と、のちの時代のスーフィー派の敬虔な神秘主義とのあいだで長いあいだ…微妙なバランス」が保たれてきた(『世界史』下一七四)。我々は、このスーフィズムについても、検討しておかなければならない。

八世紀半ば、「神への愛」という新たな信仰形態がイスラーム世界に生まれた。それまではムスリムの信仰は、ひたすらアッラーの意志を解釈・発見し、それに従うことのみであった。ムスリムにとってアッラーは何よりも服従すべきものであり、愛の対象として意識されたことは基本的になかった。現在のイラク・バスラ生まれの女性ラービア・アダウィーヤ(八〇一年没)は、そんな中、神への無私の愛を唱えた。「神を崇めるのは、決して火獄への恐怖や楽園への希望などによるのでなく、ただただ神への愛の力によるのだ」(『イスラームの歴史1』一六一)。ただひたすら神を思い、願うことだけが大切とされたのだった（一六二）。ムハンマドが、神を信じれば楽園を約束されるという吉報の伝達者であると自己規定していた（五六）ことに注意されたい。

これを一つの土台として、八五〇年以降、スーフィズムが成立してくる。その背景には、ますます学問体系として固まってきた法学や神学の形式主義に反発し、もっと心の奥底に届くような霊的体験を求める態度があったとされる（一六二）。この潮流では、「俗事を離れてひたすら唯一神を念じる身体的修行と禁欲的生活を重ねることで自我を消滅（ファナー）させ、唯一神と合一することで魂の救済を図る」。このファナーをめざして修行・思索に専念する人々をムスリムは「スーフィー」と呼んだ。「スーフィズム」の名はここから来ている（付録六）。

スーフィズムは神秘主義の一派と言ってよい。その成立には、仏教、キリスト教、マニ教、グノーシスなどからの影響が考えられている（一六三）。「アッラーとの合一」という目標など、およそイスラームらしくない。ムスリムにとってアッラーは、もともと人間にはとても手の届かない絶対的存在であった。当然、スーフィーは当初、従来通りの正統派ムスリムたちから異端の扱いを受けた。

しかし、意外にも、現在、スーフィズムの起源は『クルアーン』の中にあるという説が一般的である。『クルアーン』の中に、アッラーの人間にとっての近さが語られたいくつかの章句があるのである。「どちらを向いてもアッラーの顔」「アッラーは頸動脈よりも汝に近い」というような（一六二―三）。これを芽として、他の様々な要因にもより、イスラーム神秘主義たるスーフィズムが誕生したというのである。

スーフィズムは、決して一様な潮流ではなかった。「スーフィズムは、深遠な形而上学から怪しげな民間信仰までの幅広い領域に関わる現象である。スーフィー自身についても、叡智をもつ哲学者として描かれることもあれば、奇蹟を起こしてくれるありがたい存在として尊崇されることも」あった（一五五）。

最初の百年間のスーフィズムの学派を見ると、理知的で、シャリーアに意を用いることを特徴とする「バグダード学派」と呼ばれる「醒めた」スーフィズムと、情的で神との合一について声高に語り、皮相な決まりごとに拘泥しない「酔った」スーフィズムの対照的な二流派があった。前者が主流であった（一六七）。

その繁栄期（十二世紀半ばから十七世紀末まで）には、スーフィズムはもはや異端の嫌疑をかけられることはなくなり、逆にイスラーム法学と並び、イスラームの核とさえみなされるようになっていた（一七七）。

この時代に、イスラームは、シャリーアを柱とする表の顔と、スーフィズムに代表される裏の顔からなる二面性を持った宗教に変容したと言ってよい。この二つの顔は互いに補完関係をなすようになっていた。神秘主義にはよく見られることであるが、道を究めたスーフィーは、奇跡を起こす力を神から与えられた聖者として人々の尊崇を集めるようにもなった（二二五）。ただ、それがタウヒードの立場からすると、いかがわしい信仰形態であったことは間違いない。イスラームにおいて、信仰の対象は本来、アッラーだけだったはずである。事実、この聖者信仰は、ときにウラマーの憤激を買い、彼らにはげしく非難された（一八二）。スーフィーの存在は、スンナ派・

シーア派などの宗派の存在、スンナ派の四法学派の存在ともまた違う、イスラームにおける多神教的要因の一つと言えるだろう。

ともあれ、こうして、スーフィズムは、イスラームに新たな息吹を与え、いわばパワーアップさせ、イスラームの拡大と諸社会への定着に大きな役割をはたした（二二五）。スーフィズムおよび聖者崇拝は、異教徒がスムーズにイスラーム信仰に入ることを助ける強力な改宗装置として機能した（二二八）。

信仰の第一歩が、親しく神とともにあるスーフィーの聖《ひじり》を敬い、その行いを模倣すればいいということになると、イスラム教への改宗は比較的容易になった。イスラム教徒になるために、精緻な律法の体系を受け入れ、私生活を根本的に改める必要はもはやなくなった。むしろ、スーフィーの神秘主義者が、まず人々をイスラム教に導き、しかるのち皆が私生活を「律法」に合うように変えていくということが見られるようになった（『世界史』上三七八）。

キリスト教にも神秘主義の諸潮流があるが、全体的に、イスラームにおけるスーフィーほどには、キリスト教では、神秘主義は盛んとはならなかった。神秘主義は、世界的に見ると、インド・中国型多神教、特にインドの宗教で、最も盛んである。神秘主義の盛んさについて言うと、イスラームは、インド・中国型多神教と、ユダヤ・キリスト教の間にあると言ってよい。血液型的に見ても、A型多住地域のユダヤ・キリスト教、B型多住地域のインド・中国型多神教は対照的だが、イスラームは、A型多住地域、B型多住地域のどちらにも進出し、サウジアラビア、インドネシアなど、O型が圧倒的な地域にも進出している。血液型的に、また神秘主義の強度において、イスラームは、一神教グループに属しながら、やはり一味違うのである。イスラームにおける血液型分布率と、神秘主義、この二つの領域は、無関係ではないのではないか。

近代に入り、ムスリムたちが西欧への深刻な立ち遅れを意識してイスラーム改革の機運が高まると、中東地域では総じて、スーフィズムへの風当たりが強くなった。アブドゥルワッハーブ(『イスラームの歴史2』六九)、リダー(七八)など、みなそうであった。一九三二年建国のサウジアラビア王国は、アブドゥルワッハーブの思想に根ざしていた。彼の思想に基づき、この国では、後にスーフィズムは完全否定された。スーフィズムの完全否定は、イスラーム思想史上、極めて珍しい現象とされる(九〇)。

南アジアは現在、国別ムスリム人口でインドネシアに次ぐ二〜四位を独占し、その三国すなわち、インド一・九〇億、パキスタン一・九〇億、バングラデーシュ一・四八億だけで五・三億ほどとなる世界最大のムスリム人口を抱える地域である(『イスラームの歴史2』一六五。数字は『データブックオブ・ザ・ワールド2018』から前川が算出)。その南アジアでも、近代に入り、アフマド・ハーンは、スーフィズムを、時代遅れの存在とみなした(七六)。もっとも、スーフィズムにヒンドゥー教の神秘主義の伝統と通じる点があったためもあってか、南アジアにおいては、中東に見られるような著しいスーフィズムの衰退は見られず、一貫して一定の影響力を保持しつづけている(八九)。もともと、ヒンドゥー教徒のイスラームへの改宗は、スーフィーの活動により大衆のあいだで平和裏に進行したといわれる（『4億の少数派』一一）。このことと関連して、マクニールの次の発言にも目をとめておこう。「中東の神秘主義がインド起源の痕跡をいく分なりとも持っているかぎり、スーフィーの道の勝利をイスラムのインド化と言うこともできる」（『世界史』上三七九）。

東南アジアは二〇〇八年の時点で約五・八億人の総人口の約四割がムスリムであった（『イスラームの歴史2』二〇三）。中でもインドネシアが圧倒的な割合を占めている。インドネシアのムスリムは、現在約二・三億人（『データブックオブ・ザ・ワールド2018』から前川が算出）で、国別ムスリム人口で第一位である。このインドネシアでは、十九世紀後半に各地で頻発した農民反乱で、スーフィーが指導者になる場合が多かった。依然としてスーフィズムがイスラーム化推進の原動力であり続けたのだった（『イスラームの歴史2』二一四）。サハラ以南アフリカでは、二十世紀後半まで、スーフィズムがイスラームの中核に位置し続けたし、欧米では二十世紀後半になってスーフィズムの本格的な興隆が見られるようになった（八九）。総じて、スーフィズムは今日も展開し続けている（九七）。

第六章　ゾロアスター教――A型とB型の間

ペルシャあるいはイランの地は、「メソポタミアと…インド文明の間の文化的分水界にあった」(『世界史』上一三四)。すなわちこの地は、A型多住地域の諸文明と、B型多住地域の諸文明の分水界にあった。

インドのインド・アーリヤ語族とイラン人は、もともと同一の集団だったが、紀元前三千年紀初めに、別々の民族に分裂した(ボイス『ゾロアスター教』二九)。もともと同一の民族であったものの、現在、両者の血液型分布率は明確に異なっている。インドは世界でも最もB型の比率の高い地域であるが、イランでは、特殊な集団を除いて、総じてA型の比率がB型のそれを上回っている。イラクの血液型分布率ともよく似ている。

それでは、イランの地が、特に本章で扱う時代のイランの地が、A型多住地域の諸文明の中に包摂されるのかというと、やはりそうではない。青木健は、現在のイランの最大民族であるイラン系アーリヤ人について、以下のような注目すべき指摘を行っている。「形質上は、彼らはセム系アラブ

イランの血液型分布率(イラク、インドとの比較)

	O型	A型	B型	AB型	
イラン	37.62%	30.25%	24.36%	7.77%	(サンプル 130 万人):2001 年
イラク	37%	30%	25%	8%	(サンプル 4,056 人):1966 年、売血者
インド	29.27%	21.38%	39.92%	9.43%	(サンプル 140,320 人):2007－2010 年、北インド UP 州ラクナウ、献血者

人やテュルク系遊牧民と混血して固有の特徴を失」っている（『アーリア人』二一六）。セム系アラブ人もテュルク系遊牧民も、インド・アーリヤ語族よりずっとA型が多く、B型が少ない。そうした混血の過程を経る前のイラン人たちの血液型構成は、現在よりもインド・アーリヤ語族のそれと近かったことが推測される。やはり、この地域については、独立に考察すべき点が少なくない。そこで、この地域については第六章として独自の章を設けることにした。

この地には本書で設定した旧大陸の三つの大きな宗教グループ、すなわち、ギリシャ・日本型多神教、一神教、インド・中国型多神教のいずれにもおさまらないユニークな大宗教が誕生した。拮抗する力を持つ善悪二神の戦いに宇宙の歴史を見るゾロアスター教である。この章では特にこの宗教について検討する。

この地からはゾロアスター教の影響を受け、あるいはゾロアスター教への批判から、他にもマニ教、マズダク教が生まれた。十九世紀半ばには一神教と並び、ゾロアスター教にも敬意を払うバハーイー教という宗教が生まれた。

この地で生まれた諸宗教は、現在、どれも大宗教とは言い難い。そのため、目立ちにくいが、イランの地は、古来、全世界的な宗教の大センターの一つだったと言ってよい。

宗教からやや離れるが、青木健のイラン系アーリヤ人についての以下の発言にも注目しておこう。彼によると、前六一二年のアッシリア帝国滅亡後、「セム語族がオリエントの政治的覇権を握るのは、七世紀のアラブ人の登場を待たねばならず、約一二〇〇年間はイラン系アーリア人定住民が西アジア政治史を主導することになる」（『アーリア人』一〇三）。イラン系アーリヤ人は、従来十分には注目されてきていないが、「古代オリエント文明の時代（紀元前三三〇〇年ごろ〜前七世紀）からイスラーム時代（後七世紀〜現代）を架橋する『アーリア人の時代』」（一六―一七）が存在したというのである。ゾロアスター教は、そうした「（イラン系）アーリア人の時代」を主導する最大の宗教であった。

第1節　ゾロアスター教の正統教義

ゾロアスター教の宗祖ゾロアスターは諸説あるものの、ほぼ紀元前一五〇〇年から前一二〇〇年の間の人であったとされている（ボイス『ゾロアスター教』五五）。その出生地はおそらく現在のイラン、アフガニスタン、トルクメニスタンの国境が接する地域だったろうという（ハーツ『ゾロアスター教』三三）。彼の開いた宗教は人類初の世界宗教とも言える普遍性を備えていた。その最大の特徴は、拮抗する善悪二柱の強大な神の争いとして世界史、あるいは宇宙の歴史を考える二元論にある。しかし、そこで善の神への崇拝が要請されていることは言うまでもない。以下、ゾロアスター教の概要を見ていこう。

「実に、はじめに二つの霊があり、これらは双生で、戦っていると知られている」（ボイス一四二）。ゾロアスター教の聖典『アヴェスタ』の一部でそれのみが真正のゾロアスターの言葉とされる「ガーサー」（三七一）にはこう書かれている。相戦う二つの霊の片方は、善・光・生命・

浄の神アフラ・マズダーであり、もう片方は悪・闇・死・不浄の神アンラ・マンユである。両者は互いに絶対に相容れない存在であった（『宗祖ゾロアスター』二〇七）。

ゾロアスターは、アフラ・マズダーが、創造されたのではない唯一の（善：前川）神で、永遠に存在し、他のすべての慈悲深い神々を含むあらゆる善なるものの創造主であると宣言した（ボイス五七）。アンラ・マンユもアフラ・マズダー同様、何ものにも創造されることなく、存在していた（五八）。これら原初の二柱の神々はそれぞれ自発的に善悪を選んだとされる（五九）。この二柱の神をそれぞれの頂点として、善・光の陣営と悪・闇の陣営ができあがる。

まず善・光の陣営を見ておこう。アフラ・マズダーはまず、自らの個々の聖なる属性をそれぞれ分け持つ六柱の下位の神々を創造する。いわば善・光陣営の大幹部たちである。この神々は「アムシャ・スプンタ（聖なる不死者）」と総称される。

六柱の聖なる不死者についての教義は、ゾロアスターの教えの根本的なもので、精神的また倫理的重要性をもっている。というのは、これらの存在は、アフラ・マズダー自身の特質もしくは属性を実体化したもので、（正しく求められ崇拝されるかぎり）自分でもその特性を人々に与えることができるからである。…六大神はそれぞれ最高神と緊密な関係にあると（ゾロアスターは：前川）みなした。…彼らは「一つの心、一つの声、一つの行動をもつ…」（六二―六三）。

この六柱の下に多くの善なる下位の神々ないし善霊（ヤザタ）が位置する（六二）。これらもアフラ・マズダーの創造物である。

悪・闇の陣営では、アンラ・マンユの下にダエーワという多数の悪神ないし悪魔が位置する。ダエーワはインド人（インド・アーリヤ語族）とイラン人の分裂以前に、神々を意味した「デーヴァ」が、ゾロアスターの新宗教において悪の属性を付与されたものであった（『神の文化史事典』三〇六）。ちなみにデーヴァはインドでは引き続き神々として崇拝された。悪・闇の陣営には善・光の陣営のアムシャ・スプンタのような大幹部集団は存在しなかったが、中世ゾロアスター教では、アムシャ・スプンタに対抗させる形で六大悪魔の観念が成立した（三〇六）。

ゾロアスター教の教義のここまでについて、若干、補足しておく必要がある。アフラ・マズダーと拮抗する力を持つ悪神アンラ・マンユの存在はあるが、実はゾロアスターは、善なる神としてはアフラ・マズダーがただ一人いるだけだという、一神教に近い主張をしたのだとしばしば考えられている。しかし、ゾロアスター登場以前のイランでは、世界の他の地域同様、多神教の信仰が根付いていた。当時はまだ、ユダヤ教も確立していないから、おそらく世界には多神教しか存在していなかったろう。

そうした多神教の世界観になれきっていた人々には、いきなり一神教的神観念、あるいは二元論的神観念を提示されても、おそらくそれの受け入れは困難だっただろう。そこで、ゾロアスターは、既存の多神教の枠組みを用いながら、善なる神々が全てアフラ・マズダーに従うという形で、一神教的、二元論的世界観に人々を導こうとした——神話学者デュメジルの見解である（『宗祖ゾロアスター』一六三—四)。

事実、サーサーン朝ペルシャ時代に、キリスト教徒から、ゾロアスター教の多神教的に見える点を揶揄された際、あるゾロアスター教徒は、こう切り返した。ゾロアスター教徒は「(善神としては:前川)唯一の神を認めているのであって、残りは単に王の侍従のようなものでしかない」(ボイス二三五)。

アムシャ・スプンタは、アフラ・マズダー配下の「六大神」とされていたが、それは、多神教におけるそれぞれ独立した有力な神々とは性格が異なっている。要するに、アフラ・マズダーなくしてアムシャ・スプンタの存在はない。こうしたアムシャ・スプンタについて語るためには、「神」とは別の言葉を用意しなければならない。それは、本書ではじめて言及する言葉——「天使」である。一神教的、二元論的世界観をもつゾロアスター教における重要概念アムシャ・スプンタは、実は神と言うより「天使」なのである。

それは、「天使」という名のとおり、まさに「神(天)の使い」である。天使が自らの意志で独自に行為することはない。それは神(アフラ・マズダー)に絶対服従する存在である。天使は要するに、神の道具、神のロボットのようなものである。アムシャ・スプンタの下の多くの善霊も、天使である。しかし、アムシャ・スプンタは、アフラ・マズダー配下で、特別の権威を持つとされたことから、研究者たちによって、特に「大」天使と呼ばれることがある。

神の使いとしての天使の存在という考え方は、ゾロアスター教からユダヤ教に入ったと考えられている。そして、そこから、キリスト教、イスラームへも受け継がれた。三つの一神教は全て天使の存在を認めている。それは天使が一神教の根本、すなわち「神はただ一人」という主張に抵触しないからである。

悪魔の観念もまた、ゾロアスター教からユダヤ教に入り、そこから、キリスト教、イスラームへと受け継がれたとされている。ゾロアスター教は、二元論的宗教としてユニークな存在であるだけでなく、三大一神教にも大きな影響を与えた。

さて、善悪両陣営の構成員は以上にとどまらない。人間たちも両陣営に関わる。ここでゾロアスター教における人間観について見ておかなければならない。

ゾロアスター教では、人間はアフラ・マズダーの創造物であるとされている。人間は善・光の神の創造物として、悪に打ち勝ち、世界を完璧にするという偉大な目的をアフラ・マズダーやアムシャ・スプンタと分かち合っているとされた（六九）。とすると、人間たちは自動的に善・光の陣営に属し、善なること、正しいことしかしないのだろうか。私たち人間の世界を振り返る時、残念ながら、そのようには見えない。人間は正しいこともするが、悪いこともするというのが我々の日常的な観察である。

人間の善の神アフラ・マズダーによる創造と、にもかかわらず人間のしでかす様々な悪の間には、ゾロアスター教によると次のような事情がある。確かに善・光の神アフラ・マズダーが人間を創造したのだが、その際、人間たちに自由意志を与え、同時に自らの行為への責任をも持たせた。アフラ・マズダーは、ちょうど自らが自由意志により善を選んだように、自らの創造物である人間たち全員が、自らが与えた自由意志により、同様の選択を行うことを期待したというのである

（五九）。人間が自由意志を持たず、創造者アフラ・マズダーの意志を機械的に遂行するだけなら、それは一種のロボットということになろう。ゾロアスター教ではそのような人間観はとらなかった。

しかし、そのことで、人間たちの中に善ではなく、悪を選択してしまう者たちも出てくることを避けられなかった。かくて、善の陣営の最下部には善を選択した人間たちが、悪の陣営の最下部には悪を選択した人間たちが位置づけられることとなる。

しかし、善を選択した人間は善なる行為しかせず、悪を選択した人間は悪しき行為しかしないのだろうか。人間はそれほどすっきりした存在ではない。人間は日々生きていく中で、瞬間的な選択・決断を繰り返しているが、ゾロアスターの教義では人生とは善と悪のいずれかの選択の連続である（ハーツ一一四）。基本的に善の陣営に心を寄せている人間も、倫理的緊張感を失えば、時に欲に目がくらみ、あるいは感情を制御できず、悪を選択してしまう。反対に基本的に悪の陣営に属している人間も、思いがけず、善なる行為をすることがある。とすれば、個々の人間の善悪両陣営どちらかへの帰属は、実は瞬間ごとに変化している。

かくしてゾロアスター教の世界観においては、善悪両陣営は、それぞれ質を異にする二つの部分から成っていることになる。すなわち、恒常的に善悪のどちらかに属する神々、天使、悪魔と、善悪の間を常に揺れ動いている人間たちの二つの部分である。当然、人間たち全体が瞬間ごとに、どういう割合でそれぞれの陣営につくかは、両陣営のその時々の勢力関係に少なからず影響する。ゾロアスター教の世界観においては、こうした形で善悪両陣営がはてしなく続く戦いを繰り広げているということになる。

アフラ・マズダーの崇拝者ゾロアスターの教えに接し、それを受け入れた者たちは、善の陣営の勝利に向けて、自覚的に責任をもって、不断の道徳的努力をしなければならない（ボイス六八、七五）。瞬間ごとの行為の選択において善を選び続けなければならない。それは厳しい教えだったが、同時に信徒たちに新たな尊厳を与えた。「これによると人は神の同盟者となって、両者がともに願う悪に対する勝利を達成するために創られたことになるからである」（七〇）。悪への可能性をはらんだ不安定な存在ではあったが、常に善を選び続けようと自らを厳しく律することで、人間にはまたとない尊厳が備わったとされたのだった。

ゾロアスターの信者は、高い身分の者に限られなかった。本書において既に確認してきたように、王や祭司たちが神々の協力者となるという図式は、世界の他の諸宗教においてよく見られたが、ゾロアスター教では、この他に一般の全ての信者たちが、善と悪の宇宙的大闘争において、善の神アフラ・マズダーの協力者になりうるのである。これは、ゾロアスター教という宗教の注目すべき特徴の一つと言ってよい。特に、人間は神に従うだけの存在とされている一神教における人間観とは顕著な違いを示している。

ゾロアスター教徒たちのアフラ・マズダー陣営への協力は、実はごく日常的な場面でも行われると考えられていた。そのことは、教徒たちの生きる自信を強めた。

汚物や病、錆、変色、かび、悪臭、虫害や腐敗は、アングラ・マインユとその軍団の仕業である。そこでこれらを防いだり減少させたりすることは、善い創造を守り攻撃者を弱体化させるのに貢献することになる。この教義は、ゾロアスター教のもつ力の一つである。というのは、このため教徒集団の各員は、日常の仕事を通して宇宙的邪悪との戦いに参加することとなったので、誰も、自分は役に立たないとか、自分の努力は白分以外評価していないとか感じなくてすむわけである（九九）。

ところで、全ての宗教は、人生における、あるいは人間の社会における幸不幸の配分の不公平の問題への説明を求められる。すなわち善なる者がしばしば苦しみ、悪しき者がわが世の春を謳歌するという倫理的不条理への説明をである。その問題はまた、全能で善なるはずの神が、そうした不条理を許しておくのはなぜなのかという「神義論問題」ともつながっている。ゾロアスター教もこうした課題と取り組んだ。メアリー・ボイスはこの点につき、以下のように語っている。

現代…の悲しみや戦いのすべては、アングラ・マインユとの戦いの一部であるとしたことで、ゾロアスターは、人間のために高貴な目的を見出したばかりでなく、彼らがこの世で耐えなければならないものについて合理的な説明をも与えたのである。この下界での被造物の苦しみは、対立霊（アンラ・マンユ：前川）によりもたらされた災害と見て、全能の創造主（アフラ・マズダー：前川）の意志のせいにはしなかったからである（七〇）。

ゾロアスターは実力拮抗するアフラ・マズダー、アンラ・マンユをそれぞれの頂点とする善と悪の宇宙的大闘争、二元論的宗教を語ったのだが、実はその二元論は徹底していなかった。ゾロアスターは最後にはアフラ・マズダーが勝利すると言い切っていた。ゾロアスターの教説の他の部分と比べた時、この断言はいかにも唐突な印象を与えるが、それがゾロアスターが受けた啓示であった。彼自身はそれに不都合を感じていなかったらしい。ただし、アフラ・マズダー、すなわち善・光の陣営の勝利は、いつもたらされるのかについては、ゾロアスターは何も語らなかった。それは十年先のことかもしれないが、もしかすると、何百年、何千年もの厳しい戦いの末のことなのかもしれない。個々の人間の寿命は、当然、それほど長くない。

そこで、ゾロアスターは、宇宙の行く末だけではなく、個々の人間の死後の行く末についても語ることになった。いつ来るかわからない善の最終的勝利に待ちくたびれて、信者たちが倫理的に弛緩してしまわないためにである。彼によると、「人が死ぬと、その魂は、現世で善という大義を助けるために何をしたかについての審判をうける」(七一)。人は誰も生きている間に善も行い、悪も行うが、死にあたって、個々人の生涯の善の総量と悪の総量の差引勘定が問題となる。善への貢献の方が大きければ天国に行くことができる。悪への加担の方が大きければ、アンラ・マンユの支配する苦悶の場所たる地獄行きとなる(七一)。「その偽りと正しさが(すなわち悪と善が:前川)均衡している」少数の魂は、喜びも悲しみもない灰色の存在でありつづける(七一)。煉獄へ導かれるのである(『宗祖ゾロアスター』二〇八)。

ここで注意しなければならないのは、天国に行った魂も完全な至福を授かるわけではないとされている点である。完全な幸福は、善の悪への最終的勝利と、その際のその時まで生きていた者、既に死んで一度審判を受けた者双方が受ける最後の審判で、善なる者と判定されることによってこそ可能となるとされた（ボイス七一―七二）。

死後の審判において問われるのは、ひたすら個々人の倫理的実績、生涯の善悪の差引勘定だけであって、男女の別、身分の上下などは一切関係なかった（七二）。ゾロアスターの福音は、それを受け入れようとする者たちに、勇気と覚悟を要求するものであった（七四）。

世界の運命と自分の運命の双方に責任を持ち、生涯、瞬間ごとの正しい選択・正しい決断に向けて緊張しているゾロアスター教徒たちは、生涯修行をしているようなものであった。ただし、そのような緊張や厳しさだけでは、信徒たちは当然、もたない。それらをやわらげるため、ゾロアスター教では、多くの楽しい催しが用意されていた。それは生を評価する信仰であって、現世拒否的な信仰ではなかった（二七二）。ゾロアスター教徒は、機会があればできるだけ楽しく過ごそうとする本能を持っていた（三三三）。

第2節　ズルワーン教

以上がゾロアスター教正統教義の概略である。次に概観しておくべきことは、「ズルワーン教」と呼ばれるゾロアスター教の異端的展開である。

ズルワーン教は、アケメネス朝ペルシャ後期に発達したとされている。その後、長期にわたって各方面に広い影響力を持った（一四二）。「ガーサー」では既に見たように、「実に、はじめに（善悪：前川）二つの霊があり、これらは双生で、戦っていると知られている」と語られている。ここでは善と悪、アフラ・マズダーとアンラ・マンユは絶対に相容れない存在として語られているとゾロアスター教正統派は理解したのだが、「双生」という点に注目したイラン西方のマギ（祭司）たちは、「双生というからには両者共通の父がいるに違いない」と考えた。そうだとすると、アフラ・マズダーとアンラ・マンユの父となりうるのは、ズルワーンつまり「時」だけだというのが、彼らの結論だった（一四二）。

古来、多くの民族で「時」はしばしば本書第四章第2節で論じた古代ギリシャの宗教におけるそれのような、不合理で強大な「運命」の力と同一視された。ズルワーン教の「時」、すなわちズルワーンにもこれはあてはまる。まさにギリシャの運命の概念の影響もあったという。この点も含め、ニニアン・スマートの整理を見ておこう。

アケメネス朝時代の後期およびセレウコス朝のギリシャが支配した時代に、一部はバビロニア占星術のペルシャ文化への影響とそれから派生した幸運と悪運を占星術によって予測する方法が台頭したために、また一部はギリシャの運命の概念に影響を受けたために、「時間」の概念が魅力を持ってきた…ズルワーン教は、倫理的善の究極性を犠牲にして、世界の新しい形而上学的解釈に到達した。ザラスシュトラは、完全に善である「神」（アフラ・マズダー：前川）を至高の場に高め、悪の原則は究極的には滅ぼされるとしたものの、原初の時間から悪の原則があるとすることによって、「神」の「全能の力」を犠牲にした。ズルワーン教においては、道徳的に中立的な「時間」が、（善と悪の）両闘争者を宇宙の闘争において同列において支配する位置に高められている。善の神オルマズダ（アフラ・マズダー：前川）は、究極的に勝利するけれども、形而上学的には、究極性を持たないのである（『世界の諸宗教Ｉ』二二六―七）。

ゾロアスター教正統派において、互いに全く相容れない存在とされていたアフラ・マズダーとアンラ・マンユが、ズルワーン教においては、ズルワーンという道徳的に中立な、つまり善でも悪でもない不合理で強大な「時＝運命」を父として生まれたとされたことで、兄弟としての「つながり」を持ったわけである。ズルワーンは「息子たち」の闘いには介入しなかった（ボイス一四四）。ズルワーン教において、善と悪は、ゾロアスター教正統派におけるよりは、ある意味で対等に扱われている。

次章第七章で論じるインドや中国の諸宗教では、ズルワーン教と類似した形での善と悪の関係づけは特に珍しいものではない。それはそれで一つの洗練された世界観となっている（これについては次章）のだが、ボイスは、ズルワーン教のこうした教義の弱点を強調する。そこには彼女自身の信仰の立場、価値判断も読み取れる。

この異端は、まことに深刻で致命的なものであって、これがのちのキリスト教やイスラム教との戦いでゾロアスター教を非常に弱めたことにほとんど疑いはない。なぜなら（後の論客の言うところでは）「オフルマズドとアフリマンが兄弟である」と宣べることによって、善と悪は全く別個のもので、その起源も性質も別であるというゾロアスターの基本的な教義を、ズルワーン教徒は裏切っていたからである。彼らはまた…アフラマズダの崇高さを減少させた。そして信仰についての明解な教えを、退屈な推測と下等な神話で混乱させた。さらにズルワーン教の、宿命や「時」の容赦のない天意との関わりは、自由意志の存在や選択権の行使を通して自らの運命を形づくる個々人の力についてのゾロアスター教の基本的な教義を曖昧にした（一四四―五）。

ボイスは、ゾロアスター教の「のちのキリスト教やイスラム教との戦い」の具体例も挙げている。サーサーン朝の王族はズルワーン教徒であったことが知られている（一四五）が、この王朝の時代に、プサイというキリスト教徒がシャーブフル王から、善と光の神アフラ・マズダーを象徴する太陽や月や星を拝むことを命じられた時、これを拒否して死刑に処せられた。しかし彼はその前に王のズルワーン教信仰に一矢を報いていた。

我らキリスト教徒は、サタンの兄弟を信じない。マギのいうところに従えば、オフルマズドはサタンの兄弟である。我々がサタンの兄弟に祈らない以上、どうして我々にこのサタンの兄弟の子供たち（太陽・月・星：前川）を認める必要があろうか（一二三〇）。

また、十世紀のすぐれたペルシャ人ムスリム学者アブド・アルジャッバルは、ゾロアスター教を攻撃した。「彼はその過程で、正統的なゾロアスター教の思想には簡単にしか言及せず、主たる論争をズルワーン教徒に仕向けた。ズルワーン教徒は、その神学上の弱点のゆえに、恰好の目標となったのである」（三〇〇）。

第3節　一神教とインド宗教の間

その生誕の地イランが、「メソポタミアと…インド文明の間の文化的分水界にあった」ためか、ゾロアスター教は、一神教と近い、あるいは一神教に通じる面と、インドの宗教に近い面の両面を持っている。

まずゾロアスター教の一神教的側面から整理しておこう。ゾロアスター教では、「善なるもの」という限定はつくものの、アフラ・マズダーを唯一の創造主とした。ゾロアスター教徒たちは、唯一の神としてアフラ・マズダーをあがめ、「最終的に彼にすべての礼拝を捧げる点において根本的に自分たちを異教徒から区別した」（ボイス八四）。信徒たちは、ゾロアスターの啓示を受け入れないすべての人は呪われているのだと確信していた（八三）。アフラ・マズダーによって創造されたあらゆるものは、悪を完全に打破するという一つの目的のために存在するとされた

（六七）。善悪が決して交わらず、和解しないとされているゾロアスター教正統派の教義は、一神教とよく似た精神から生まれたと言ってよい。
ゾロアスター教で、最終的には善・光の陣営が勝利するとされている点、すなわち、ゾロアスター教の二元論としては不徹底な点も、神を悪魔より強大な存在とした一神教と通じる。

そのことはそのまま、ゾロアスターの教えの中で最も際立った要素の一つ、歴史に終末がある（善が最終的に悪に勝利する）とする観念とも関わる。メソポタミア以来の従来の大方の時間観念は、そうした直線的時間ではなく、周期的時間であった（一四一—二）。ユダヤ教以来の一神教が、直線的時間観念をゾロアスター教と分け持った。

アケメネス朝ペルシャの初代王キュロスによってバビロニア捕囚から解放されたユダヤ人たちは、同王朝において盛んだったゾロアスター教からの影響に対し、最も開放的な民族の一つだったとされている。ユダヤ人たちは、恩人であるペルシャ人を讃え、その信仰に自分たちの信仰に似た要素を発見した（一五八）。

先にアムシャ・スプンタに関して述べたことと関わるが、ゾロアスター教の諸文献では、「常に、慈愛深い神格が本質的に単一であることを暗示するような表現が用いられている」（六〇）。イスラームによる征服の後では、それ以前とは信仰をめぐる状況は様々に異なろう。ゾロアスター教徒たちは、ムスリム征服者の顔色をうかがわなければならなくなったからである。しかし、イスラームによる征服以前から、ゾロアスター教が、自らの一神教に通じ合う側面を繰り返し強調していたことには注目すべきだろう。

天使と悪魔の観念のゾロアスター教から一神教への輸出については、既に論じた。

ゾロアスター教はこのように一神教と近い、一神教と通じる様々な側面を持っていたのだが、三大一神教、すなわち、ユダヤ教、キリスト教、イスラームが全て、少なくとも最初はセム人たちによって生み出されたのに対し、ゾロアスター教がイラン人というアーリヤ人、インド・ヨーロッパ語族に属する人々の中から生み出されたという点には注目すべきだろう。

次にゾロアスター教とインドの宗教の類似点について整理しよう。まず、「アシャ」という概念から。これは、「天則」「真理」「正義」などと訳され、世界を律する原理であるとされている(四一四)。それを、「非人格的な宇宙の根本原理」「非人格的な宇宙の本質」と言い換えてもよいであろう。ゾロアスター教においては、このアシャが非常に重視された。ゾロアスターが「アフラ・マズダーを崇拝するのは、アシャ…の主としてであった」。アフラ・マズダーはアシャの守護者なのである(五七)。「ゾロアスター教では、アシャを越える理念はない。アフラ・マズダーの完璧な世界は、アシャすなわち完全な道理に基づいて構成される。ゾロアスター教徒はアシャに従って生きようとする。ザラスシュトラが『ガーサー』で示した教義の中で、おそらくアシャがもっとも重要であろう」(ハーツ一一五)。

アシャのこうした性格は、同じく「非人格的な宇宙の根本原理」「非人格的な宇宙の本質」とされるヒンドゥー教の「ブラフマン」を想起させる。ついでに、道教の「道(タオ)」も想起させる。

また、「キリスト教徒がイエス・キリストの信仰と神の恩寵によって救われると信じているのとは異なって、ゾロアスター教の信者は善行によって救済される」(二七)。ゾロアスター教では、各人の生涯の善行の総和と悪行の総和の差引勘定で、死後の運命が決まるとされていたことは既に見た。この点は、インドの諸宗教に共通の業輪廻思想とよく似ている。

ヒンドゥー教では、カースト制度とも関わって、浄不浄の観念が非常に発達している。ゾロアスター教でも、こうした観念の発達が顕著であった。そもそも、アフラ・マズダー対アンラ・マンユの対立は、善・光対悪・闇などだけではなく、浄対不浄の対立でもあった。ゾロアスター教の独特な葬送法である鳥葬あるいは風葬も、彼らに神聖とされた火、水、大地を死者の穢れにまみれさせることを避けたためであった。火葬・水葬・土葬のいずれも認められないとなれば、新たな葬送法を考えだす必要があった。特に神聖な業務に携わるとされた大祭司は、ゾロアスター教の平信徒から触れられても、身体を洗わなければならなかった（ボイス三四〇）。

ズルワーン教において、善の神と悪の神が双子の兄弟として関係づけられた点が、インド・中国世界における善悪の関係についての思想と重なる点については、既に述べた。

これも既に述べたように、ダエーワはインド人とイラン人の分裂以前に、神々を意味したデーヴァが、ゾロアスターの新宗教において悪の属性を付与されたものであった。デーヴァはインドでは引き続き神々として崇拝されたのだから、この点は、ゾロアスター教とインドの宗教の共通点ではなく、共通の地盤に立ったうえでの相違点である。

特に、インドではヒンドゥー教において三大神に続く第四位に位置し、三大神の信仰の登場以前には最高の神、神々の王とされたインドラは、ゾロアスター教では、悪・闇の陣営の幹部クラスの悪魔とされた。中世ゾロアスター教で、アムシャ・スプンタに対抗させる形で六大悪魔の観念が成立した際には、インドラもその一員とされた（『神の文化史事典』三〇六）。

第4節　イスラームによる崩壊

ゾロアスター教は、一神教と似た側面、インドの多神教と似た側面の両方を持っていたが、どちらとも異なっていた。イラン在来の多神教と争い、一神教とも争った。ギリシャ・日本型多神教の地ギリシャから攻め込んできたアレキサンダー軍とも、ゾロアスター教徒たちは相見《まみ》えた。中でも、イスラームのイラン征服は、ゾロアスター教最大の悲劇となった（ボイス二七一）。ボイスによると、

　ムスリム軍の成功は、ムスリムの奉ずる教義が真実であることを証明するものだと納得した者は多かった。…天国や地獄の存在、世界の終末、審判の日の信仰といった（イスラームの…前川）最も重要な教義には、もともとゾロアスター教から採ったものがあるので、イスラム教に対する敵意を喪失させるほど、なじみ深いものでもあった。（やはりゾロアスター教から採り入れられた）日に五度の祈りや、偶像の否定、施物の勧めといったいくつかのムスリムの慣行も同様であった（ここに挙げられた諸項目を見ればわかるように、もちろん、イスラームのみならず、ユダヤ教、キリスト教も、ゾロアスター教から多くの教義を取り入れた…前川）（二八〇）。

征服者たちは、ゾロアスター教徒のイスラームへの改宗に向け、様々な圧力もかけた。かくて、イランの地において、イスラームは急速に教勢を拡大し、反対に人類最初の世界宗教ゾロアスター教は急速に凋落した。しかし、そうした教勢の明暗の原因は、両宗教の教義の優劣ではなく、当時のアラブ人とイラン人の軍事力・政治力の差であった。

ボイスはこうした認識のもと、ゾロアスター教からイスラームへの改宗の意味について、以下のように語っている。「より深いレベルでは、改宗とは、全く公正で理性で受け入れられる行動をとる賢明な存在を崇拝する二元論的信仰から、人の理解を超越しているとみなされる命令や目的を持つ不可解な全能の神への服従を要求する信仰への転換であった」(二八一)。

こうした改宗の受け入れを拒否した信者の中には、新天地を求めてインドに渡った者たちがあった。その末裔たちは、現在インドで「パールスィー(ペルシャ人)」と呼ばれ、わずか数万人の集団ながら、政治、経済、学術、文化、映画産業、社会事業など様々な分野で際立った成功をおさめている。イスラームへの改宗を拒否し、新天地へ脱出する気概を持った者たちに、もともと優秀な人々が多かったのか。インドの地で非常な少数派として生きる中で鍛えられ、磨かれていったのか。あるいは、その両方かもしれないが。

第七章　中国・インド型多神教（Ｂ型多住地域の多神教）

Ａ型多住地域の多神教とＢ型多住地域の多神教は、神々と人間の関係を異にしている。前者では、神々と人間の力関係は、常に神々の方が人間よりも強大、というものである。神々と人間は互いに異次元の存在である。すなわち、断絶の関係にある。これに対し、本章の主題であるＢ型多住地域の多神教では、神々と人間とは連続した関係、一続きの関係にある。

世界の代表的Ｂ型多住地域としては、インド、東南アジア大陸部、中国を挙げることができる。本章では、この中から自力で大宗教を生み出すか、外来の宗教に強力な新展開をもたらした二つの大文明インドと中国の諸宗教を検討する。まず、中国の諸宗教から話を始める。

第１節　中国の宗教――道教を中心に

（１）中国人の血液型

中国人の血液型については、従来、必ずしも十分なデータがそろっていたとは言えない。サンプル数三万九六二六人の中国医学科学院分院編『血液工作手冊』(一九七三年)中のものが長らく最も大規模なものであった(『人類学講座6　日本人II』二四六―七)。他はムーラントの一九七六年の大冊に、かなり詳細ではあるが中華人民共和国以前のデータが紹介されているくらいだった。

ごく最近、二〇一七年になって、北京大学のJue Liuらが、三八〇万人以上の大規模調査の結果として、中国の血液型分布率についての有力なデータを発表した。その結果は以下のとおりである。

この結果について最初に目につくのは、漢民族について、A型O型と僅差とはいえ、B型が三位になっていることである。従来、中国の漢族については、やはりO型A型と僅差ではあるものの、B型が最多とされてきた。たとえば、『血液工作手冊』中の以下のデータである。

O型三一%、A型二七%、B型三二%、AB型一〇%(サンプル数三万九六二六人)。

中国の血液型分布率(Jue Liu、2017年)

	O型	A型	B型	AB型	サンプル
漢　族	30.2%	30.7%	29.4%	9.7%	3,473,527人
ウィグル	27.9%	30.7%	30.8%	10.6%	129,454人
チョワン	41.8%	25.2%	27.5%	5.5%	47,305人
満　洲	31.4%	25.4%	33.7%	9.4%	33,182人
ミャオ	37.7%	28.4%	26.9%	7.0%	27,637人
イ	30.6%	34.0%	26.4%	9.0%	19,659人
モンゴル	30.8%	26.2%	33.3%	9.7%	18,996人
ホイ	30.5%	29.7%	29.9%	9.9%	11,471人
その他	33.1%	30.4%	28.2%	8.3%	70,803人
総　計	30.4%	30.5%	29.4%	9.7%	3,832,034人

これは、『血液工作手冊』に発表された漢族のA型遺伝子、B型遺伝子、O型遺伝子の各分布率から、『「血液型と性格」の社会史（改訂第二版）』巻末を参考に、前川が算出したものである。このデータでは、中国の漢族の血液型分布率の地域差は示されていない。中国の漢族全体についてはこういう分布率なのだとしている。

ちなみに、香港紅十字會のサイト"Blood Donation Info"中の"Blood Types"には、香港と北京の血液型分布率が示されている。

香港：O型四〇％、A型二六％、B型二六％、AB型七％
北京：O型二九％、A型二七％、B型三二％、AB型一二％

残念なことに、私が閲覧した二〇一六年五月十日時点では、このデータについて、サンプル数も調査年も示されていなかったが、中国の血液型分布率のかなり顕著な地域差が示唆されている。ムーラントの大冊中にも、これを支持するデータが多々示されている。

従来の中国の血液型分布率データは、このように、中国の漢民族全体でB型首位とするか、少なくとも中国北部でのB型優位を示唆するものが多かった。それが、今回のJue Liuらによるこれまでで最も大規模なデータでは覆されているわけである。

Jue Liuらのデータは、何と言っても中国の血液型分布率に関する最新・最大の報告である。

当然、尊重されなければならない。しかし、子細に検討してみると、このデータには若干の問題がないわけでもない。

まず、『血液工作手冊』の問題点が解消されていない。中国の血液型分布率の地域差が明確に考慮されているようには見えない。中国の地域（省、直轄市、自治区、特別行政区など）別のサンプル数が明示されていない。その上で中国全体の漢族についてはこういう分布率なのだということが示されているだけである。上述の香港・北京の分布率の差を見ても、これでは、中国の漢族全体の傾向が正しくとらえられていない可能性がある。

次に、この研究では、漢族以外にも中国の七つの主な少数民族（チベット族は外されている）の血液型分布率が示されているのだが、漢族も含め、八つの民族の中国の総人口に占める比率と、この調査の総サンプル数に占める各民族のサンプル数の比率はかなり食い違っている。たとえば、中国の総人口の九一・六％を占める漢族がサンプルでは九〇・六％となり、総人口の〇・八％のはずのウィグルが、サンプルでは三・四％となっている。その上で、この調査における八民族合計の総サンプル数に対するＡＢＯ式各血液型の八民族のサンプル数の合計の比率から、中国全体の血液型分布率として、Ｏ型三〇・四％、Ａ型三〇・五％、Ｂ型二九・四％、ＡＢ型九・七％という数字が無造作に提示されている。ここでは、これ以上詳細には立ち入らないが、この調査についてまとめられた論文（"Frequencies and ethnic distribution of ABO and RhD blood groups in China:a population-based cross-sectional study"）には、他にも気にかかる点がいくつかある。

ということで、中国の血液型分布率に関する史上最大の調査であるこの研究の結果をうのみにすることは、必ずしも妥当とは言えない。

しかし、この調査結果と、『血液工作手冊』中のデータ、さらには、ムーラントの大冊に紹介された『血液工作手冊』以前の諸調査の結果を総合すれば、中国の血液型分布率では、その順位には不確定の部分が残るものの、少なくともO型、A型、B型が僅差で並んでいるということまでは確認できよう。そして、世界各地域の血液型分布率の中に位置付けてみれば（第二章第1節の表を参照）、中国がB型の絶対値の高い地域、その意味で「B型多住地域」であるとすることが許されるであろう。

ちなみに、中国でAB型が一〇％ほどというのも、ほぼ世界一と言ってさしつかえない高率である。つまり、中国では、ABO式の四つの血液型が、世界一万遍なく、バランスよく分布している。この点が、同じく「中国・インド型多神教」の地域ではあっても、インドとは異なっている。インドでは、B型とA型の差は中国よりずっと大きい。

総じて欧米諸国に比べれば、アジア諸国の方がABO式血液型分布率は万遍ないものとなっているのだが、特に東アジア諸国の中国、韓国、日本においてそうである。AB型について言うと、中国のみならず、東アジアは、世界一の相対的多住地域であると言ってよい。しかし、東アジア内の地域差もかなりあって、中国→韓国→日本と進むにつれ、A型率が高まり（三〇・七↓三四・三↓四〇・〇）、逆にB型率が低下する（二九・四↓二七・〇↓二〇・〇）。ここでは、中国についての数字は、問題は残るものの Jue Liu らの漢族に関するデータに従っておいた。中国全体についてのデータではないことに注意されたい。

中東、インド、中国、ヨーロッパ、中米、中央アンデス地域からなる世界六大文明において、中国が血液型分布率において最もバランスがいい地域だということを、確認しておこう。

(2) 天の思想と老荘思想

本章のタイトルは「中国・インド型多神教」だが、実は、中国の知識人階級は春秋戦国時代の諸子百家以来、基本的に無神論的であった。これに対し、中国民衆は、一貫して多くの神々を信仰していた。すなわち多神教の世界に生きていた。中国内部から生まれた代表的大宗教であり、本節の中心的主題である道教は、民衆の世界と知識人の世界の融合によって成立した。我々はまず、道教前史を見ておかなければならない。

中国哲学史の森三樹三郎《みきさぶろう》は、その『中国思想史』において、「天」の思想の変化を通しての中国人の世界観、人間観の基礎の確立を語っている。森によると、中国の「天」はもともと人格神であった。

古い天の神が人格神であったことは確かである。…民の平安を約束する君主を選んでこれを天子に任命し、これに保護を加えるのであるが、もしこれを虐げるような君主が現れた場合には、たちまちにして厳しい天罰を下すのである。『詩経』や『書経』などに見える古い天の神は、エホバの神ほどではないにしても、厳しく恐ろしい側面をもつ神であった(三三)。

しかし、時代が下るにつれて、この天の神の人格神的な要素は次第に薄れるようになった。周王朝以来の社会の安定が、天の神の活動機会を減らし、その人格神的要素を希薄にしたのではないかと森は考えている。孔子の時代には天の非人格化は既に明確となり、それは四季の循環・万物の生成のうちにある法則そのもの、道そのもの、ロゴス的存在となっていた。この天の非人格化の傾向は、後世になればなるほど強化された（三四―三五）。

話はこれで終わったわけではない。天の非人格化は、中国人の世界観に汎神論的方向を与えることにもなった。すなわち、中国人たちは、以降、神は世界の内にあり、一事一物の内に宿ると考えるようになった（三五）。

森によると、汎神論の世界観の重要な特徴の一つは、神・人間・自然の三者が連続の関係にあり、互いの間に断絶がないことである（三六）。

まず天は神であると同時に、頭上にある天空であり、自然そのものである。ここでは、まず神と自然とが一体である。天の神は自然を生むと同時に万物のうちに宿り、これに内在する。人間の場合もまたその例外ではない。天は人間を生み、人間のうちに宿る。人間のうちに宿る天とは何か。それは人間の天性である。…神は人間の内に宿り、その人間はそのまま自然の一部である（三七―三八）。

この中国的な汎神論の立場では、すべてを対立の関係においてではなく、まず融合の形で捉えようとする傾向が支配的である。霊と肉、善と悪、理想と現実、中国ではこれらの間に根源的な対立、本質的な断絶を見なかった（三八―四〇）。この汎神論的世界観、連続的世界観は、中国思想のあらゆる分野に浸透していった（四一）。

中国における天の神の非人格化は、さらに、中国の人間観の基礎となる天性と天命の思想を生んだ。森によれば、天性、あるいは単に「性」とは既に見たように、人間に宿った天であった。こうした天性観を例証するものとして、森は孟子の性善説に言及する。

孟子が性善説を唱えたのは有名であるが、これは性が人間に内在する天であるとすれば、当然の帰結といわなければならない。天はもともと神であり、善そのものなのであるから、それが人間の内に入って天性となったとするなら、天性は善以外の何ものでもあり得ない。孟子の性善説が永く儒教の正統思想となったのは、まことに当然のことであった（四二）。

「天命」については、森は次のように語っている。

天は人間の内に宿って天性となった。それでは天は人間のうちに完全に内在化してしまったのかといえば、そうではない。天は依然として超越的な側面を残しており、人間の外にあるものという一面を保持していた。それは、いわゆる天命である。天命の原義は、天の神の命令という意味である。しかし天の人格性が薄れて非人格化するとともに、天命の意味もおのずから変化した。その変化とは、天命が「運命」の意味をもつようになったことである。運命とは、人間の外にあって、人間のありかたを規定する一種の力のことである。それは天に根源をもつ力であるために、人力ではどうすることもできないという性質をそなえている。…この運命としての天命の思想は、学派の対立を越えて、あらゆる中国の思想のうちに深く浸透している。それはひとり知識階級ばかりでなく、一般の民衆の間にも広く見られるものである。その意味では、民族の思想であるともいえよう（四三―四四）。

この「天命」の思想は、特に道教の理論的支柱の一つとして採用された老荘思想との関わりからも注目されなければならない。

運命のままに従うというのは、いかにも消極的で暗い印象をあたえるように見えるが、実は必ずしもそうではない。…人為の限界にあらわれる大命を静かに待つことが、やすらぎの境地、安心立命の道をもたらすのである。なかでも、この運命随順の思想をその中心としたのは道家の人々であり、とくに荘子であった。この運命を甘受し、天命のままに安んずるという態度こそ、数しれぬ戦乱や天災に耐えぬき、絶えず生命の芽をふく雑草にも似た中国民族の根強さの源であったといえよう（四四）。

老子も荘子も、既に述べた中国知識人の一般的傾向の例外ではなく、無神論者であった。しかし、彼らの思想は後に、多神教である道教に採用された。もともとあまりきちんとした理論らしきものを持たなかった道教が、特に中国で急速に普及しつつあった仏教との対抗上、老荘思想に頼ったのであった（『中国思想史』三二五）。それにより、老荘、特に老子は、後に道教の展開上、極めて枢要な役割をはたしていくことになる。それは後のこととして、ここではまず、老荘思想そのものについて見ておこう。森は老子の思想について次のように整理している。

孔子の道が仁義礼智といった人為を内容としていたのにたいし、老子の道は自然を内容とするものであった。…老子の理想は、（中国の：前川）太古素朴の農村の生活を、そのまま注意深く保存し、このような村落の集合の上に国家を作ることにあった。…彼が賛美してやまない無知無欲、さては無道徳、無礼儀、ひとくちにいえば無文化は、このような小国寡民の理想郷を背景として生まれたものである。…このように老子は…すべて文化の内容とされるものを否定して、太古自然のままの農村の生活に帰れと主張する。…老子は万物の根本になる真理を「道」とよぶ（二二一―二二六）。

もちろん、この最後の「道」が、老荘系統の思想流派「道家」と、道家を取り入れた宗教「道教」の名前の由来である。老子のこうした思想は、「無為自然」と表現される。

老子には神の信仰というものはない。…したがって万能の神による摂理という思想はなかった。しかし…かわりに、自然の摂理にたいする絶大な信頼があった。この自然の摂理は、人間が意識的な営み、すなわち人為を働かしているときには現れない。人間がその人為を去って無為になったとたんに、この自然の偉大な働きが現れるというのである。…人間はこのような自然のもつ万能の働きによって守られているのであるから、たとえ無為無策であっても、いささかの不安をもつ必要もないことになる。自然の摂理への絶大な信頼、これは老子ばかりでなく、道家一般にみられる共通の思想である。それは道家的自然主義が成立するための必須の前提条件であるといってもよい。…老子の根本の立場は、自然であれという一語につきる（一三五―一三八）。

老子の後の世代の荘子は、最後まで政治への関心を持ち続けた老子とは異なり、より自由に形而上学の世界に沈潜したとされる。荘子は老子と同じく、無為自然の道を自らの思想の根本としたのだが、何を「道」とし、何を「自然」とするかについては、両者の間に多少の隔たりがあった（一四九）。しかし、ここではその詳細には立ち入らず、荘子の有名な「万物斉同」の説を見ておきたい。

人間が「知識でとらえた世界は、必ず右と左、彼と此、前と後、善と悪、美と醜といった相対差別の姿で現れる。だが、ありのままの物、自然の姿の物は、あくまでも一であって分断を許さない」（一二六）。老子にも語られていたこうした認識を突き詰めて、荘子はこう考えた。

常識の世界に存在するすべての相対差別は、もし人間という局限された立場を離れて、人間以外の、もしくは人間以上の立場に立てば、一挙に消失してしまうにちがいない。あとに残る世界は、二元の対立がないから一つであり、差別がないから斉しくて同じである（一五〇）。

これが「万物斉同」、すなわち、「世界の全てが斉しくて同じである」とする荘子の有名な思想である。では、「万物斉同」と、道家全体のスローガンである「無為自然」の関係はどうなっているのか。

この万物斉同の境地に達するためには、物を二つに分けて（あるいは二項対立的に分析して…前川）差別する「人為」をなくすこと、つまり「無為」が必要である。そこに人為を加えない、ありのままの「自然」の真理があらわれる。したがって万物斉同の境地とは、無為自然の世界の別名にほかならない（一五〇―一）。

万物斉同の境地に達した者は、あらゆる対立と差別を越えて、一切をそのままに包容し、これを肯定する（一五六）。そこで、こういうことにもなる。「万物斉同の立場は、これを人生の現実に密着させるとき、これを『人間の運命をそのままに肯定する立場である』といいかえてもよい」（一五七）。ここで、議論は、我々が先に見た中国思想史における天命＝運命の思想の支配的地位の問題に戻る。

荘子はその万物斉同の思想を通じて、人間の運命のすべてを肯定する立場に達した。それは一口にいって運命随順の思想である。…その背景には中国民族に特有な強い運命主義がある…厳しい自然の条件は、中国の農民を鍛えあげた。しかもそれは「自然と闘う」という積極的な剛強の精神をではなくて、「自然に従う」という消極的な随順の精神を養ったのである。…この自然への随順の生活が、中国の農民に運命随順の思想を教えた。それは農民ばかりでなく、中国民族の思想となって成長した。…天命のままに生きよ、あたえられた運命に従えという忍従の思想は、後退への道となるどころか、明日への前進の動力となったのである。…荘子の万物斉同、運命随順の説は、中国民族のもつ運命観に哲学的な基礎をあたえたものといえよう（二六一―六三）。

(3) 中国古代神話――英雄神話・犠牲の思想を中心に

次に道教成立以前の中国の神々の世界、すなわち中国神話の世界を見ておこう。中国神話の代表的研究者袁珂《えんか》は、その『中国の神話伝説』において中国神話について次のように慨嘆している。

中国、インド、ギリシア、エジプトなど、古くからの文明国は、いずれもかつて豊富な神話を有していた。…中国の神話は、もともと豊富でなかったわけではないが、惜しいことに、途中で散逸してしまい、片々たる断片しか残っておらず、古人の著作のなかにばらばらに散在し、まったく体系をなしておらず…各民族の神話と肩を並べることができない（上三八）。

その理由の一つとして袁珂は、中国でほぼ一貫して正統思想とされた儒教の影響の大きさを語る（三八—三九）。「子、怪力乱神を語らず」（『論語』九八）である。『中国の神話伝説』は、袁珂が、様々な資料から中国古代神話の復元を試みた大著である。それは、盤古の天地開闢《かいびゃく》から鯀《こん》と禹《う》の治水までを中国古代神話としている（『中国の神話伝説』上七三）。以下、この袁珂の大著から、中国古代神話のいくつかの特徴を見て行こう。

本書『血液型と宗教』では、ここまで世界各地域・各時代の宗教における犠牲の思想に注目してきている。まず、中国古代神話における犠牲の思想について見ておこう。それは英雄神話との関わりが深いものであった。

中国神話のもっとも主要な特色は、神話中の英雄の闘いに、理想の実現のために、果敢に戦い、喜んで犠牲になり、うまずたゆまず励み、ひとのために己れを捨てる寛大かつ強靭な精神をつねに見て取ることができることである。この精神は古い神話伝説にみられ、たしかに伝統的・民族的風格に富んでいる。

もっとも典型的な例は、鯀が天帝の息壌を盗み出して洪水を治めたはなしにほかならない。このはなしは…天上から火を取ってきたプロメーテウスのはなしに非常によく似ている。…人びとのために死んでも屈しないプロメーテウスの自己犠牲の精神（と：前川）…よく似ている鯀のはなしは、そこではまだ終わらない。鯀は天帝によって羽山で圧殺されるが、遺骸は死後三年たっても腐爛せず、その腹から禹が生まれ、治水の偉業を引き継いで完成させるのである。…人々のために幸せをはかるという偉大な理想によって、鯀は、死に反撃しうるほど強靭になり、自分の心血と精魂を化して次代の生命を生み、勝利をかち取った…その非凡な英雄的気概がプロメーテウスをしのいでいる…鯀の子どもの禹もまた…人びとのために己れを捨て、我を忘れて働く大公無私の精神は、どうして父親にひけをとることがあろうか。

禹だけでなく、太陽を射落として害を取り除いた英雄の羿《げい》も、天帝に逆らい、なんと人民に災害をもたらす天帝の子どもを一気に射落とし（その他にも、様々な怪物を退治して：前川）、利害をかえりみず、安危を気にかけず、人びとのための義さえあれば、ひたすら突進する敢闘精神も、人びとに大きな感動を与える（六二―六四）。

以上の引用は、『中国の神話伝説』「序論篇」からのものであるが、袁がその大著で復元した中国古代神話中の犠牲の思想の代表をあらかじめ概括して見せたものである。若干補足しておこう。

鯀の物語の背景は、地上の人々が正道を信じないで悪いことばかりするので、天帝が怒り、洪水を起こして警告を発したということであった。天帝の孫鯀は、人々が、犯した罪の大小に関係なく洪水に苦しめられていることに同情した。天上の神々の中で心から人々の苦しみをあわれんだのは鯀だけだった。彼は、祖父に頼み、あるいは祖父をいさめて洪水を治めようとした。しかし、聞き入れられず、やむなく自ら洪水を治めようとした。

鯀は、「それをほんのちょっと大地に投じれば、ただちにふえ続け、山をなし、堤防を形成する」（三三四）息壌というものの存在を知る。息壌は天帝の至宝で、秘密の場所に厳重に保管されていたのだが、鯀は何とか盗み出すことに成功する。そしてすぐに地上に下り、息壌を用いて洪水を治めはじめた。しかし、もう少しで洪水がすっかりひいてしまいそうになった時、天帝は、息壌が盗まれたことに気がついた。天帝はためらうことなく火神の祝融《しゅくゆう》を送り、鯀を殺させ、息壌を取り戻した（三三五）。しかし、鯀の遺骸は死後三年たっても腐爛《ふらん》せず、その腹から禹が生まれたのだった。

袁は鯀の自己犠牲の行為について次のように語っている。

> 人びとは大神の鯀の犠牲を心底から悼んだが、自分の不運をいっそう悲しんだ。…鯀は…きわめて無念であったであろう。しかし、もともと自分の生命を犠牲にする決意を固めていたので、自分が殺されるのが無念であったわけではない。自分が殺されてしまうと、自分の仕事が完成せず、自分の志が果たされず、人びとがまた水中に没してしまうのが無念であったのである（三三五―六）。

その思いの強さが、禹を生み出したのであった。

羿の神話についても補足しておく。聖王とされた堯の時代に、太陽が十個一斉に天空に現れ、厳しい旱害《かんがい》をもたらし、堯と人々とを苦しめた。この十個の太陽は東方の天帝である帝俊の子であった（二八九）。帝俊は、天神羿を地上に送り、いたずら好きの子供たちを少し懲らしめ、堯の手助けをさせることにした（二九四）。

しかし、地上に降り十個の太陽がどれほど人々を苦しめているかを知った羿は、それが天帝の指示に背くことになる、すなわちわが身にとって危険であることを知りつつ、太陽たちを始末する決意を固めた。羿は、その矢で次々に太陽を射落とし、一つだけ天空に残した。こうして太陽の害を取り除いた後も、羿は人々のために、様々な怪禽猛獣の害を取り除いた（二九六）。このように、羿は人々に様々な恩恵を施し、最大の英雄となった（三〇二）。

だが、天帝は喜ばなかった。天帝にすれば、羿はやり過ぎたのである。もちろん、自分の子の太陽を九つまで射落とされたことを恨んだのである。それがたたって、羿はその後、二度と天上の神々の世界に戻れなかった。妻にも逃げられ、弟子にも背かれた。弟子は、師である羿の力と名声を妬み、無警戒の羿を惨殺さえした。羿の英雄的行為・自己犠牲的行為の代償は大きかった。羿の物語は悲劇的だが、彼は広く敬愛された（三〇二―二五）。屈原《くつげん》は彼を心から哀悼し、賞賛している（三二八）。

袁は、中国古代神話のジャンルの一つとして、仙話、すなわち一連の仙人の話を挙げている。「（4）仙人」以下で詳しく論じるが、仙人の存在は、道教を強く特徴づけるものである。袁は仙話についてこう語っている。

仙話は、中国神話の変種、末流であり、その成立は道教の成立と密接な関係にある。道教は後漢代…末年に徐々に形成されたが、それ以後、道教にあおられて、神仙説を中心とする仙話がいっそう盛んになった。その実、仙話の起源は、道教が成立する七、八百年前の戦国時代初期にさかのぼる。…仙話のテーマは、大半が長生不死である（六九）。

仙話は、従来の中国古代神話にも影響を与え始めた。「中国神話は…仙話と結びついて変種が生まれた。つまり、春秋・戦国時代…に仙話の影響を受け始めた」（六六）。中国神話の中心的な神の一人である黄帝は、仙人化された。中国古代神話の復元に際し、袁には黄帝の本来の姿を示しておく必要があった。「黄帝はもともと上帝であり、後世の道士のまねをして煉丹や修行をする必要はないのである。…黄帝は修行して仙人になったと考える人がいるが、それは実は誤りである」（二三九）。禹の神話も仙話化している（六八）。西王母にも同様のことがあった（六九）。墨子さえも。「仙話がきわめて広い範囲にわたって神話にまぎれ込んでおり、積極的にこの世にかかわっていった墨子さえ、この世から逃避した仙人に改められてしまっている」（『中国の神話伝説』下一九二）。

中国神話研究の代表者袁は、仙話には批判的である。

仙話の中心思想と主要内容が長生不死である以上、その精神の実質は必然的に個人主義と利己主義にならざるをえず、古い神話にみられるような、神人たちの奮闘と自己犠牲、救民と済世の精神と著しく異なるのはいうまでもない。古い仙話がこうである以上、道教成立後の、煉丹修行や服食採補…を得意とする後世の大半の仙話は、それ以下であり、みるべきものはない（『中国の神話伝説』上七二）。

神仙思想のはらむ一種の現世逃避的性格が、袁には気に入らないのである。それでも、袁は仙話の一部についてでは、中国神話研究の素材とする。

中国古代神話におけるもう一つの重要な問題について、袁はこう語っている。中国の宗教における神と人間の関係について考える際、重要なポイントの一つである。

神が地上に下り、人が天上に昇る問題である。中国神話のきわだった特徴は、平行して走っている神話という線と歴史という線が、からみ合ってはっきり分けられなくなることがよくあることである。神話が歴史に転化するのである。…天上の諸神がこの世の聖主や賢臣に転化する。…人間の聖主や賢臣も…後世の人びとに語り継がれているうちに、神話的要素を付加された（八七―八八）。

これと関連して、袁は以下のようにも発言している。「古代神話には…人か神かはっきりしない部分がよくあるけれども、もともと人にして神を兼ねているのである」（四一八）。「神話や歴史のなかのいにしえの帝王は、いずれも神職にして人職を兼ね、人職にして神職を兼ねているので、だれが人で、だれが神であるか正確に区分するのはかなりむずかしい」(四二九)。

中国古代神話の神々は、中国古代神話そのものが後に散逸してしまった影響もあろうが、総じて、現在、中国では生きた信仰の対象としては残っていない(『中国の神さま』一九〇)。それどころか、唐代以前に盛んに信仰された神々の大半も、やはり残っていないらしい。「民間信仰の神は、人気商売であるから、結構栄枯盛衰が激しい」(『封神演義の世界』一一四)。

(4) 仙人

以下、本節での考察の中心的対象となる道教について、仙人、神々という二つの側面から考えてみたい。まず仙人から。

不死の薬と仙人を中心とする神仙思想は、戦国時代に次第に形を成していき、秦の始皇帝の時代に大きく注目されるようになった。始皇帝が不死の薬を大々的に求めたからである。漢の武帝も同様であった。

当時の仙人は、一種の神と考えられていた。それは最初から仙人であって、人が修行などによって「成る」ものではなかった。「初期の仙説では不死薬が中心で、それは祭祀即ち宗教的手続きを通して仙人から得られるものとされ、多分に宗教性を帯びていた」(『抱朴子・列仙伝』三六八)。方士たちにそそのかされた始皇帝と武帝も、仙人に会って必要な祭祀を行いさえすれば不死の薬をもらえるものと思い込んでいた。

しかし、こうした仙人観は次第に変化していく。不老不死の仙人は、普通の人間が修行などを通して「成るもの」と考えられるようになっていった。後漢のはじめ頃までには、こうした仙人観を中心とする新たな神仙思想の骨格ができ上がり、老子なども代表的な仙人の一人とされるようになっていった（三七〇―一）。仙人は人が「成るもの」とするこの新たな仙人観こそ、この節の中心的テーマの一つとなる。

劉向《りゅうきょう》の『列仙伝』（前漢末）と葛洪《かっこう》の『神仙伝』（西晋時代）は、中国仙人伝の双璧とされる。仙人と言っても個々の仙人にはかなりの多様性があったことが『列仙伝』『神仙伝』から窺える。そうした多様性も含めて、仙人についての最初で最高の体系的考察を行ったのが、『抱朴子』（三一七年に完成：『抱朴子内篇』四二八）である。同書は、「内篇」と「外篇」からなるが、「内篇」は道家、神仙道、「外篇」は儒家の思想を扱っている。当然、ここでは、「内篇」が問題となる。

葛洪の思想は、先に述べた中国知識人の一般的傾向同様に、無神論的であった。あるいは、自力救済型であった。「成るもの」としての仙人観は、葛洪のそうした志向と適合していた。『抱朴子』の翻訳者本田濟《わたる》は、この点につき、以下のように語っている。

秦始皇や漢武帝は自分でなろうと努力することはせず、既存の仙人に薬をもらうことばかり考えていた。抱朴子によれば、仙人は、われわれでもなれる、否、われわれがならねばならぬ、のである。これは儒教における、聖人学んで至るべきや、仏教における、万人に成仏の可能性ありやの問題と、相似の問題意識である。民国革命期の儒者、章炳麟《しょうへいりん》は「中国人の倫理はすべて自力本願で他力本願を好まぬ。仏教でも中国に入ると禅のような自力宗となり、儒教のなかでも陽明学のような極端な自力宗が流行したゆえんである」…という。…それと直接に関わりはないが、抱朴子が凡人の登仙可能の道を開いたことは、やはり章氏のいわゆる自力宗好みの中国知識人共通の性格によるところが大きいであろう。…勿論、彼（葛洪：前川）は山中の鬼神などの存在を信じてはいるが、そのようなものより自分のほうが上であるべきだと思っているのである（『抱朴子内篇』四二九―三〇）。

井波律子は『列仙伝』では、仙人はなろうと思えば誰にでもなれる身近な存在であったが、『抱朴子』の著者葛洪の『神仙伝』では、仙人は「選ばれた人々」であったとしている（『列仙伝・神仙伝』四五七―八）。しかしそれは、「神仙道は学ぶことができる！」（『抱朴子内篇』五四）すなわち「仙人は誰でも学んでなれる」という葛洪の根本命題と矛盾しない。「志こそ堅固なら、成らぬものはない」（一二〇）。堅固な志、確かにそれが条件となる。その条件を満たしていた者こそ井波の「選ばれた人々」であったということになろうが、それさえ満たせば、「周（公：前川）・孔（子：前川）ほどでない凡人にも不老不死の道は開かれている」（四三〇）。すなわち、凡人でも仙人になれるのである。

このことは、葛洪において、仙人になるための修行・努力の重要性が語られていたと言い換えてもよいであろう。「幸運に恵まれさえすれば、誰でも長寿をえて、空を飛べる仙人になれる」（『抱朴子・列仙伝』一二）とした『列仙伝』では、この修行・努力の重要性がいまだ明確には語られていなかった。

抱朴子が、不老不死の最も必要かつ十分な技術としたのは、呼吸法、房中術、丹薬の三つで、仙人になろうとする者は、これらを三つとも知らねばならないとした。また丹薬は中でも最高の秘法とされた（『抱朴子内篇』四三二）。

『抱朴子』は、神仙道を極めようとした。すなわち不老不死を追い求めた。「抱朴子では、肉体の死を避ける道をのみ問題にしている」（四三五）。本田は、『抱朴子』における葛洪のこうした態度について、こうコメントしている。「不老長生ということは実は大欲なのであるが、彼はそれを崇高な悲願として、他の一切に無欲無心になって悲願を追求しようとする。…彼の心構えは…仙道における道学者と言ってよい」（四三四）。

葛洪はずばり、こう言っている。「せんじつめれば、人が不老長生を願うのは、ただ、今日の快楽を惜しめばこそ」（六一）。「もし生きたいという意志があるなら、どうして不急の仕事を捨て置いて玄妙なわざを修めようとはしないのか？」（二八四）。葛洪はさらに、諺《ことわざ》を引き、こうまで言っている。「王様として死ぬよりは鼠として生きたがまし」（二九六）。

本田は言う。

中国本来の考え方には来世とか天国とかいうものはない。従って永世とか至福とかを考える時、それは現世において果たされねば意味がない。その意味で肉体を保ったままの永世、現世における利益を信ずる道教こそは、最も中国的な民衆宗教といってよい。…宋代…には仏教の大蔵経に匹敵する道教経典の集大成『道蔵』が完成する。この内容は実に雑多で最も膨大であるが、要点はほとんど抱朴子のなかにすでに見られる。南北朝（五～六世紀）以降、道教教義には仏教教義からの借り物がいよいよ増えるのであるが、抱朴子のはより純粋に土俗的な要素を踏まえての立論である。従って道教の理念型ともいうべきものを見るには、『抱朴子』にまさる書はない（『抱朴子内篇』四四〇―一）。

『道蔵』の内容が実に雑多で膨大であること、道教が一神教のような唯一絶対の経典を持たないことには注意が必要である。この点は、インド生まれのヒンドゥー教、仏教にも共通する。

先に見たように、袁珂は、仙話、ひいては仙人に批判的だが、中国の宗教について考える際、仙人の存在は、非常に重要である。「成るもの」としての仙人は、もともと普通の人間なのに、修行や金丹という特殊な仙薬の力により、生きたまま不老長生に至り、その他にも飛行術などの超能力を身に付けたとされる。その力は、しばしば神をも凌ぐとされる。多くの神々を意のままに使役しうるというのである（『抱朴子内篇』三五一、三八一など、『真誥』一二四、一九〇）。仙人は、神仙思想をその重要な構成要素の一つとして組み込んだ道教においては、その「格付け」においても、多くの神々を凌いだ。

「道」を体現する元始天尊・太上老君・霊宝天尊の三清が道教では最高の存在である。そして「道」を修めた仙人たちが続き、その下に位置するのが、「道」とはあまり関係ない神々であった。

…唐以前の道教では、神々の地位は仙人にくらべて圧倒的に低いのである。六朝時代に編纂された、当時の道教の神仙一覧図である『真霊位業図』にはそのことが端的にあらわれている。この神仙図においては、高位に並ぶのはみんな仙人である（『封神演義の世界』一一〇）。

「道（タオ）」は、道教が老荘思想から採り入れた概念で、非人格的な宇宙の本質、宇宙の根本原理とも言うべきものである。それを体現する三清は、神と言ってもその他の一般の神々とは別格であり、世界の始まりから存在しているとされた。道教では「道」との関わりこそ何より重視されるので、それを修めた仙人たちは、そうではない神々よりむしろ格上とされたのだった（同）。

道教の正統的な考え方とは違う設定も散見されるため、注意を要するが、明代の神怪小説『封神演義』にも、こうした格付けに触れた一節がある。「深く修行した者を仙人とし、修行の足りない者を神とし、修行のごく浅い者は人間として、輪廻に従わせる」（『封神演義』五〇三）。

ここでは、人間には二つのモードがあるとされていると言ってよい。すなわち、

（1）通常の姿。人は神に及ばない。

（2）仙人。人間が修行により変身した「超人」。それは神をもしのぐ。

二つのモードを切り替えるスイッチは、修行や金丹である。ここでの人間観は、普通の人間が仙人になる可能性を内蔵しているというものである。

前章までに見てきた諸宗教には、仙人のような存在はいなかった。そこでは、常に神（々）は人間よりも強大な存在であった。この修行を介しての人間と神々の地位の逆転という思想こそ、中国とインドの多神教に共通の顕著な特徴である。インドの聖仙（リシ）と道教の仙人には共通点が多い。ただし、インドの聖仙については、中国の仙人より、より修行重視の純度が高いとも言える。インドでは、薬を飲んで聖仙になるというような話は、少なくともあまり一般的ではない。『抱朴子』にはこう書かれている。「仙道を修める者は、人の難儀を救い、禍から免れさせ、人の病気を看護して犬死にさせないのが最上の手柄である」（『抱朴子内篇』六一―六二）。「最も大切なのは、傷つけず損じないということだ」（一二三）。里人にとって仙人に恐怖を感じなければならないような材料はほとんどなく、むしろ親しみ崇敬されている（『仙人の世界』五九）。袁の批判はあるが、古代中国人は、仙人を一種の理想的人間としていたようである。『史記』の時代にはそうでもなかったが、「後世、仙人は道徳的にすぐれた人とされ」た（『不老不死』八一）。

宋代以降、仙人の概念は変化した。「八仙」の一人で、現在、中国を代表する仙人とされる呂《りょ》洞賓《どうひん》は、それまでの仙人たちとは異なり、背中に宝剣を背負って放浪し、龍退治をするなど、活発に行動する仙人という新たなイメージを付与された（『封神演義の世界』一一三）。十世紀以降、彼が信者たち、特に貧しい人々や社会規範から逸脱した人々（行商人、売春婦、挫折した学生など）の前に姿をあらわし、教えを説いた話が広まった（『道教の世界』七七）。その人気は、ほとんど次項で触れる関帝に比肩する。民間信仰では、呂洞賓を祀る廟は数知れず、特に扶乩《ふけい》（神おろし）をする宗派に好まれる（『中国の神さま』七二―七三）。扶乩で最もよく登場するのが彼である。呂洞賓の扶乱による著作とされるものの中で特に有名なのは、後にC・G・ユングにも多大な影響を与えた『太一金華宗旨（黄金の華の秘密）』である（『道教の歴史』二四七）。

ちなみに、八仙は、中国などでお祝いの時によく飾られるという（『中国の神さま』六六）。八仙は繁栄をもたらすとされているのである（『道教の世界』九七）。

宋代以降、道教にはもう一つの大きな変化が起こった。「金丹」の内容が変わったのである。『抱朴子』では、不老不死薬金丹は黄金と丹砂から作られるとされた。その後、それ以外の薬剤を含め、主に金石を用いて作られる種々の不老長生薬をも指すようになった（『道教の歴史』付録三）。こうした作られた薬剤を体内に取り入れることで不老不死を目指す方法は、後に「外丹法」と呼ばれることになる。「外から」採り入れるのではない新しい金丹が考えられるようになったからである。

新しい金丹は、その成り立ちから「内丹」と呼ばれるようになった。それは、「自らの体内に流れている気を、神（しん：こころ）による操作をとおして精錬し、その結果として自らの内部にできあがる「内なる金丹」」（付録八）のことであった。

この金丹により不老不死を目指す方法を内丹法と呼ぶ。内丹法では、実際に薬がつくり出されたのではなく、薬がつくり出されたと想像したのであった。外丹法で服用された種々の鉱物薬は、しばしば毒性が高く、危険を伴った。そこで、安全な内丹が重視されるようになったのである（『不老不死』一八九）。

内丹法は唐代にその萌芽があったが、広く行われるようになったのは宋代以降で（付録八）、宋代以降、この内丹法が、神仙修行の中心となって展開していくこととなった(『道教の歴史』一五六)。宋元時代以降、内丹法は、制度上の道士以外でも、一般の文人などに広く行われていた(二四八)。

内丹法においては、鉱物薬の服用をやめ、不老不死はいわば修行によってのみ目指されることになったと言ってよい。これにより、ある意味で中国の仙人はインドの聖仙により近くなった。

(5) 道教の神々

次に道教の神々について論じる。

李剣楠によると、道教で崇拝された神仙(神々と仙人)は千余名に達する(「道教神仙系譜」二〇)。『抱朴子』(三一七年)の頃までに、知識人たちではなく、主として中国民衆が、既に数多くの神々を信仰していた。古代神話の神々以外にも多くの神々が誕生していた。それから約二世紀後、陶弘景《とうこうけい》(四五六―五三六年)作とされる「真霊位業図」では、神仙のランク付けが試みられた(二一四)。陶の試みが登場した歴史的背景について、李は次のように語っている。

五斗米道と太平道とは、中国古来の様々な神を道教の神仙世界に受け入れたばかりでなく、新しい神々を多く創造し、…北天師道・霊宝派・上清《じょうせい》派などの教派はさらに大量な神を創造した。これらの教派に属する神は教派ごとに名前でも起源でも役割でも異なり、また様々な神の間に隷属の関係もないので、その当時の道教の神仙世界は秩序がなく非常に混乱した状況にあった。このような混乱状況は必然的に道教の吸引力を弱らせ、道教の伝播と発展にとって不利である。道教教義のシステム化と修行方法の規範化とが進むに従い、その神仙系譜の秩序化は日増しに差し迫っていた（二〇）。

まさにこのような時代に「真霊位業図」が登場し、道教神仙系譜のシステム化、秩序化が始まった（同）。「真霊位業図」は、『抱朴子』の後、それとは違う形で、道教の基盤整備を果たした。「真霊位業図」は、以下のような構成を取っていた。「それ以前の道教経典を根拠として、その中に現れた約七百名の神仙を…七階の体系に入れ、各位階に中位の主神を立て、その左位と右位に様々な道君・天帝・仙真・女仙・使者・有名な道士と歴史上の帝王・聖賢・功臣などを並べる」（二四）。

「真霊位業図」を最初の有力なたたき台の一つとして、道教の神仙たちのランキングは次第に確立していくのだが、後の一応確立したランキングから振り返って、「位業図」には若干、問題がある。それというのも、「位業図」には、作者陶の教派的立場が少なからず反映していたのである。陶自身は上清派に属していた。

「位業図」の第一階位は玉清境で、この階位の中位の主神は元始天尊である（二四）。すなわち元始天尊が道教の神仙たちの中の最高位に位置付けられた。この元始天尊は、本来、上清派の最高神であった。元始天尊に限らず、「位業図」では、上清派に崇拝された神仙は他の教派の神仙よりも地位が高い傾向にある（二六）。『真霊位業図』は道教を中心として、上清派を主体として、ほかの教派の神仙を吸収する上に儒家と仏教の人物もその中に収められる神仙系譜である」（二六―二七）。

既に司馬遷の頃に、道家と神僊（仙）家は融合しており、老子はその象徴的存在になっていたとも言われる。前漢末から後漢には、老子は明確に人間を超えた神仙的存在とされるようになっていく（『道教の歴史』五九）。道教は道家を自らの理論的支柱として取り入れ、最初の頃、老子を神格化した太上老君を道教全体の最高神としていた。たとえば、現存するものは西魏、北斉のいずれの時代についても、道教像は基本的に「（太上）老君」像であった（一一八）。しかし、「位業図」では、この太上老君は、「上皇太上無上大道君」（後の三清の一人、霊宝天尊か：前川）と並び、第四階位の中位の主神とされている。あまりにもランクが低い。元始天尊の格の高さを印象付けるための陶の演出だったのだろうか。

ちなみに、『抱朴子』の著者葛洪も、太上老君同様、この第四階位に位置付けられている（右位九十五位）。これに対し、陶の属する上清派の創始者魏華存《ぎかそん》・許穆《きょぼく》などは第二階位に位置付けられている（二六）。

なお、同じく「中国・インド型多神教」に属するものの、インドのヒンドゥー教には、道教の「真霊位業図」にあたるような神仙（ヒンドゥー教の場合、神々と聖仙）の一元的なランキングの試みはない。三大神（ブラフマー、ヴィシュヌ、シヴァ）が神々の頂点に立つとされ、インドラが格落ち第四位としてそれに続くという大方の理解はあるが、聖仙や他の多くの神々をも含む大規模なランキングは思い浮かばない。

「真霊位業図」からしばらくたって、道教の最高神は、三清ということになった。すなわち元始天尊、霊宝天尊、太上老君である。この三柱の神は、道家以来の「道（タオ）」を体現したものとされた（『封神演義の世界』一一〇）。三柱の中で最高の存在は、やはり元始天尊とされた。

元始天尊は、『霊宝無量度人経』（あるいは『元始無量度人経』）という道教経典に最初に登場した。この経典の前に、霊宝経と総称される経典群の中に、新たな動きが起こっていた。

東晋の末頃、葛洪の従孫という葛巣甫があらわれた。彼は霊宝経を「造構（ねつぞう）」し、その風教はおおいにおこなわれたとされる…彼はこのとき、従来の霊宝経をおおいに増補して新しい経典を偽造した。その内容には…当時流行しつつあった仏教思想をおおいに取り入れたようである。その重要な点は輪廻転生の思想といっさいの衆生の救済を説く大乗仏教の思想である。とくに不特定の他者をもあまねく救おうという大乗思想は、基本的には神仙道の修行などにより個人的な救いをめざした従来の道教系の経典にはみられないものであり、以降の霊宝経の特徴となる重要な内容となった（『道教の歴史』九五―九六）。

このような大乗思想を取り入れた霊宝経の代表が、『霊宝無量度人経』なのであった。そこでは、元始天尊ということで新たに語られた神により、あらゆる生きとし生けるもの、あらゆる亡魂が救済されると説かれていた。ここで一躍多くの人々の信仰を集めた元始天尊は、「真霊位業図」での厚遇もあり、のちに霊宝経のみならず、道教教理上の最高神ともなった（九六）。それはおそらく、六朝から唐にかけての時期のことであった（『中国の神さま』一三五）。

ここで「教理上の最高神」と、「教理上の」という限定を付したのは、元始天尊を頂点とする三清は、道士階層には後に至るまで圧倒的に重視されていたものの（一二五）、一般の庶民の篤い信仰は必ずしも得られず、民衆の間での実質的最高神は玉皇大帝だったからである。つまり、「道が三つに変化したもの」（『道教の世界』二五）ともされる三清は、比喩的に言えば、上座に座らせてもらえるものの、あまり多くの人びとには構ってもらえないパーティーの主賓のようなものであった。実質上のパーティーの中心は玉皇大帝だった。もっとも玉皇は最初からそうした地位にあったわけではない。この神が道教の最高神の一つとして広く信仰が一般化していったのは、宋代になってからである（『道教の歴史』二〇七）。

二階堂善弘は、玉皇について以下のように紹介している。


天界のありとあらゆることにかかわるのが、この玉皇大帝です。玉皇大帝の役割は、人間界における皇帝と全く同じです。すなわち、すべての事柄を支配し、すべての神や人間の上に立ちます。また、多くの神々に位を授けるのも、玉皇大帝しかできません。玉皇大帝は、玉帝・玉皇・玉皇上帝とも称されます。…中国の映画やドラマで、「天界」が出てくる時は、決まってといってよいほど、この玉帝の宮殿となります。…すべての人間の運命を決めるのも玉帝の役目で（す：前川）（『中国の神さま』一三八―九）。

ギリシャ・日本型多神教では、神々の職分は基本的に誕生の時から決まっている。道教で、神々の職分が、玉皇によって決定されるとされていたことには注目すべきだろう。ギリシャ・日本型多神教ではいわば「生得性」、道教では修行の重視ともあいまって、いわば「後天性」が重視されているとも言えよう。

玉皇は、もともとある王国の王子に生まれるが、父王の死後、しばらく国を継いだものの、やがてすべてを捨てて出家し、四三億二〇〇〇万年（劫）のさらに三二〇〇倍もの長い修行のはてに、その天界での位を獲得したとされていた。『玉皇経』中の話である（一四〇―一）。ここには、仏典の影響が如実に見られる。

それにもましてここで注目したいのは、道教の実質的な最高神が「修行」の結果誕生したとされていることである。「修行」は、「中国・インド型多神教」のキーワードの一つである。中国の宗教で修行と言えば、まず思い浮かぶのは仙人である。玉皇には、ある種、仙人に通底する性格付けがなされているのである。玉皇が長い間の修行の結果、その位に就いたことは広く知られていた（一四二）。玉皇のような道教の最高神についてさえ、修行にまつわるエピソードが語られていたこと、「後天性」が重視されていたことには注意が必要である。ただし、玉皇は、三清のような道の体現者、道の人格化とはされていない。この点が、玉皇が、教理上はあくまでも三清の下位とされる理由である。

玉皇が道教の実質的最高神の地位を確立する宋代以降、実は、仙人と神々の力関係が変化していた。既に見たように、二階堂によると、唐以前の道教では、神々の地位は仙人に比べて圧倒的に低かったが（『封神演義の世界』一一〇）、宋代以降、民間信仰出身で道教に取り込まれた神々の地位が上昇して行った。その代表が『三国志通俗演義』の関羽が神格化された関帝で、清代以降、ほとんど孔子と肩を並べるまでに地位が上がった。仙人以上の地位を獲得したのである。関帝以外にも多くの神々が仙人を上回る地位を獲得した（一一二―一一四）。

つまり、玉皇は、唐代以前とは異なり、神々が仙人に対し、相対的地位を上げた宋代以降に、実質的には三清をもしのいで君臨した仙人型最高神という逆説的性格を持っている。

このように、道教は、「教理上の最高神」三清と、実質上の最高神玉皇大帝を戴いているが、実は、道教で民衆に最も人気のある、その意味で最も篤い信仰を集めているのは、さらに別の神である。既に触れた関帝こそがそれである。

現在では一般に関帝は商売繁盛の神とされますが、他のさまざまな役割を持っています。もちろん武勇の神という側面も強調されます。…中国では「文」を代表する人物は孔子ですが、「武」の代表は関帝です。…今ではその人気からすれば、おそらく関帝は孔子をはるかにしのぐ存在になっているはずです。中国の代表的な神を一つだけ挙げろといわれれば、迷わずこの関帝を挙げるでしょう。それほど、関帝の人気と権威は絶大なものがあります。中国では、「関帝」と呼ぶことは少なく、むしろ「関公」というのが一般的であると思います（『中国の神さま』二二一―二二四）。

二階堂は、道教の神々の中でも、廟の数が最も多いのもやはり関帝ではないかと言う（一〇）。

関帝は、唐代までは特に一般の信仰対象ではなかったが、宋代以降、にわかに全国に関羽廟が建てられるようになった。元末に『三国演義』が現れてからはその人気は絶大となった。その人気の高まりから万能神とみなされるようにもなった（『道教の歴史』二〇七―八）。

道教の神々に見られるこうした神の格と人気・信仰の不一致という現象は、ヒンドゥー教には見られない。そこでは、最高神ヴィシュヌ、シヴァは、人気・信仰の面でも、頂点に立っている。

三清、玉皇大帝、関帝以外にも道教には多くの神々が存在する。全ての女仙人の領袖とされ、玉帝とともに天界を代表する西王母（『中国の神さま』一四三―四）、台湾において、関帝と同等かそれ以上に信仰されているとも言われる女性の海神媽祖《まそ》（一〇一）など、有力な女神たちもいる。

十二世紀半ばに全真《ぜんしん》教が誕生し、特に中国北方で次第に勢力を伸ばし、南方で大きな影響力を持つ五斗米道の流れをくむ正一《しょういつ》教と覇を競った。全真教は修養を重視し、正一教は儀礼を重視する。両派で崇拝する神々もかなり異なっている（一二四）。道教では神々への信仰の地方差が大きい。

地方レベルでは、庶民はいきなりお願いしても効果がなさそうな玉皇より、城隍神《じょうこうしん》や土地神の方を重視するという。城隍神は、県や町を管理し、土地神は村などを担当する（一〇五―六）。都市の守護神である城隍神は、生者と死者の運命を支配し、人びとの生前の行いを死後に裁くと考えられていた（『道教の世界』八八―八九）。

多くの神仙が登場する『西遊記』『封神演義』の影響力は、道教信仰において、ある意味でどんな道教の経典より大きかったかもしれないとされる(『中国の神さま』一九二)。二階堂は、『封神演義』についてこう語る。「明末以降の中国で、ここまで宗教文化に影響を与えた書物はほかにないであろう」(『封神演義の世界』一〇四)。「『封神演義』は、「民間信仰における標準聖典となってしまった」(一〇八)。

(6) 中国仏教、儒教、三教帰一

以上、道教について整理してきたが、この項では、歴史的な「中国三大宗教」の残りの二つ、すなわち仏教、儒教について、それぞれ簡単に見ておきたい。

仏教の中国伝来にさかのぼってみよう。外来の宗教・思想の受け入れは、通例、受け入れ側の伝来の宗教・思想のフィルターを通して行われる。まず、次の点が注目を引く。「仏教が伝来した当初には仏は神仙の一種とみなされ、後漢頃の画像石などで仏が西王母や東王父に交じって描かれたり、あるいは僊人・羽人のように翼をもつような姿のものがあったという指摘がある」(『道教の歴史』一一七)。

漢に続く六朝時代には、老荘思想が中国仏教を染め上げた。

六朝の知識人は、儒教を離れて老荘思想につくようになった。この老荘思想は仏教の哲学と、根本において共通する点をもっている。それは仏教の根本思想が「空」であるのにたいして、老荘のそれが「無」であるということである。むろん両者は完全に同じものとはいえないが、少なくとも有の否定から出発するという点では一致する。そこで六朝人が、なじみの深い老荘思想を通じて仏教を理解しようとしたのは、極めて自然のなりゆきであった。このため六朝初期の仏教には老荘的な色彩が強い。この老荘的仏教のことを「格義仏教」とよんでいる（『中国思想史』二八一）。

中国哲学者福永光司は、仏教の「苦」の主要内容を成す「生老病死」の問題は、仏教の中国伝来以前に既に、老荘の思想で一応の答えを出されていたと言う（『飲食男女』八二―八三）。しかし、六朝時代の中国における仏教受容は、これに尽きるものではなかった。

このような仏教の哲学的理解は、専門家である僧侶や、これに近い水準に達した知識人に限られ、全体からみれば少数に過ぎなかった。一般の知識人や民衆は、これとは全く異なった角度から仏教に接近していったのである。それはほかでもなく、仏教がもたらした輪廻の説である。…中国人は輪廻説のことを「三世」の説、または「三世報応」の説とよんだ（『中国思想史』二八二―三）。

仏教伝来以前、中国人は現世のことだけを考え、前世・来世など考えたこともなかったため、この三世報応の説に接した時、大きな衝撃を受けた。中国人たちは、これこそ仏教の中心教義であると考えた（二八三）。この説は、後述する儒教の人生観の持つ欠陥を補うものでもあった

（二八四）。当時の中国人たちは、仏教の三世報応の説、すなわち輪廻説に救いを見出した。

これは、仏教生誕の地インドにおける輪廻の受け止め方とひどく異なっていた。「輪廻転生ということは、インド人にはこの上もなく恐ろしい事実であったので、この輪廻の悪循環から、いかにして脱出できるか、その「解脱」こそが救いにほかならなかった。したがって輪廻そのものに救いを見いだした中国人の考え方は、輪廻を恐るべきものとしたインド人とは、全く逆の方向にあったといえる」（二八七）。

中国人が輪廻説に救いを見出したのは、そもそも中国人が、現世を、生命を肯定していたからでもあったろう。既に見たように神仙思想でも不老長生こそが目標だったのである。

その後、仏教の中国社会への定着はさらに進み、理論より実践を重んじ、中国人の精神的体質に合っていた禅宗と浄土教の二教が特に盛んとなった（三三三）。この二教はまた、中国の多くの仏教宗派の中でも、決定的と言うほど老荘的な仏教でもあった（『飲食男女』一七二）。中国の浄土教は、主として民衆によって支持され、知識人・士大夫層ではそれほど有力ではなかった（『中国思想史』三七三）。

こうして仏教とともに入った輪廻や因果応報の思想は、現在ではそれを抜きには中国文化を考えられないほどになっているが（『中国の神さま』一六四）、二階堂は、中国で最も信仰されている存在は、実は仏教の観音菩薩で、関帝を凌駕する面さえあるかもしれないと言う。さらに、地蔵・文殊・普賢の三菩薩も中国で観音に次ぐ信仰を集めていて、観音を含めたこれら四菩薩は、中国への土着化が進行した結果、ほとんど中国固有の神格であるとすら思われている（一七〇）。

ちなみに、香港で最も著名な神廟である黄大仙祠《こうだいせんし》には、呂洞賓・観音・関帝を祀る三聖殿がある（『道教の歴史』二八七）。仙人・仏教の観音菩薩・道教一の人気神という、この中国ならではの組み合わせには注目すべきだろう。

道家思想が中国仏教を独特の色に染め上げたのに対し、道家思想を大きな柱として組み込んだ道教は、六朝以来、仏教の影響を受け、その教義を取り入れ続けた（『中国思想史』三七八）。ただし道教は、本来無常を中心的な教義として説いた仏教が決して語ることのなかった不老不死を説いた。

禅宗を含めた中国の仏教は、宋代以降、急速に教勢を弱めていった。その原因の一つは宋代に生まれた新儒教朱子学であった。朱子学は儒学であると同時に、中国人の宗教的要求にもよく応えるものだった。このため、中国人たちは、以前ほど仏教を必要としなくなったのである（三七二）。

孔子を始祖とする儒教は、無神論的な傾向を強く持っていた（一六）。孔子は人間は神霊に自分の運命を託すのではなく、むしろ自分で運命を切り開く努力をすべきだと信じていた（『儒教』二一）。孔子はまた、人間は教育や特定の徳を実践することで、誰でも君子になれると考えていた（三八）。儒教は同時に礼を重んじる教えであり、その礼のうちには祭礼があり、神を祭る儀式を尊重していた。こうした矛盾はどこから来たのか。森はこう解説する。

ひとくちにいえば敬神崇祖の念を養うという教育的効果を重視したためにほかならない。それはひいて家族や国家の結束と秩序の維持をもたらすという、政治的効果に結びつくものである。祭礼にこのような効果を認めていたために、本心は無神論的立場にある孔子も、祭礼を尊重せざるをえなかったのである（『中国思想史』一五）。

もともと儒教は道徳論の上に立ち、幸福論については冷淡であった。これが儒教の大衆化の障害の一つにもなっていた（二三二）。「儒教の人生観に立つかぎり、正しい人間が必ず幸福に恵まれるという保証はどこにもない。むしろ道徳と幸福とは矛盾するのが常態であり、善人が不幸の生活を終えるのが世の常である。…しかも死は生の断絶であり、死後の世界は虚無であり、永遠の闇である。そこには生前の不幸を償うべき道は全く残されていない」（二五三）。儒教のこうした弱点を衝く形で、六朝時代に老荘が儒教を圧倒し、仏教の輪廻説が知識人たちの心をとらえたのであった（二五四）。かくして、宋代に先立つ六朝隋唐の知識人は、個人としての安心立命の根拠は老荘や仏教に求め、世間の道徳や政治の原理は伝統的な儒教によるという、一種の不連続の状態におかれていた（三六三）。

しかし、宋代に入り、朱子学は、儒教の従来のこうした弱点を克服し、新しい時代に即した天下国家の指導原理を確立するとともに、従来中国知識人の心を支配していた仏教に代わって、理気二元論によって、個人の安心立命の根拠をも提供したのであった。中国知識人の伝統を継承し、全体としての朱子の立場は、宇宙の主宰神の存在を否定する方向にあった。朱子はまた、霊魂の不滅を信じてはいなかった（三五八）。

朱子学を代表とする宋学の登場は、仏教に対する儒教の反撃とも言え（三三二）、朱子学は、中国の思想・宗教の流れを変える絶大な歴史的意味を持っていた（三五〇―一）。

宋代以降の新儒教の中でも明代に現れた王陽明《おうようめい》の陽明学は、南宋の陸象山《りくしょうざん》の系譜につながる「心学」で（三八八）、実は禅宗の影響が大きかった。しかし、王は自らの立場と禅とを峻別しようとした。以下の発言は、そのことを端的に示している。「わが儒は心を養う場合にも、事物から離れるということはない。これとは逆に仏教は虚寂に陥り、世間と没交渉になる。これ仏教が天下を治めることのできない理由である」（三九〇）。

儒教には、古来、組織された教団がなく（『儒教』二一）、儒学者は儒教を信奉者に教義を受け容れるよう要求する組織的な宗教に改めることにあまり魅力を感じなかった（一六九）。

『抱朴子』について述べた際、中国では、自力宗好みの知識人共通の性格（章炳麟）があったことを確認した。「自力宗好み」は、生まれ、身分ではなく、努力・意志力によってこそ、道が開けるとする思想であったと言うこともできる。この「生まれ、身分ではなく、努力・意志力によってこそ、道が開ける」という限りでは、儒教・道教・仏教という思想・宗教の領域以外でも、中国には大いなる「自力宗」の伝統があった。科挙である。

宗教・思想における「自力宗」、枢要な社会制度としての科挙。中国は、努力至上主義社会という側面を持っていた。ただし、そこには、科挙によって、中国の教育ある階層には著しい画一性が生まれやすくなった、すなわちある種の精神的隷属性が生まれたという側面もついてまわった。なにしろ、科挙は中国において事実上、出世のための唯一の手段となっていた。全国の人びとがみな五経を学んだので、広大な中華帝国に共通の文化が存在することになった（『儒教』六二）。

中国では、いかなる宗教も、他の宗教にも真理が存在することを否定せず、真の信仰はただ一つしかないという一神教的な考え方は中国人の宗教観にそぐわなかった（一五三―四）。

中国で伝統的に盛んであった儒教・道教・仏教の三つの宗教の関係で目を引くのは、しばしば、互いに排除し合うのではなく、三者の融合が試みられたことである。これを「三教帰一」と言う。

ゴーセールとジスが言うように、「たしかに競争や緊張が表面化するケースもあったが、一般的にいって、『三教』がそれぞれ自分たちの役割を分担することで、平穏に共存する状態が維持されたといってよいだろう。欧米では、異なる宗教や宗派はたえず衝突してきたが、それとはまったく違う状況が中国では展開されたのである」（『道教の世界』一一七）。多くの知識人が、道教と儒教は相反するものでありながら、互いを補い合うものでもあると考えていたし（一一五）、近世の民間信仰では、完全といってよいほど道仏融合が行われている（『中国思想史』三七八）。

こうしたことと関連して、ゴーセールとジスの次の発言にも注目すべきだろう。「一神教…とは異なり、そもそも道教では信仰宣言をする必要がなく、信者と信者でないものを明確に区別しない。そのため道教という枠組みのなかにはさまざまなものが含まれており、はっきり道教に属しているもの以外の部分が非常に大きい。そう考えると、現在の中国社会における道教の影響力はかなり大きいといえる」（『道教の世界』九四）。同様のことは、中国における儒教や仏教についても言えそうである。

マクニールは、三教の中でも特に儒教と道教の関係の中国史にとっての決定的重要性を以下のように語っている。

道教の道に通じた人がいたことは、儒教だけでは得られない均衡を、古代中国の世界観に与えた。中庸と自己鍛練は、ふつうの範囲内での人間の欲求を満たすが、それを補うものとして神秘とか呪術とかいうものがないと、困難で不安定な時代に生きる人間の動揺する感情を表現することはできない。互いに相手を補いあい、相手にないものを与えあって、儒教と道教は珍しいほど安定した思想の型を作り上げ、多くの変更や後世の追加をうけはしたが、その根本は変わらずに、孔子の時代から二十世紀の現代までつづいた。これほど永つづきし、これほど多くの人間の生活を左右した文化的伝統はない。中国が他の高文化から比較的孤立していたことが、この安定をつくり出した。しかし、常識と無限の精妙さを結びつけた中国的な様式に本質的な魅力があったからこそ、そのように長く、かがやかしい成功が得られたのである（『世界史』上一九五）。

よく日本人は、神社で合格祈願などをし、葬式は寺に頼み、信者でもないのにキリスト教の祭りクリスマスを祝うなど、宗教に関して節操がないと言われるが、中国人も、歴史上、日本人に負けぬほど、宗教に関して「無節操」だったとも言えよう。もっとも「無節操」という評価は、一神教的な宗教との関わり方を基準としてのものである。日本人も中国人も、自分たちの伝統的な宗教との関わり方を、一神教とは異なる一つの独立した立場だと考えて、さしつかえない。

キリスト教世界では、キリスト教という宗教が政治権力を服属させたことがあったが、中国の歴史では、宗教が政治の風上に立つということは基本的になかった。最後に、このことを確認しておこう。

第2節　ヒンドゥー教

(1) インド(南アジア)の血液型分布率

中国と比べれば、インドとその周辺諸国(南アジア諸国)の血液型分布率は、以前からよく調査されて来ていると言えよう。それらを概観すると、この地域の血液型分布率が、B型、O型を中心としたものであることは動かないが、その具体的な数値については、不明確な点が残る。この地域については、大きく二系統の血液型分布率が紹介されている。

1. B型が首位、O型が二位とするもの。ムーラントの大著(一九七六年)に紹介されている諸データは、南アジアのこうした分布率を示している。ここでの南アジアは世界で最もB型率の高い地域となっている。
2. O型が首位、B型が二位とするもの。近年のある有力なデータはこうした分布率を示している。ここでの南アジアは、やはり世界で最もB型率の高い地域ではあるが、東南アジア大陸部などとあまり変わらない位置にとどまっている。

それぞれについて見て行こう。

ムーラントの大著には、現在のインド、パキスタン、バングラデシュ、ネパール、スリランカといった南アジア主要国の血液型分布率が、豊富に紹介されている。各国内の地域別、民族別、宗教別、カースト別など多様なデータである。そこには、B型率が四〇%前後のデータが多々見られる。ただし、それは、インド、パキスタン、バングラデシュで中心的な民族グループであるインド・アーリヤ語族の場合である。

南アジアには、五つの大きな言語・民族グループがある。インド・アーリヤ語族、ドラヴィダ語族、オーストロ・アジア語族、チベット・ビルマ語族、イラン語族である。インドではインド・アーリヤ語族が七二%ほど、ドラヴィダ語族が二五%ほど、残りをオーストロ・アジア語族、チベット・ビルマ語族でほぼ分け合っている。パキスタンでは、インド・アーリヤ語族のパンジャービーが人口の半ばを占め、他に同語族のシンド人、イラン語族のパシュトゥン、バローチなどが続いている。バングラデシュは「ベンガルの国」という意味の国名どおり、インド・アーリヤ語族のベンガル人が人口の九八%を占めている。

インドについて見て行こう。ムーラントの提示したデータには、インン

アーリヤ人とドラヴィダ人の血液型分布率比較（ムーラント）

	O型	A型	B型	AB型	
アーリヤ人	31.0%	21.1%	39.2%	8.7%	（サンプル 19,255 人）
ドラヴィダ人	37.7%	21.4%	33.3%	7.6%	（サンプル 2,382 人）

アーリヤ人：1965 年、ウッタル・プラデーシュ州（北部州）のヒンドゥー教徒（松田付録 28）
ドラヴィダ人：1956 年、マドラース（現チェンナイ）（松田付録 30）

ドのインド・アーリヤ語族全体、ドラヴィダ語族全体の血液型分布率を示したものはない。しかし、両者がかなり明確な分布率の差を持っていることは見て取れる。ドラヴィダ語族は南インドに集中していて、インド・アーリヤ語族は、この南インドと、オーストロ・アジア語族、チベット・ビルマ語族が集中するインド東北部以外のほぼ全ての地域の支配的民族となっている。それぞれのグループを代表させて、ここではまず以下のデータを紹介しよう。

アーリヤ人は、現在人口二億人ほどを抱えるインド最大の州ウッタル・プラデーシュのヒンドゥー教徒の、ドラヴィダ人は南インドの中心都市マドラース（現チェンナイ）の住民の分布率である。

アーリヤ人はB型首位、O型二位、ドラヴィダ人はその逆となる。いずれにしてもアジアB型ゾーンの代表的地域に恥じない血液型分布率であるが、ここでは特にアーリヤ人の血液型分布率に注目しておこう。それは、この民族グループの中からヒンドゥー教も仏教も誕生し、成長したからである。後にどちらもドラヴィダ人にも広まるが、ドラヴィダ人はあくまでもアーリヤ人の生み出した二大宗教を取り入れ、一部改変しただけである。

ムーラントの大著中のデータに従えば、ウッタル・プラデーシュ州を含む北インド、すなわちインド・アーリヤ語族の地は、世界で最もB型率の高い地域となっている。ムーラントのインド・アーリヤ語族地域での三千人以上のサンプルのデータ（十五件）では、B型率は大半が（具体的には九つ）三七％台から四〇％以上であるし、このうち一万人以上のサンプルのデータ（四つある）では全て三七％台以上である。ちなみに、上に掲げたウッタル・プラデーシュ州のデータは、ムーラントの著書中、インドに関するものでは最大のサンプル数を持っている。
第五章で紹介したイスラエルのユダヤ人の血液型分布率、O型三六％、A型四一％、B型一七％、AB型六％（一九五一年）と比べると、A型とB型の位置が逆になっていることにお気づきだろうか。インドの二大宗教は、濃厚にB型的な環境で誕生し、B型の刻印を色濃く帯びている。そして、B型に適合的な宗教であった。だからこそB型ゾーンで支配的となったのである。ただし、ユダヤ人の場合と同様、北インドの血液型分布率はヒンドゥー教、仏教が生まれた頃と現在とでは厳密には一致しない可能性がある。

インド、パキスタン、バングラデシュは、現在でこそ三つの国に分かれていて、宗教的にもインドがヒンドゥー教主導、他の二国がイスラーム主導と異なっているが、歴史的には、いわば「大インド」とも言うべき一つの地域だった。ヒンドゥー教および本章第3節の主題仏教について考える際、このことを考慮しなければならない。

以上、ムーラントの大著に基づき、インドの血液型分布率を検討してきた。しかし、上記2、つまり、インドでは、O型が首位、B型が二位とする、近年のある有力なデータについても検討しておく必要がある。これは、二〇一四年に*Asian Journal of Transfusion Science* に、アミット・アグラワールら七名連名で発表されたインドの血液型分布率についての調査「ABO式血液型およびRh（D）抗原分布と遺伝子頻度——インド初の多中心的研究」である。

従来、インドにおける血液型分布率の調査は、ムーラントの大著に紹介されている諸データが端的に示すように、地域別、民族別、宗教別、カースト別など多様な個別調査に留まり、イン

インドで初めての総合的な血液型分布率（Agrawal, 2014）

血液型	北部		南部		東部		西部		中央部	
	人数	比率	人数	比率	人数	比率	人数	比率	人数	比率
O	601	29.43	705	38.99	599	37.55	816	36.75	874	43.24
A	501	24.53	374	20.68	349	21.88	526	23.69	467	23.10
B	704	34.47	616	33.07	540	33.85	727	32.74	537	26.57
AB	236	11.55	113	6.25	107	6.70	151	6.80	143	7.07
総計	2,042	100	1,808	100	1,595	100	2,220	100	2,021	100

ＡＢＯ式血液型	人数	比率（%）
O	3,595	37.12
A（前川が補正）	2,217	22.89
B（前川が補正）	3,124	32.25
AB	750	7.74
総計	9,686	100

ド全体の血液型分布率に迫ろうとしたものではなかった。これに対し、アグラワールらの調査は、論文の表題に見るように、インドで初めての総合的な血液型分布率の調査を謳《うた》っている。この調査の結果は次のようなものであった。

厳密にではないが、五つの地域のサンプル数は、それぞれの地域の人口のインドの全人口に対する割合に対応して決定されている（Table2）。見てのとおり、この調査の全サンプルを集計してＡＢＯ式血液型各型の分布率を算出すると、Ｏ型が首位で、三七・一二％、Ｂ型が二位で三二・二六％となっている。この血液型分布率は、先に紹介したムーラントの著書中の一九五六年のマドラースの分布率に近い。この調査では、Ｂ型について言うと、ウッタル・プラデーシュ州を中心とする北部と、ドラヴィダ人多住地域南部でほとんど差がない。ムーラントの著書中の諸データから見えてくるインドの血液型分布率との差は小さくない。

ちなみに、この分布率は、二〇一六年五月六日時点では、Wikipedia "Blood type distribution by country" で、インドの分布率として採用されていた。世界の血液型分布率一覧表としてよく参照されるBloodbook.comの「ＡＢＯ式血液型の人種・民族別分布率」中のインドのデータＯ型三七％、Ａ型二二％、Ｂ型三三％、ＡＢ型七％とも近似していた（二〇一六年五月六日時点）。

アグラワールらの調査のサンプルは、五つに分けられたインド各地域での献血者である。ただし、西部はムンバイ、南部はチエンナイ、東部はコルカタ、北部はデーラドゥーン、中央部はナーグプルのサンプルに限定されている。サンプル総数も九六八六人ではやや心もとない。献血者と

インド各地域の血液型分布率

	Ｏ型	Ａ型	Ｂ型	ＡＢ型	
北部	29.27%	21.38%	39.92%	9.43%	(サンプル 140,320 人)
	34.31%	18.01%	38.06%	9.62%	(サンプル 14,725 人)
南部	40.55%	19.73%	34.21%	5.51%	(サンプル 143,834 人。前川が補正)
	39.81%	23.85%	29.95%	6.37%	(サンプル 36,964 人)
東部	34.8%	23.9%	33.6%	7.7%	(サンプル 3,850 人)
	32.07%	25.13%	33.77%	9.03%	(サンプル 1,528 人)
西部	32.26%	24.35%	34.43%	8.94%	(サンプル 40,732 人)
	30.99%	28.38%	31.89%	8.72%	(サンプル 11,554 人)
中央部	30.8%	22.7%	37.5%	9%	(サンプル 90,000 人)

北部：2007-2010 年、ウッタル・プラデーシュ州ラクナウ、献血者（上段）
:2007-2011 年、パンジャーブ州アムリトサルとその近郊（下段）
南部 :1988-1999 年、タミルナードゥ州ヴェロール、献血者（上段）
:2000-2007 年、カルナータカ州バンガロールとその近郊、献血者（下段）
東部 :2012 年、西ベンガル州ドゥルガープル、献血者（上段）
:2014-2015 年、西ベンガル州コルカタとその近郊（下段）
西部 :2011-2016 年、グジャラート州南部、献血者（上段）
:2006-2010 年、マハーラーシュトラ州アフマドナガル、献血者（下段）
中央部 :2004-2007 年、マディヤ・プラデーシュ州グワリオール、献血者・受血者など

いうファクターの影響も慎重に考えられる必要がある。ここでは深入りしないが、血液型によって、よく献血する型、あまりしない型の差がある可能性がある。また、サンプルはデーラドゥーン以外は大都市のものであるが、インドの大都市は一般に地元住民の人口比率が低く、インド各地からの多様な民族を抱えている。たとえば、インドを代表するIT都市バンガロールの場合、地元民の比率は三割強であった（『都市の顔・インドの旅』一八二）。

インドの血液型分布率についての長年の常識（B型首位、O型二位）を覆したかにも見えたアグラワールらの調査結果であったが、インドでのこの調査前後の一連の血液型分布率調査は、むしろムーラントの著書中のインド像に近いものだった。これらの調査結果を前頁に示す。

東部については、サンプル数がまことに貧弱である。インド有数の大都市コルカタを抱える西ベンガル州での調査の遅れが惜しまれる。ちなみに、ムーラントの著書では、以下のデータが紹介されている。

O型三〇％、A型二六％、B型三八％、AB型六％（サンプル一万三二人）
…一九六九年、西ベンガル州カルカッタ（現在のコルカタ）、ベンガル人
O型三三％、A型二四％、B型三六％、AB型七％（サンプル六二四七人）
…一九五五年、西ベンガル州カルカッタ、ヒンドゥー教徒（松田付録二七、三〇）

インドの東部以外の地域については、ここに示したように、近年、万単位、十万単位のデー

タが続々と発表されるようになってきている。私はここに紹介したもの以外にも、インド各地域の血液型分布率調査の結果を把握しているが、ここでは上記のデータの紹介だけで充分であろう。その内容を吟味していただければ、ムーラントの著書の提示したインド像の有効性が失われていないことがわかるはずである。アグラワールらの調査は、インドにおける後続の調査で言及されることはあっても、多くの場合、支持されていない（South Gujarat, p.5379, Kumaon Region, p.5）。

ということで、本書では、インドの血液型分布率に言及する際には、基本的にムーラントの著書の線に依拠することにしたい。すなわち、「インドでは基本的に、南インド、東北インドを除き、Ｂ型が首位で、Ｏ型が二位であり、インドは世界最高のＢ型ゾーンである」というインド像である。このインド像に基づいて、以下、インド生まれの二つの大宗教、ヒンドゥー教、仏教について考えていく。

この項の最後に、インドの血液型分布率を世界の他の代表的Ｂ型多住地域のそれと比べておこう。「世界最高のＢ型ゾーン・インド」の姿がおわかりいただけるだろう。

代表的Ｂ型多住地域の血液型分布率

	Ｏ型	Ａ型	Ｂ型	ＡＢ型
インド北部	29.27 %	21.38 %	39.92%	9.43%
インド南部	40.55%	19.73%	34.21%	5.51%
タイ人	39%	22%	33%	6%
中国漢族	30.2%	30.7%	29.4%	9.7%

インド北部（サンプル 140,320 人）：2007-2010 年、ウッタル・プラデーシュ州ラクナウ、献血者
インド南部（サンプル 143,834 人）:1988-1999 年、タミルナードゥ州ヴェロール、献血者
タイ人（サンプル 50,525 人）：1957 年、チェンマイ（松田付録 36）
中国漢族（サンプル 3,473,527 人）：2017 年、Jue Liu

では、インド二大宗教の検討に入ろう。

(2) 業輪廻思想

業輪廻思想は、インド生まれのほとんどの宗教にとって大きな教義的柱の一つとなっている。ヒンドゥー教、仏教の他、ジャイナ教の教義の中核にもこの思想がある。その概略を述べよう。

輪廻思想はこう説いている。神々も含め、宇宙のあらゆる生き物は、時々刻々、無数の行為を行い続けるが、その行為の善し悪し(功徳と罪障)の影響は、行為の主体につきまとう。その主体に死が訪れる時、一生の良い行為と悪い行為の差引勘定で、死後の運命が定まる。良い行為の方が多ければ、より良い条件で生まれ変わる。悪い行為の方が多ければその逆となる。

古代インドの宇宙的階層構造

1．三大神：ブラフマー、ヴィシュヌ、シヴァ
2．三大神以外の神々 インドラ以下、無数の神々が序列化、階層化されている。
3．人間 ブラーフマン(バラモン) クシャトリヤ ヴァイシャ シュードラ 不可触民 以上、カーストの大区分・序列。 そのそれぞれがさらに無数に序列化、階層化されている。
4．動物 種ごとに序列化、階層化されている。
(5．地獄：仏教の場合)

生まれ変わりの範囲は広大である。ブッダの時代より後に確立するヒンドゥー教の三大神の信仰では、三大神のみは例外とされるが、神々の世界から人間、動物界（あるいは植物界）までの全範囲にわたって厳格な境界はない。三大神を除く神々の最高位インドラから最低位の動物（仏教の場合、さらにはその下の地獄）までを貫く広大な範囲で、全ての生き物が生まれ変わるとされたのである。

たとえば、あるシュードラが善い行為が悪い行為よりも大幅に多い一生を終えて死ぬと、次にはヴァイシャの中位くらいに生まれ変わる。そこでもまた善い行為の貯金を積むと、次にはさらに上位になる。そうしたことが繰り返されれば、やがて人間の範囲を超えて神々の一員になる。こうして最終的にはインドラ神にまではなれるのである。

反対に悪い行為が多い場合、このシュードラは次にはたとえば不可触民に落ちる。そこでも悪さが続けば、いよいよ人間ではいられなくなる。行き着く所まで行けば、毒虫などの最低の存在になってしまう。もっとも、そこで頑張れば、また少しずつでもランクを上げて行けるのだが。

三大神は例外だが、インドラ以下の神々もまた、永遠の命を得ているのではないということに注意しなければならない。インドの神々は古代ギリシャの神々のように、善いこと・立派なことだけではなく、悪いこと・だらしがないこともしばしばやらかしてしまう。神としての命が尽きる時、悪い行為の影響の蓄積の方が多いことも特に珍しくない。そうなると、次にはより低位の神に生まれ変わる。そうした過程が続けば、いつの間にか人間↓動物とまっさかさまに落ちていく。もちろん、善い行為の貯金によって、神々の中でランクを上げていく者もいるわけである。

神々は古代インドにおいても、やはり人間にとり、絶大な権威を持つ存在である。しかしインドでは、だから神々と人間が峻別されるということにはならなかった。業輪廻の世界観の中で、両グループは断絶しているのではなく、連続している。神々と人間とはその存在の有り様において、言わば程度の差に過ぎない。そのことは人間と動物たちについても同様に妥当する。

インドの業輪廻の世界観において、神々、人間、動物の有り様は全て程度の差に過ぎない。その全てが一つなぎになっている。連続している。A型多住地域の宗教＝一神教における神と人間、人間と動物の関係（「断絶論理」による関係：『肉食の思想』九八、一一〇など）とは、根本的に異なっている。この点、前節第二項で検討した中国の世界観とも一脈通じるところがある。

このようにインドの業輪廻思想においては、三大神以外の存在が互いに連続する関係にあるが、他方、三大神から動物まで、仏教の場合、神々から地獄まで、世界ないし宇宙は、巨大な階層構造をなしている。世界内のあらゆる存在が序列化されている。あらゆる存在が平等・対等なのではない。インドの社会がカーストという数千にも及ぶ階層・身分に分かれていることはよく知られているが、業輪廻の世界像は、ある意味で巨大なカースト・システムに基づいていると言ってもよいだろう。

インドの多神教バラモン教＝ヒンドゥー教では、三大神を除いて、神々も不安定な存在であり、迷いの中にいる。永遠の救済＝解脱（後述）に達してはいない。業輪廻の思想はそのことをも告げている。

なお、業輪廻の思想は、時代により、宗教により、その細部にかなりのヴァリエーションがある。しかし、ここでは、その詳細に立ち入る必要はない。

（3）ヒンドゥー教の神々

次にヒンドゥー教の代表的な神々を概観しておきたい。

ヒンドゥー教の神々の頂点に位置する三大神から話を始めよう。三大神は、「デーヴァデーヴァ（devadeva）」、すなわち「神々の神」と呼ばれる。ヒンドゥー教の一般の神々にとっては、次元の違う存在で、ちょうど人間が神々を仰ぎ見るように、一般の神々は三大神を仰ぎ見ている。三大神は永遠の存在で、他の神々のように、寿命が決まっていたり、輪廻に巻き込まれたりはしない。ブラフマー、ヴィシュヌ、シヴァがその三柱の至高神である。

ブラフマーは、白髪、白ひげの老人の姿に描かれることが多い。一般にヒンドゥー教では、神の格が高ければ高いほど、若々しい青年の姿に描かれ、ひげもない。その点で三大神の一角でありながら、老人の姿のブラフマーは異色である。さらにこの神は前後左右に四つの顔を持っている。世界がよく見えることであろう。ブラフマーは、神話ではしばしば神々の相談役として登場する。世界に難問が降りかかった時、神々はまずブラフマーのもとを訪れ、策を乞うのである。

しかし、実を言うと、三大神の中で、ブラフマーへの信仰は他の二柱へのそれに比べ、ひどく見劣りがする。それはブラフマーが、道教の道（タオ）にも近い、非人格的な宇宙の本質、あるいは宇宙の根本原理ブラフマンを人格神化した、言わば人工的な神だからでもあった。ヒンドゥー教神話においても、ブラフマーには、ヴィシュヌ、シヴァに比べ、印象的な活躍は目立たない。

とは言え、ブラフマーはやはりヒンドゥー教の歴史において、少なからず重要な存在であった。この神がいたからこそ、ヒンドゥー教は、多数の神々が無秩序に併存する状態にとどまらず、一種の統合の過程を歩んだのだとされる。立川武蔵によると、「紀元前二～前一世紀頃、初期ヒンドゥー教はシヴァ崇拝とヴィシュヌ崇拝で二分されていたと考えられる。…一般にヒンドゥー教の主要な神々は、シヴァ、ヴィシュヌ、ブラフマーの三神であるといわれるが、これはグプタ朝においてブラフマー神が仲介者となって、それまで相互の接触の少なかったシヴァ崇拝とヴィシュヌ崇拝とが融合された結果である」（『ヒンドゥー教の歴史』八九）。

三大神の中で、真の意味でヒンドゥー民衆の至高神、熱烈な崇拝の対象であるのは、ヴィシュヌとシヴァである。ヒンドゥー教研究の碩学R・G・バンダルカルの主著のタイトルも『ヴィシュヌ教、シヴァ教および他のマイナーな諸宗教体系』である（邦題『ヒンドゥー教――ヴィシュヌとシヴァの宗教』）。

ヴィシュヌは正義と化身の神とされる。ヒンドゥー教の世界観では、世界には次々に悪がはびこり、危機が訪れるが、ヴィシュヌはその時々で最もふさわしい姿に化身して地上に降り、人びとと世界とを救うとされた。『バガヴァッド・ギーター』中の以下の一節（四―七、八）は、そのことを語った最も有名な箇所の一つであろう。「実に、法（正義）が衰え、非法が栄える時、私は自身を現わすのである。善人を救うため、悪人を滅ぼすため、法を確立するために、私は宇宙紀ごとに出現する」（『原典訳マハーバーラタ』６、一〇六）。

ヴィシュヌの化身の中でも、特に十大化身が有名だが、さらにその中で最も重要な化身は、『ラーマーヤナ』の主人公ラーマ（ラーマチャンドラ）と、『マハーバーラタ』の主要登場人物の一人で、『バーガヴァタ・プラーナ』の主題でもあるクリシュナである。この二人の化身は、ヴィシュヌ本体より認知度、人気ともにはるかに高い。三大神の一角ブラフマーの人気がいま一つであるため、ヒンドゥー教における事実上の三大神は、このヴィシュヌの二人の化身クリシュナ、ラーマとシヴァであると言ってもよいであろう。

クリシュナ信仰は、『マハーバーラタ』、その中でも特に、もともとは独立の宗教詩で、後に『マハーバーラタ』の一部として組み込まれた『バガヴァッド・ギーター』と、ヒンドゥー教の数ある神話集（プラーナ）の中でも最も重要な前記『バーガヴァタ・プラーナ』とを根本聖典とすると言ってよい。

『バガヴァッド・ギーター』はしばしば、最も重要なヒンドゥー教聖典とされる。「『ギーター』解釈史がヒンドゥー教思想史といっても過言ではないであろう。それはちょうどキリスト教思想家のほとんどがそれぞれの立場から『聖書』註解を書いてきたのに似ている」（『ヒンドゥー教の歴史』二三一―二）。なお、『バガヴァッド・ギーター』については、本節の最後の項で改めて論じる。

『バーガヴァタ・プラーナ』は『マハーバーラタ』を意識して書かれているが、後者にあった人間ドラマは影をひそめ、クリシュナ信仰に特化している（『マハーバーラタとラーマーヤナ』第三章）。

ここでは、三大神は、もちろん等しく尊重され、並び称されることが通常であるが、クリシュナ（およびヴィシュヌ）の偉大さを強調するために、シヴァやブラフマーが引き立て役、あるいは三枚目的な役どころにまわることも珍しくない。この場合、シヴァ、ブラフマーは、ある意味で三大神の後に検討するインドラ並みに扱われていると言ってもよい。

ラーマ信仰の根本聖典は、当然ラーマを主人公とする『ラーマーヤナ』だが、十六世紀に北インドで、ヴィシュヌ派の宗教詩人トゥルスィーダースが同叙事詩を翻案した『ラーム・チャリト・マーナス（ラーマの行状の湖）』も重んじられている。『マハーバーラタ』におけるクリシュナと比べると、『ラーマーヤナ』におけるラーマは、あまり神格化が進んでいないように思われるが、『マーナス』におけるラーマは、『マハーバーラタ』のクリシュナ並みに神格化されている。『ラーマーヤナ』は叙事詩だが、『マーナス』は宗教文献である。ここでは、シヴァがラーマへの信仰を語るという設定にも注目すべきだろう（『ラーマヤン』八九—九〇）。

既に述べたように、ヴィシュヌはその時々で最もふさわしい姿に化身して地上に降り、人びとと世界とを救うのだが、それはいわば対症療法にとどまっている。世界を一挙に、根本的に善なるもの、完全なるものに創りかえることをしないから、世界は次々に苦難に見舞われるのである。一方でヴィシュヌなどの三大神の絶対性・永遠性を語りつつ、ヒンドゥー教徒が生ぬるくも見えるこうした対症療法的救済を受け容れている点には注意すべきだろう。

もう一人の至上神シヴァは、ヴェーダ時代のルドラという神を前身としている。ルドラは、暴風雨の神格化である。暴風雨は、破壊と恐怖をもたらすとともに、雨を通して農業に必須の大量の水という恩恵をもたらすという二面性を持っているが、ルドラ＝シヴァにも、そうした両面がある。

ヒンドゥー教で最も聖なる河とされるガンガー（ガンジス）は、神話ではもともと天界を流れていたのだが、シヴァ神の骨折りで地上にもたらされたことになっている。これはシヴァ神の恩恵の最たるものの一つと考えられている。

シヴァ神は、その男性性器をシンボル化したリンガと呼ばれる造形物の形でも、インド全域で広く崇拝されている。リンガは、至上神シヴァの男性性器であるから、宇宙そのものを生み出すほどのエネルギーと生産力に充ちているとされる。リンガには石造の巨大なものから、持ち運べるほど小さなものまで、様々なサイズのものがある。

神話上、シヴァと深いつながりを持つ有力な神としては、まずガネーシャという象頭神に指を屈する。立川はガネーシャについて、「シヴァ崇拝の傘のなかに生まれた神であると推定されるが、後世、この神はシヴァ崇拝を超えてヒンドゥー教パンテオンのなかでもっとも人気のある神となって今日に至っている」（『ヒンドゥー教の歴史』九九）とさえ評している。そのユーモラスで親しみのある姿と、商売繁盛、学業成就などを司る点（同）が、人気の秘密であろう。

この三大神は、インド古典文化の絶頂期とされるグプタ朝のカーリダーサの時代には、三神一体（トリムールティ）説によって統合的に語られるようになった（九二）。この神学とそれの受け入れられ方について、宮本久義はこう語っている。

民間信仰の要素を色濃く宿すヴィシュヌとシヴァの二神に、宇宙の根本原理ブラフマンを擬人化したブラフマー神をあわせて、ブラフマーが宇宙の創造を、ヴィシュヌが維持を、シヴァが破壊を司るという三神一体説も説かれた。この考えにはブラフマー神を筆頭に据えてヒンドゥー教を統合しようとする司祭階級たるブラーフマンたちの意図が読み取れる。しかしもともと理念的な神であったブラフマーは民間に受け入れられず、またヴィシュヌやシヴァも、そのような役割りに甘んじる神ではなかった。ヒンドゥー教は基本的には多神教であるが、それらのうち主要な神のいずれかが最高神と考えられるという独特な神観念が醸成されていった。それゆえ、シヴァ神を奉ずる人々はシヴァ神こそが創造を司り、ヴィシュヌ神を奉ずる人々はヴィシュヌ神こそが創造神だと考える、多神教のなかにありながら一神教の性格を持つ神観念が形成された（『ヒンドゥー教の事典』六八―六九）。

このように必ずしも全ヒンドゥー教徒にとって絶対的なドグマではなかったものの、しばしば語られるこの三神一体説について若干補足しておこう。三神一体説の宇宙観では、宇宙もまた三大神以外の神々、人間、動物などと同様、永遠の存在とはされていない。それはブラフマーによって創造された後、一定の時が過ぎると衰える。決定的に衰えてしまうまでの間、化身となってそこにはびこる悪を退治しつつ、宇宙のメンテナンスに努めるのがヴィシュヌである。シヴァ神はすっかり衰え果てた宇宙を破壊するが、同時にその破壊によって新たな宇宙の創造への道を開きもする。かくて、ブラフマーが新たな宇宙を創造し、以前の宇宙と同様の過程が繰り返される。それが何度も繰り返される。

創造と破壊は短時間の出来事である。維持は長期にわたる。三神一体説に従えば、世界（宇宙）

を取り仕切っている時間が一番長いのはヴィシュヌということになる。ヒンドゥー教の真に偉大な二柱の神の中でも、化身としてのクリシュナ、ラーマを擁し、様々な形態でインド民衆に親しまれている『マハーバーラタ』『ラーマーヤナ』二大叙事詩を擁するヴィシュヌの方が、やや優勢に見えるのは、このこととも関わるのかもしれない。

三神一体説の場合にはブラフマーが、シヴァ派ではシヴァが、ヴィシュヌ派ではヴィシュヌが世界創造神だと考えたわけだが、この点につき、立川は、以下のような興味深い指摘を行っている。「ヴェーダ聖典において、さらに後世のヒンドゥー神話において、ほかの国々の神話にあるように男神と女神が結婚して世界をつくったというような神話はみられない。というのは、ブラフマーあるいはヴィシュヌといった男神が自家生殖的に世界を創造すると考えられたからである」（『ヒンドゥー教の歴史』一四六）。唯一絶対の神の存在しか認めない一神教でも、当然、男神と女神が結婚して世界をつくったというような神話は見られない。ところで、系譜的には中国・インド型多神教よりも一神教に近いギリシャ・日本型多神教には、男神と女神の結婚による世界創造神話は数多い。注意すべき点だろう。

歴史的に見てヒンドゥー教で三大神に次ぐ権威を持つ神はインドラであると言ってよい。三大神が「神々の神（devadeva）」と呼ばれるのに対し、インドラは「神々の王（devaraja）」と呼ばれる。三大神が他の一般の神々にとって、人間にとっての神々のような一段上の権威を持つのに対し、インドラは一般の神々にとって「同格者中の最上位者」なのである。インドラは、インドにアーリヤ人が到来して間もないヴェーダ時代には、ヒンドゥー教の前身バラモン教において、最高位の神であった。バラモン教は仏教・ジャイナ教との対抗の中、多様な民間信仰的要素を吸収するなどしてヒンドゥー教へとモデルチェンジしたわけだが、その過程で三大神の信仰が確立し、かつての王者インドラは、いわば格落ち第四位へと転落した。

「三大神の地位を高めるために、古来神界の覇者であったインドラを、ことさらにそれらに対する従属的地位に陥した傾向が認められる。…叙事詩においてはインドラの悪徳の半面がますます顕著になり、特に情欲に関する逸話の数を増した」（『ヒンドゥー教と叙事詩』四三五―三七）。

ヒンドゥー教三大神の下にインドラが位置づけられる構造は、道教で三清の下に玉皇大帝が位置づけられる構造と似ているが、玉皇が天界の実権を握っているのに対し、インドラには、実質的に三大神をしのぐような権能は与えられていない。

ヒンドゥー教には有力な女神たちも多い。中でも三大神の妃たちへの信仰は篤い。すなわち、ブラフマー神妃サラスヴァティー、ヴィシュヌ神妃ラクシュミー、シヴァ神妃パールヴァティー・ドゥルガー・カーリーである。サラスヴァティーは学問・技芸を、ラクシュミーは富と幸運を司る。シヴァ神妃の中で、パールヴァティーは温和であり、ドゥルガーとカーリーは、荒々しく畏怖すべき存在である。この対照的な性格は、シヴァ自身の破壊と恐怖、恩恵という二面性に対応しているとされる（『インド神話入門』五九）。カーリーは、ドゥルガーがチャンダとムンダという二人のアスラと闘った際、怒りのため顔を黒くした時、その額から出現したとされる（五九）。怒りから生まれ、破壊・殺戮に喜びを見いだすこのカーリーは、今日では、ドゥルガーから独立し、ドゥルガー以上の力を得ているとされる（『ヒンドゥー教の歴史』付録六）。この三柱は究極的には同一であるとされることもある（『ヒンドゥー教の事典』六八）。

これらの女神たちの人気、勢力は、それぞれの夫たる三大神の人気、勢力に対応している。すなわち、サラスヴァティーはあまり熱心な信仰を獲得していないのに対し、ラクシュミーとシヴァ神妃たち、特にドゥルガー、カーリーへの信仰は篤い。たとえば、ヒンドゥー教最大の祭ディーワーリーはラクシュミーに捧げられる。

先にヒンドゥー教の実質的な三大神は、クリシュナ、ラーマ、シヴァではないかとしたが、女神信仰も極めて盛んである。「女神信仰は…ヴィシュヌ神信仰、シヴァ神信仰と並んで三大勢力を形成している」（『ヒンドゥー教の事典』六九）とも言われる。現在、インドラへの信仰は有力な女神たちへのそれに及ばない。

（4）ヒンドゥー教における神と人

（2）において、インドの業輪廻の世界観においては、神々、人間、動物の有り様は全て程度の差に過ぎず、その全てが一つなぎになっていることを確認した。このことは、ギリシャ・日本型多神教や一神教には見られない点である。ちなみに化身の神ヴィシュヌは、ラーマ、クリシュナなどの人間の姿だけでなく、巨大な魚、亀、猪などの動物の姿にも化身する。

これに加え、ヒンドゥー教には、やはりギリシャ・日本型多神教や一神教には見られない、修行の重視と結びついた、道教とも共通する神と人間の特殊な関係がある。すなわち、人間は通常は神の下位にあるものの、修行の力によって時として神をもしのぐ力を得るとする人間観・神観が存在する。ヒンドゥー教では、業輪廻によって、来世で人間は神にもなれば、動物にもなる、つまり、動物・人間・神の領域を越境しうるとされたのに対し、修行の力は、生まれ変わった後にではなく、現在の生において、人間に通常の神と人間の境を越えさせうるとしたわけである。前節でも述べたように、私の見るところ、こうした修行観こそ、中国・インド型多神教を特徴づけている。

中国においては、こうした強化された人間は仙人であったが、インドにおいては、一般に「聖仙」と訳されるリシである。聖仙にはブラーフマン出身者以外に、クシャトリヤなどの出身者もいた（『インド神話入門』一四）。

この聖仙について、中村元は、次のように紹介している。

叙事詩の中では、仙人（すなわちインドの聖仙：前川）に関する伝説はきわめて重要な位置を占めている。「聖仙」（ṛṣi）とは、…叙事詩では、森林に隠れて苦行を修している行者と解されている。…叙事詩における聖仙は苦行を修めた功徳により偉大な霊力を獲得し、怒る時には呪詛を発し、その呪力はヴェーダの諸神あるいは国王の威力をも凌駕すると考えられた。したがって、聖仙の霊力が増大して神々を凌ぐようになると、神々はこれを恐れあるいは嫉視して、その力を殺ぐために美女を遣わして誘惑させる物語が多く伝えられている（『ヒンドゥー教と叙事詩』四八二―三）。

修行を積んだ聖仙が神々を凌駕したと語られている事例をいくつか挙げよう。

インドラ神はある日、空を飛んでいた時、聖仙ガウタマの妻で世界一の美女アハリヤーに懸想した。そこでバラモンに化けてガウタマの庵を訪ね、すきを見てアハリヤーを手籠めにしようとした。当然、ガウタマは激怒した。ガウタマはインドラを呪い、その身体に千の女性器を付けた。しかし、ガウタマは後にインドラを憐れみ、それらを千の目に変えた（山際編訳『マハーバーラタ』第七巻、一一六、第八巻、九五）。

聖仙マーンダヴィヤは、子供の頃無邪気さから小鳥を傷つけたというだけで自分に串刺しの刑をあてがった正義の神ダルマ神に、シュードラの子として人間に生まれ変わるよう呪いをかけた。この結果、ダルマ神はヴィドゥラという『マハーバーラタ』の有名な登場人物となる（『原典訳マハーバーラタ』1、二五七―八）。

八人のヴァス神たちは、聖仙ヴァシシュタの乳牛を盗み、彼の怒りを買った。ヴァス神たちはヴァシシュタの呪いを受けて人間界に生まれ落ちた（同三五〇）。

アンギラスという有名な聖仙の息子サムヴァルタは、ある供儀の司祭をするのをやめるよう火の神アグニ（インドラと並び、ヴェーダ以来の有力な神）に言われ憤慨した。彼はアグニに言った。「黙りなさい！　私に焼き殺されないように気をつけることだ」。サムヴァルタは、物を焼いて灰にする火そのものを焼き尽くすと宣言したわけである。アグニは震えて退散した（ラージャーゴーパーラチャリ『マハーバーラタ』七六二―三）。

そもそも、インドにおけるアーリヤ人の文明の初期段階のヴェーダの祭式では、祭司たちは神々からの恵みを願って祈るというより、讃歌の力によって神々に命じて行為させようとしていた（『ヒンドゥー教の歴史』八八—八九）。ここにおける神と人間の関係が、上記の四つのエピソードにも何がしか反映しているのだろう。

ヒンドゥー教神話では、聖仙が神々を凌駕するという形以外でも、修行の重要性は語られている。興味深いことにそうした事例では、しばしば三大神のうちの二人、ブラフマーとシヴァが関わっている。先の中村からの引用で、聖仙の呪力は「ヴェーダの諸神…をも凌駕する」とあったことを想起されたい。要するに、修行の力を極めて重んじるヒンドゥー教でも、修行者はどれほどの功徳を積んでも、三大神は超えられないのである。そうした特別の存在である三大神に属するブラフマーとシヴァは、しばしば修行者を愛でて特別な恩寵を与える。

これについてもいくつかの事例を挙げよう。まずはブラフマーのエピソードから。

ヒンドゥー教二大叙事詩などにしばしば登場するヴィシュヴァーミトラは、クシャトリヤ生まれであったが、ブラーフマン（バラモン）の力の偉大さを知り、修行の力でブラーフマンになろうとした。ブラフマーは、ヴィシュヴァーミトラの壮絶な苦行を愛でて、彼の望みを叶えた（山際編訳第五巻、二六五—六）。

『ラーマーヤナ』の悪役である羅刹（ラークシャサ：魔族の一種）王ラーヴァナは、自らのブラフマーとの関わりをこう語っている。「わたしは数千年間、最高の苦行を行なった。そのたびごとに、自己創造の神、梵天（ブラフマー：前川）を満足させた。その苦行の功徳として、自己創造の神に特権を授かったので、阿修羅（魔族：前川）からも、天人（神：前川）からも、いかなる恐怖もわたしに降りかかることはないのだ」（『新訳ラーマーヤナ』6、三二四）。

修行・苦行に感激しやすいブラフマーは、長く苦しい修行に耐えれば、魔族にさえ恩寵を与えてしまう。善悪の見境はない。善悪の別よりも、修行の威光の方が重んじられるのである。

他にも同様の話がある。ヒラニヤカシプという魔族は、厳しい苦行を行い、それに感激したブラフマーから、「神にもアスラ（魔族）にも人間にも獣にも殺されない」という恩寵を得る。ヒラニヤカシプはこの恩寵をいいことに世界を荒らし回る。しかし、幸い、ヴィシュヌが人間でも獣でもない人獅子（ナラスィンハ）の化身となり、この魔物を退治する（『インド神話入門』二九―三〇）。

『バーガヴァタ・プラーナ』の伝えるヒラニヤカシプ殺害後のブラフマーとヴィシュヌのやりとりは興味深い。ブラフマー神は言った。「神々の中の神よ、…世界を苦しめてきたあの悪魔は、まことに幸いにも、あなたによって殺されたのです。あの悪魔は、この私から、私が創造した生き物には殺されないという恩寵を得るや、苦行とヨーガで得た力を誇って、ヴェーダが定める美徳を踏みにじっていったのです」。これに対し、ナラスィンハ（ヴィシュヌ）が言った。「ブラフマー神よ、あなたは二度とアスラに、このような恩寵を与えてはならないだろう。狂気の者に恩寵を与えることは、…危険なことなのだ」（『バーガヴァタ・プラーナ』中二五〇―一）。修行にほだされ、善悪の見境なく魔族に大きな恩寵を与えたブラフマーの不見識、無責任をナラスィンハ（ヴィシュヌ）がとがめているのである。

シヴァにも、ブラフマー同様の修行者への偏愛があった。

『マハーバーラタ』の多くの登場人物の中でもとりわけ特異な一人は、アンバーという女性である。アンバーは自分の運命を狂わせたとして豪勇無双のビーシュマを恨む。名だたる武将にビーシュマへの報復を依頼するもうまくいかず、アンバーは長い苦行を積んだ。それをシヴァが愛でた。アンバーはシヴァから次に生まれ変わった時、男になりビーシュマを倒せるという約束を取り付け、自ら燃え盛る火に飛び込んで死ぬ。シヴァの約束のとおり、アンバーは生まれ変わり、シカンディンという武将になって、本懐を遂げる（『原典訳マハーバーラタ』5、四九四―五五八）。

悪魔（アスラ）ヴリカは、ヒマラヤの聖地で、自らの身体の肉を切り取り、それを供物として祭火に捧げ、シヴァを礼拝した。シヴァが姿を見せないことに悲嘆し、ヴリカが自分の頭を剣で切り祭火に捧げようとすると、シヴァが姿を現した。シヴァは言った。「さあ、何なりと望みの恩寵を言いなさい。私は必ずそれを叶えてあげるだろう」。ヴリカはこう言った。「私が手を置いた者は誰であっても、直ちに死に至るようにして下さい！」しばし不安になったが、シヴァはこの恩寵を与えた。するとこの悪魔は、シヴァ神妃ガウリー（パールヴァティー）をわがものにしようと、シヴァの頭に手を置こうとした。シヴァは恐怖に駆られ逃げ回る。しかし、ヴィシュヌの機転でヴリカは、自らの頭に手を置き滅びた（『バーガヴァタ・プラーナ』下四一一―一三）。

ブラフマー同様、シヴァも善悪の見境なく、過酷な修行・苦行に耐えた者に恩寵を与える。修行・苦行の威光は、やはり善悪の別よりも大きい。その結果、ヴリカのケースでは、シヴァ自身が滅ぼされそうにさえなった。もっとも、『バーガヴァタ・プラーナ』は、特にクリシュナを重んじるヴィシュヌ派の文献である。永遠・絶対の三大神の一人シヴァが滅びそうになったのも、そこではヴィシュヌとの対比でシヴァの威光が弱められていたためであろう。

このように、ヒンドゥー教では、修行・苦行に極めて重い評価が与えられているのだが、ブラフマーとシヴァが苦行者に恩寵を施すのは、そうした苦行が両神への捧げものであるためだと判断できる場合も少なくない。この場合、修行・苦行は、バクティ（神への熱烈な信仰、信愛）の領域に入ってくる。

ブラフマーとシヴァについては、次のようなことも問題となる。三神一体説によると、ブラフマーは世界（宇宙）を創造する。そこには善も悪もある。この意味でブラフマーは善だけの神ではありえない。ブラフマーの、善悪を問わず、苦行者に恩寵を与える不思議な習性は、このこととも関わるのかもしれない。シヴァは弱り果てた世界（宇宙）を破壊する。これも善悪を問わずにである。シヴァがブラフマー同様、善悪を問わず苦行者に恩寵を与えるのは、この神のこうした役割とも関わるのかもしれない。

これに対し、三神一体説におけるヴィシュヌは、創造された世界が弱り果て、破壊されてしまうまで、ひたすらそのメンテナンスを続ける。すなわち、悪をくじき、善を助けるのである。ヴィシュヌの善悪に対するこの姿勢と、ヴィシュヌにブラフマー、シヴァとは異なり、善悪の見境なく修行者・苦行者に恩寵を与えるエピソードが目立たない点とには、おそらく関係があろう。

ヒンドゥー教における修行の問題を考える上で、二大叙事詩『マハーバーラタ』『ラーマーヤナ』などに見られる誓いの遵守のエピソードにも注目しておくべきだろう。両叙事詩において、誓いの遵守は、修行・苦行の一種としての意味を持っている。ヒンドゥー教において修行・苦行は、非常な価値を持つのだが、それの一種である誓いの遵守も、当然、高い価値を持っている。

『マハーバーラタ』きっての「誓いの人」と言えば、ビーシュマである。ビーシュマは、ハースティナプラ国の王位継承権者であり、文武両道に優れた理想的な王の器でもあったが、父王の再婚を成立させるため、生涯不婚と王国への終生の忠誠を誓うこととなった。ビーシュマのこの無私の行為は、運命のいたずらで、王国とビーシュマ自身を悲劇に突き落とすが、ビーシュマは、何があっても若き日の自らの誓いにそむくことはなかった。運命の働きが人間離れし、苛酷であればあるほど、それに耐え、誓いの周辺に充実した人生を模索し続けたビーシュマの姿は、忘れがたい印象を与える。『マハーバーラタ』の物語世界において、また現代のインドにおいて、ビーシュマのこうした姿は、高く評価され、広く共感されている。最もよく読まれてきた大乗仏教経典『法華経』においても、ビーシュマは賞賛されている（『法華経』上二六二）。

マハトマ・ガンディーも、神話めいた誓いの遵守を語っていた。「誓いをたてるというのは、不退転の決意を表明することであり、我々を誘惑に立ち向かわせることです。…誓いを捨てるくらいなら生命を捨てる…このような人たちだけが、いつの日にか神にまみえることを望めるのです。…なすべきことを、なにがなんでも遂行する――これが誓願です。それは不抜の力の城壁になります」（『獄中からの手紙』八八―八九）。

（5）『バガヴァッド・ギーター』

既に述べたように、『バガヴァッド・ギーター』はしばしば、最も重要なヒンドゥー教聖典とされる。そこでは、極めて多様な思想が語られているが、ここでは、『ギーター』で救済の三つの道として説かれた、ジュニャーナ・ヨーガ（知識の道）、カルマ・ヨーガ（行為の道）、バクティ・ヨーガ（信仰の道）について検討したい。

ジュニャーナ・ヨーガは、真の自己、ないし、個体の本質たるアートマンが、最高実在ブラフマンと本質的に同一であると知ることで、輪廻から脱し、ブラフマンに帰入し、解脱することを説く。これは、ウパニシャッド以来のヒンドゥー教の伝統的な救済教説である。神秘主義の系譜に属する。

バクティ・ヨーガの道は最高神への熱烈な信仰（バクティ）によってその神から恩寵を受け、輪廻から脱して救済されるとする。こうした救済方法は、ヴェーダの宗教ないしバラモン教には見られなかった。『バガヴァッド・ギーター』以降、この信仰の道は、ヒンドゥー教の宗教実践の大きな柱となっていく。救済の三つの道の中では、最も簡易で、特別な訓練や修行は不要だったこともあり、特にヒンドゥー教徒大衆にとって重要な救済方法となった。バクティを通じて最高神との一体感も体験された（『ヒンドゥー教の歴史』二一二）。バクティは神秘主義にも通じているのである。

『バーガヴァタ・プラーナ』におけるクリシュナへの、『ラーム・チャリト・マーナス』におけるラーマへの熱烈な信仰の強調は、このバクティの系譜に属する。これらを見ていると、たとえば『クルアーン』におけるアッラーへの信仰の強調と見まがうばかりである。それでも、どちらの聖典にも、それぞれクリシュナ、ラーマ以外の有力な神々が登場するところが、一神教とは異なる。

近代以降、インド思想史においてとりわけ重要な意味を持ったのは、カルマ・ヨーガである。これはもともと、ヴェーダ聖典に説かれていた、各カーストの義務を遵守し、神々の祭祀を忠実に行うという信仰のあり方であったが（『宗教学辞典』六三三）、『バガヴァッド・ギーター』におけるカルマ・ヨーガは、これとは意味合いを異にしている。

先述のバンダルカルは、その『ヴィシュヌ教とシヴァ教』において、このカルマ・ヨーガについてこう述べている。「『バガヴァッド・ギーター』の特徴は、『果報をなんら考慮せず（私欲を離れて、私心なく）行為せよ』とたえず主張しているところにある」（『ヒンドゥー教』七九）。「行為の結果に執着せず、自らの義務を忠実に果たせ。そうした行為は人を輪廻から解放し、解脱させる」。『バガヴァッド・ギーター』のカルマ・ヨーガは、こうした思想に変身している。

イギリスからの独立運動を闘っていた近代インドの指導者たちの多くは、この『ギーター』版カルマ・ヨーガから大きなインスピレーションを受けた。マハトマ・ガンディー登場以前のインド民族運動最大の指導者Ｇ・ティラクには『ギーター奥義あるいはカルマ・ヨーガ学（*Srimad Bagavadgita Rahasya or Karma-Yoga-Sastra*）』という大著がある。マハトマ・ガンディーは、イギリス留学時代に知った『バガヴァッド・ギーター』を自らの行為の指針とし、生涯それとの対話を続けた。彼は、原典はサンスクリット語で書かれた『ギーター』の、自らの母語グジャラーティー語への翻訳も出版しているが、その序文は「無私の行為（Anasaktiyoga）」と題されている。ここに言う「無私の行為」とは、カルマ・ヨーガのことである。ここでガンディーは、様々な思想をはらんだ『ギーター』の提示する最大の教説は、この「無私の行為」であるとしている。

人間は神のようになるまでは自分自身と和解しない。この状態に達しようとの努力は至上のものであり、持つに価する唯一の野心である。…最上の救済策は行為の結果の放棄である。この放棄は中心たる太陽であり、そのまわりを帰依（バクティ：前川）、知識（ジュニャーナ・ヨーガの「知識」：前川）その他が回っている。…一方ではあらゆる行為が拘束する（すなわち輪廻の原因となる：前川）ことは疑う余地がなく、他方、あらゆる生物は、それを意図しようがしまいが何らかの仕事（work）をしなければならないということも同様に真実である。行為をしつつ、いかにして行為の拘束から人は自由になりうるのか。この問題を解決する『ギーター』のやり方は、私の知る限りユニークなものである。『ギーター』は言う。「割り当てられた仕事をし、その結果を放棄せよ。執着を断ち働け。報酬への、及び仕事への願望を持つな」。行為を捨てる者は堕落する。報酬のみ捨てる者は高みに至る（Desai, 128-31）。

ここに言う「結果の放棄」については注意すべき点がある。結果はどうでもいいとされているわけではない。ガンディーはこの点につき、こう語る。「しかし、結果を放棄することは、結果への無関心を決して意味しない。あらゆる行為に関して、人はその予期される結果、それを達成するための手段、そのために必要な能力を知らなければならない。このような用意のできた者が、結果への願望なく、しかも、目前の仕事の正しい達成に全く没頭しているなら、彼は自らの行為の結果を放棄していると言われる」（一三二）。

その能力、特に認識能力・予測能力が有限であるため、人間の行為の結果はしばしばその意図とは食い違ったものとなる。善かれと思ってしたことが、他者に甚だしい迷惑をかけたり、不幸の原因となったりする。古来、世界各地で、人間存在のこうしたよるべなさは、人知を超えた強大な運命の支配として理解されてきた。古代ギリシャ、中国における運命の思想については、それぞれ第四章第2節、本章第1節で論じた。

『ギーター』をその一部として組み込んだ『マハーバーラタ』にも、こうした運命の思想が脈打っている。それについては、前項でも少し触れた。運命の支配下にあるから、人間は、自らの行為の結果を支配できない。しかし、そうした運命の前で退嬰的になってはならない。人間は、ベストを尽くして行為し、生きていかなければならない。『ギーター』版カルマ・ヨーガの思想は、古代インドのこうした運命の思想を背景に持っている（『マックス・ヴェーバーとインド』第二章）。

第3節　仏　教

仏教はB型地域生まれの世界宗教である。その信者になりたい者を、基本的に誰でも受け入れる開放性と普遍性を持つ宗教を「世界宗教」と呼びならわしてきたが、現在、世界にはこうした宗教が三つある。「世界三大宗教」である。すなわち、成立年代の古い順に、仏教、キリスト教、イスラームとなる。この三つの大宗教のうち、第五章「A型と一神教」で見たように、キリスト教はA型多住地域で誕生し、育った。イスラームは、中東のO型多住地域に誕生し、やがて中東のA型多住地域、中東外のB型多住地域にまで広がった。これに対し、仏教は、北インドという世界最高のB型多住地域に誕生した。

前節で見たように、北インドにはヒンドゥー教というもう一つの大宗教が誕生している。ヒンドゥー教は、現在、信徒数では「世界三大宗教」の一角である仏教よりはるかに多い（The World Almanac 2017によると、二〇一五年にヒンドゥー教徒九・八五億人、仏教徒五・二億人。『データブックオブ・ザ・ワールド２０１８』三七）が、ヒンドゥー教徒となりうるのは、原則的にヒンドゥー教徒の家庭に生まれた者だけとされていて、三大宗教の持つ開放性・普遍性を持っていない。

B型地域生まれの二つの大宗教の中では、近代以降、常に仏教の方が世界の注目を集めてきた。近代以降、一貫して政治・経済・文化・学術、全ての分野で世界をリードしてきた西洋キリスト教世界に近代になって仏教が紹介されるや、大きなインパクトを与えた。トインビーは「仏教と西洋の出会いは、二十世紀のもっとも有意義な出来事である」と語った（『仏教と西洋の出会い』三二六）。ユングも仏教に深い感銘を受けた。「ユングは…ブッダを、人類でもっとも偉大な天才の一人と認め、そのメッセージのあまりに革命的な特質を強調してさえいる。『…ブッダは、見識ある人間は神々の師であ（ると）主張（した）。…真の天才…』…ユングはブッダを賞賛し、そのメッセージには、今日の心理学から見て、驚くべき近代性があることを示しただけではなかった。彼は、自身でもまた、さまざまな仏教の経典の中に、着想の深い源をいくつか見出したと打ち明けている」（二二七）。

フレデリック・ルノワールは、仏教の西洋にとっての意味を次のように整理した。「仏教は、人間性の変革を図るにあたって、世界や社会に働きかけることより、自我に働きかけることを優先するという点で、西洋とは正反対の立場をとっている。仏教が推奨する革命とは、まず第一に、そして何よりも、個人の意識革命なのである」（二八五）。

（1）仏教の歴史

仏教の開祖ゴータマ・シッダールタ（釈迦）は、紀元前四六三年頃、現在のインド・ネパール国境付近のシャカ族の小国カピラヴァストゥの王子に生まれた。ゴータマは十六歳で結婚し、王子としての生活を送る中、老い、病、死など、人間界の様々な苦しみに心を悩ました。遂に二十九歳で妻子も王子の地位も捨てて出家する。

その後、六年に及ぶ長い苦行の生活を送るが、それによっては悟りは得られないと知り、ブッダガヤーのアシュヴァッタ樹（菩提樹）の下で瞑想し、遂に悟りを得た。三十五歳の時だった。悟って後、彼は「ブッダ（目覚めた者）」と呼ばれる。

悟りを開いた後、ブッダはまずサールナートで苦行時代の仲間五人に教えを説いたという（初転法輪）。以降、八十歳の死の時まで、四十五年間にわたりガンジス川流域各地で布教を行った。その四十五年間については特に起伏のあるエピソードは残されていない。

ブッダ最後の日々については、『大パリニッバーナ経（マハー・パリニッバーナ・スッタンタ）』から知ることができる。体調をくずし、死を覚悟しながらも布教を続けていたブッダは、ある村で差し出された食事をとり、激しい下痢と出血に陥った。食事を差し出した男は後悔するが、ブッダは施しの価値はかわらないと慰め、苦しみに耐えながら、クシナガラに達する。そして、この川のほとり、沙羅双樹のもとに身を横たえ、最期の時を迎えた。『大パリニッバーナ経』はブッダの最期の言葉をこう紹介している。

やめよ、アーナンダよ。悲しむな。嘆くな。アーナンダよ。わたしはあらかじめこのように説いたではないか、――（死の時が訪れれば、誰でも例外なく、全て愛するものからも別れねばならないと）。さあ、修行僧たちよ。お前たちに告げよう、『もろもろの事象は過ぎ去るものである。怠ることなく修行を完成なさい』と〈（　）内は前川が内容を整理〉（『ブッダ最後の旅』一三七、一五八）。

こうしてブッダは、無常と修行への精励の二つを弟子に言い聞かせ、静かに息を引き取る。イエスの十字架上の死とは対照的な最期だった。

ブッダは自らの神格化を嫌い、死の床で自分の遺骨の供養にかかずらうなと厳命していたのだが(一三二)、弟子たちはその言いつけを守らなかった。遺骨はいくつにも分配されてストゥーパ(仏塔)に収められ、崇拝の対象となった。その後もブッダの神格化は徐々に進んだ。

ブッダの死後、何回かの結集が行われ、次々に仏典が編纂されていくが、教義をめぐる論争も激しくなり、仏教教団は分裂していく。紀元前一世紀には二十の宗派(部派)が成立していたとされる。部派仏教では現世拒否の傾向、僧院主義が主調であった。

その後、部派仏教を批判し、新たな仏教を模索するグループが現れた。部派仏教の僧院主義に対し、俗世に留まる者にも救いは可能だというのがこのグループの旗印だった。彼らは自分たちの仏教は、多くの人々を救いへと導くことができる大きな乗り物(大乗)であるとし、わずかな人々しか救えないと批判する従来の仏教を小さな乗り物(小乗)と見下した。

その後、仏教のこれら二つのグループはそれぞれ教義、経典を整備し、発展を遂げていく。経典について言うと、大乗経典は、分量的に原始経典の数倍にも及んだ(『仏教とはなにか　その思想を検証する』七二)。諸王朝の支援を受けながら、双方とも伝道活動に乗り出した。上座部仏教はスリランカ、東南アジアなど南方に広がり、大乗仏教は、チベット、東アジア諸国などに広がった。二つの内では大乗の方が多くの信徒を獲得した。もっとも、中国仏教の大乗主流傾向が決定的となった頃、インドはまだ決定的に部派仏教が覆い尽くしていた可能性があるという。このため、大乗仏教は新天地での教線の拡大を要請されたというのである（『仏教とはなにか　その歴史を振り返る』一三四）。やがて日本にも中国・朝鮮を通して大乗系の仏教が入った。

こうして仏教は世界宗教としての内実を整え、仏教文化は最盛期へと向かう。リス・デヴィッズは一八八七年の著書で、仏教徒は当時、数においてキリスト教徒をはるかに凌いでいるとしていた（『上座仏教史』一五）。彼に従えば、十九世紀末には、仏教は信徒数世界一の宗教だったということになろう。ちなみに、『仏教と西洋の出会い』には、一八七〇年のリチャード・アームストロングの著書で、世界の仏教徒が三億人とされていたことが紹介されている（一三九）。アンガス・マディソン『世界経済の成長史　一八二〇～一九九二年』の資料によると、一八七〇年の世界人口は一二・六億人（三三二）。この二つの数字に基づけば、一八七〇年の仏教徒人口は、世界人口の二三・八％だったことになる。ちなみに現在は七・一％である（『データブックオブ・ザ・ワールド2018』の「世界のおもな宗教人口（二〇一五年）」（三七）と、『データブックオブ・ザ・ワールド2016』巻頭の二〇一五年の世界人口から前川が算出）。

現在、上座部仏教は総じて、その布教地で比較的、宗教的生命を保っているが、大乗仏教は、特に近代以降、主力の東アジアで徐々に勢いをなくしていった。

中国は社会主義革命を経て、一時、宗教全般を弾圧するようになった。特に一九六六―七七年の文化大革命期には徹底した弾圧が行われた。この動乱の中で、中国仏教は道教と並び、壊滅的な打撃を受けた。それでも二千年ほどにも及ぶ中国仏教の伝統は、中国人、中国文化の深層に生き続けていた。そして、「改革開放」の時代に、中国の宗教政策は、大きく方向転換した。二十一世紀に入ると、中国仏教は、中国における伝統文化復興の象徴として、再び強い脚光をあびている(『仏教の歴史2』二二四―二一八)。

日本では江戸時代、徳川幕府が国民管理の具としつつ、仏教を保護していたが、明治に入るや、廃仏毀釈の嵐が待ち受けていた。その後、様々な曲折があったが、近代化、資本主義化の進展の中、旧来の檀家制度と結びついた仏教は徐々に衰えて行った。葬式の時だけお世話になる仏教、「葬式仏教」などという言葉がしばしばささやかれる現状である。それでも、中国以上に、日本の伝統仏教は健在だし、仏教は日本人、日本文化の深層に生き続けてもいる。仏教系新宗教、新々宗教も少なからぬ信徒を獲得している。

仏教発祥の地インドでは、仏教はその後、どのような展開を遂げたのか。

ブッダが生まれた頃、インドの宗教界を支配していた多神教バラモン教は、仏教、ジャイナ教という新たな宗教の急激な発展に、一時退潮を余儀なくされる。しかし、ブラーフマンたちの危機意識から、民間信仰などを取り入れて大きくモデルチェンジし、ヒンドゥー教として生まれ変わった。かくして、仏教、ジャイナ教とのつばぜり合いが続くが、三二〇年に北インドに成立したグプタ朝が優遇策を打ち出したことで、徐々にヒンドゥー教は、インドでの精神的支配権を確立していく。

逆に仏教は次第に退潮の軌道に陥って行く。大乗仏教では、バラモン教=ヒンドゥー教への先祖がえりも目立ち始める(『法華経』と関連して後述)。密教はその最たるものであった。さらに十二世紀末にイスラームが、当時のインド仏教の中心地を破壊し、インド本国での仏教の退潮は決定的となった。十三世紀にはインドにおいて教団としての仏教は消滅したとされている。昔ながらの仏教はインドでは、現在、ベンガル地方にカースト扱いでわずかばかりの信徒を残すのみである（『〔新版〕南アジアを知る事典』六九二）。

それとは別に、インドには、一九五六年にヒンドゥー教のカースト制度で最下層の不可触民の一グループ（マハール）が、三〇万人集団改宗して始まった「新仏教徒（ネオ・ブディスト）」と呼ばれる人々が、現在約一千万人いる。しかし、このグループは、不可触民層以外への布教はあまりうまく行かず、初代リーダーの名をとって「アンベードカル教」とも呼ばれる特殊な集団となっている。仏教発祥の地インドは、現在ヒンドゥー教（全人口の七九・八％）とイスラーム（同一四・二％）（『データブックオブ・ザ・ワールド２０１８』七八）の国となっている。この点はキリスト教の変転とも似ている（『仏教と西洋の出会い』三四）。

（2）原始仏教

同じく「仏教」という名で呼ばれてはいるが、ブッダの時代の仏教（原始仏教）とそれ以降の仏教は異なっている。上座部仏教は、比較的原始仏教から連続する部分が多いが、大乗仏教は、原始仏教と大きく異なっている。そこで以下、原始仏教、大乗仏教のそれぞれについて個別に検討していきたい。まず、原始仏教から。

ブッダの時代の仏教＝原始仏教は、世界宗教史上極めてユニークな特徴を持っている。その救済の教義に一切、神が関わらないのである。救い、悟りを求める者たちは、神、あるいは人間を超える存在には頼らず、修行によって独力で、それを手に入れるしかないのだとされた。原始仏教はしばしば「神を立てない宗教」と呼ばれる（『宗教学』一四）。

とは言え、原始仏教は神々の存在を否定していたわけではない。当時のインドの宗教バラモン教の神々の存在を基本的に承認していた。それと同時に、業輪廻の存在も、自明のこととして受け入れていた。しかし、前節第二項で見たように、バラモン教の神々はそれ自身、輪廻の只中にあり、解脱していない。そういう存在によって救済され、解脱することなどありえないというのがブッダの認識であった。原始仏教は、神々の「存在」を認めないからではなく、救済にとっての神々の「意義」を全く認めないからこそ、「神を立てない宗教」と呼ばれるのである。

ブッダは厳しい修行、透徹した瞑想の果てに独力で悟りを得たと思った。そのことで神々をも超えたと思った。神々をさえ指導し、解脱に導き得る存在になったと思った。原始仏教経典を読むと、ブッダについての「神々と人間との師」（『ブッダ最後の旅』五〇など）といった表現が頻出する（大乗経典にも同様の表現は受け継がれている）。この「修行によって神々をも超えた人間ブッダ」という考え方は、実は、ヒンドゥー教における神と人間の関係についての理解（前節で検討）と通底するものだった。仏教も中国・インド型多神教の一変種と見做すことができる。

そこで、ブッダの悟りの内容、すなわち原始仏教の教義を検討しよう。まず、苦および、その主要な内容としての無常、無我というおなじみの内容から見て行こう。

無常。宇宙の全てのものは例外なく移り行く、変化する、滅びる。若さを謳歌している者もやがて老いる。老人は若い時代が忘れられず、何かと不如意な日々を嘆く。今健康な者も多くは、やがて病に落ちて苦しむ。最終的には死、自らの存在の消滅が待っている。いかにこの世に心が残ろうと、必ずそこを去って行かねばならない。原始仏教は、この無常を苦の最大の要因とみなした。

無我。世の中に独立自存の存在はない。全てが他の無数の存在、諸力との複雑な関係のネットワークに絡み取られている。人間界でこのことを平たく言えば、世界は自分中心には出来上がっていないということである。ものごとは、自分の思いどおりにはならない。自分は常に無数の他者によって無数の制約を受けている。当然、このことも苦の主要な内容、あるいは苦の主要な形成因となる。

原始仏教によれば、世界の一切の事物・事象は、無常かつ無我である。これこそ宇宙についての紛れもない真理とされた。ところが、人間は常に永遠を求め、絶対の自由を求める。そして、それらに執着する。しかし、しょせん、それはかなわぬ夢。ということは、この世は苦に充ちている、あるいは苦を本質としているということになる。「一切皆苦」である。

しかし、とブッダは説く。人は苦しみから脱することができる。そして、そのための確かな方法がある。それこそブッダが定めた八つの修行の道（八正道）である。その内容は、つまるところ、心のコントロールということになろう。それによって、無常、無我を、否定し得ないこの世の真相として直視し、腹の底から受け入れること、そこにこそ悟りがあるとされた。

あらがってもどうしようもない無常、無我にあらがうからこそ、かえって人々は苦の罠にきつく絡め取られていく。むしろ、無常、無我を変えようのないこの世の現実と知って割り切れば、人々は、その有限で制約だらけの世界の中でも、充実した人生を送ることができる。

仏教以前、人々はその内実を知らないからこそ、無常・無我になすすべもなくしてやられ、苦しんでいた。しかし、それらを知りぬけば、やられっぱなしではなくなる。それらに対処するすべが見えてくるからである。苦を本質とするという世の真相、現実を受け止めれば、そこには絶望しかないというわけではない。そういう世界でどうやって生きて行こうかと考えればいいのである。仏教は充実した人生を志向する。理念先行のA型的世界観の対極の、現実を出発点とするB型的世界観と言えよう。

仏教と言うと、苦、無常、無我、縁起などの言葉がすぐに思い浮かぶが、実はもう一つ大きなキーワードがある。「心」である。最も古い原始仏教経典の一つで、現在でも上座部仏教圏では最もよく読まれている仏典『ダンマパダ（法句経《ほっく》）』は、以下の詩節によって始まる。

ものごとは心にもとづき、心を主とし、心によってつくり出される（『ブッダの真理のことば・感興のことば』一〇）。

さらにこう書かれている。「心に関することにつとめはげむ。――これが…ブッダの教えである」（三六八）。

既に八正道について触れた際に述べたように、原始仏教では、ブッダを手本とした修行によって自分の心をコントロールし、整えることが目指されている。「煩悩を刺激する外的な原因は、世の中に無限にあって、それを消すことなど出来ないから」（『日々是修行』二〇三）、原始仏教はかろうじて何とかなる心のコントロールに向かったのである。こうして自らの心のあり方を変えることで、人は解脱（輪廻から脱し、苦から永遠に離脱）することができると考えられた。そこには神々が関与する余地は全くない。

ちなみに、「世界の有り様を変えることはできないから自分の心の有り様を変える」というブッダの思想には、第四章第２節で見た、不合理で強大な運命に対する古代ギリシャ人の態度設定との類似点がある。既に見たように、ブッダは死の間際、無常を語りつつ、精励を説いた。この際の「無常」を「運命」と言い換えれば、やはり古代ギリシャ人の運命観となる。

しかし、心をコントロールすることは当然、生易しいことではない。だからこそ、己の心をコントロールすること＝自分に打ち克つことはこう称えられる。

戦場において百万人に勝つよりも、唯だ一つの自己に克つ者こそ、じつに最上の勝利者である（『ブッダの真理のことば・感興のことば』二四）。

この「最上の勝利者」へ向けての厳しい修行の最中にあっては、自分のことで精いっぱいなのだから、修行仲間のことはあくまで二の次。何より自分のことに専念すべきであるとされた。同じ僧侶仲間だからといって、甘やかさない、妥協しない。結局それでこそ、最終的に、他者、世の中にも貢献できると原始仏教は考えた。

先ず自分を正しくととのえ、次いで他人を教えよ（三二一）。

他人の目的のために自分のつとめをすて去ってはならぬ。自分の目的を熟知して、自分のつとめに専念せよ（三二二）。

ここで注意しておかなければならないのは、心のコントロールを中心とした原始仏教の修行が、右へ倣えと一つの型にはまったものではなく、個々人の性格、適性などに応じた、多様なものだったということである。「怒りっぽい人、欲の深い人、愚かな人、そういった一人ひとりの性格に応じて、やり方は違ってくる。だから修行にはすぐれた師が必要となる。各自の複雑な精神状態を的確に把握し、その人に最も適した方法を考え、段階を追って正しいアドバイスを与えてくれる有能なインストラクター、それこそが仏教にとって最も重要な存在である」（『日々是修行』三二）。

心のコントロールが仏教の眼目だが、その心が個々人ごとに性格やその時々の状況などによって大きく異なっている。当然、そのことを考慮した修行が必要になる。「具体性が仏教の一大特徴だと思います。…仏教の場合には上位概念と言いますか、抽象的な規定というのはほとんどなくて、具体的なその場その場のケースごとに、判断をしていきます」（『仏教が好き！』八八）。

修行は、「中国・インド型多神教」のキーワードである。原始仏教はインド的多神教を背景として生まれ、ヒンドゥー教とも同質の点を多々持っていたのだが、その修行論には独自の注目すべき特徴があった。「『修行する人はそれだけで偉い』という先入観は非常に危ない。…修行には必ず智慧の裏づけが必要である」（『日々是修行』二〇）と認識されていたのである。前節で論じたブラフマー、シヴァの修行者たちへの盲愛の諸エピソードを想起されたい。

絶え間ない真剣な修行の結果得られた、心について、心のコントロールについての様々な知見は、修行者たちによって僧院外の人々に語られた。「愛する人をつくるな」「幸福は偽装された苦」（『ブッダの真理のことば・感興のことば』四〇）というような修行者たちにとっての真理は、俗世の人々には極端すぎて、そのままの形では受け入れがたかったかもしれない。しかしそれらは、日々執着の中にある人々にとって、物事を通常とは全く違った側面から見つめた教えとして、日常生活を少し距離をおいてとらえなおしてみる際に、有益な指針を与えるものであったろう。

人々がそれまで直視しようとしなかった世界の半面を無遠慮に突きつける原始仏教の教義、そうした教えに人々は学んだ。仏教は人間が求めてやまない幸福・快に潜む苦ないし苦の可能性を抉《えぐ》り出した。人間はそうしたものの存在を知らなければ、幸福・快が苦に転じた時、パニックになる。仏教は世界の暗い半面を突き付けることで、人間によりバランスのとれた認識への道を開いた。こうした教えに学んだ人々は、俗世では全く役立たずの僧侶たちを様々な形で支えた。原始仏教は、そうした形で社会と結び合っていた。

ここで仏教と社会との関わりの別の領域も見ておかなければならない。すなわち、仏教の布教スタイルである。それは、一神教のそれとは大きく性格を異にしている。仏教学者佐々木閑《しずか》はこう語る。

釈迦の仏教というのは、教義を押しつける宗教ではない。必要とする人を待ち受ける、病院のような宗教だ。だから、必要とする人が現れた時にだけ、その効果を発揮する。…絶対者の指示に従い、相手かまわず命がけで布教する人に比べれば、仏教側の布教意欲ははるかに弱い。だが別の見方をすれば、布教相手一人ひとりの顔を見て、個々の状況を斟酌しながら慎重に活動するということでもある。…釈迦の仏教は、「人には、仏の教えで助かる者もいれば、そっぽを向いて別の道を行く者もいる。せめて、こちらを向いてくれる者だけでも助けよう」と考える。自分たちの考えを認めない者を「教えの敵だからやっつけよう」などとは思わない（『日々是修行』一二三、一二五、一七一）。

「B型多住地域の宗教」仏教は、宗派、グループによっては例外もあろうが、基本的に全世界の仏教化を自らの使命と任じてはいない。修行者たちに多様な個性の違いを認め、それに応じて修行方法にも多様性を認めていた仏教は、修行者に限らず、人間全体が多様なものであることを、特にその心、性格などにおいて多様なものであることを、よく知っていた。

原始仏教は、自分たちの教えには大きな自信、自負を持っていた。たとえば『ダンマパダ』はしばしば「仏教は最高の教え」と自画自賛している（『ブッダの真理のことば・感興のことば』四八など）。それでも原始仏教は、それに合う人とそうでない人がいることをよく知っていて、それについては割り切っていた。

この点、A型多住地域の宗教＝一神教とは根本的に異なっている。たとえばキリスト教では個人の心理、性格、多様性などは問題にならない。そこでは絶対神の命令を守るか守らないかだけが唯一の問題である（『仏教が好き！』六九）。全世界がキリスト教化されるべきだという発想も、一つにはキリスト教における人間の多様性という発想の弱さと結びついていよう。

人間の多様性を知る仏教では、相手かまわずというのではないから、当然、布教意欲はキリスト教やイスラームのような一神教より劣ることになる。一つにはその差が、現在、仏教が「世界三大宗教」の中で、これら二つの一神教に信徒数で大きく後れを取っている理由であろう。

(3) 大乗仏教

仏教では、上座部、大乗などの別にとどまらず、それぞれが多くの宗派に分かれている。教義も宗教儀礼も宗派ごとに少なからず異なる。仏教が生まれたインドの多神教的背景、仏教の個人の多様性を認める態度などから、そうしたことも必然の結果であったろう。

「聖なる一」の発想がないのである。一神教では、ユダヤ教の聖書（『旧約聖書』）、キリスト教の聖書（『旧約聖書』及び『新約聖書』）、イスラームの『クルアーン』といった、全信徒共通の唯一絶対の経典があるのに対し、仏教では、重要な経典も宗派ごとに異なる。一神教では、教義、経典をめぐって重要な見解の相違が生じると、議論を尽くして正統―異端の別が決められたが、仏教はそうした道は歩まなかった。

「仏教は『教えの多様性』を容認する宗教に変わった。新しい意見が出てきた時、『それもまた仏教だ』と言って受け入れていく、よく言えば寛容な、悪く言えばいい加減な宗教に変わったのである」（『日々是修行』一〇―一一）。仏教の多様性についてこう語る佐々木は、それを「異様に混乱した宗教」（一〇）とも言う。

そうした「数々の仏教」の中で、ここでは『法華経』について見ておこう。

『法華経』の原型となる経典は、紀元一世紀から二世紀にかけて、西北インドで成立していたとされる（『仏教とはなにか　その思想を検証する』一二四）。同経は最もよく読まれ、信仰を集めた大乗経典とされ、宗教史的に後世への影響の大きかった点で、他の大乗経典はこれに遠く及ばないとされる（『法華経』上三七二）。それは特に中国、日本などの東アジア仏教史について言えることである。「神を立てない宗教」であり、徹底した自力救済を説いた原始仏教は、世界宗教史上極めてユニークな宗教であったが、歴史上、仏教の最もよく知られた形態、内容の一つは、原始仏教とは大きく異なる『法華経』のそれなのである。

実際、『法華経』を読むと、同じく仏教とは言っても、原始仏教とはほとんど別の宗教と言えるほどに信仰内容が異なっていることに印象付けられる。

原始仏教では、苦の中核をなす無常が、教義の中心であった。宇宙の一切のものが例外なく、移り行き、変化し、やがて消滅していく。仏教の開祖ブッダとて例外ではなかった。ブッダは至高の智恵に到達した人とはされたが、あくまで人間であり、一般の人と同様に老い、死んでいった。既に見たように、その死の様子が原始仏教経典で語られた。

これに対し、『法華経』では、永遠のブッダ「久遠仏」が語られる。久遠仏は、修行によらず、永遠の昔から、仏であったとされている。ここでは、自らも無常の理によって死んでいった開祖ブッダは、真実の姿は久遠仏であるから、死ぬことはないのだとされている。『法華経』はブッダにこう語らせている。「あのとき、この世で余は入滅したのではない。…あれは余の巧妙な手段なのだ。余は繰り返し繰り返し人間の世界にいるのだ」（下三二）。

久遠仏は、永遠に人々に教えを説き続ける。人々はいついかなる時にも久遠仏に見守られ、久遠仏から教えを聞くことができる。『法華経』はこうして、人々の仏教の開祖ブッダへの思慕を満たそうとした。原始仏教徒を悩ませた重苦しい無常は、「永遠の久遠仏」によって、いとも簡単に毒気を抜かれている。原始仏教における徹底した無常の認識は、多くの民衆には耐えられなかったのである。しかし、こうした主張により、歴史上のブッダの個性は次第に消滅して行った（上三七二）。

『法華経』で語られる重要な仏は久遠仏だけではない。『法華経』巻第八「観世音菩薩普門品《ふもんぼん》」によって、救済者としての観音への熱心な信仰が広まった。このことも仏教の歴史において極めて重要である。観音について語った仏典は他にも種々存在するが、この「普門品」ほど観音信仰の普及に貢献したものはない（『仏典』下九九）。

原始仏教が自力救済を説いたのに対し、『法華経』では、久遠仏や観音菩薩が人々を救済する他力救済の思想が語られている。そして、人々を外から救う久遠仏、観音は、一種の神として現れていると言ってよい。「神を立てない宗教」としての原始仏教に対し、『法華経』の仏教は、明確な有神論的性格を持っている。それは「信の仏教」(『法華経』下四三六)であった。

本章第2節「ヒンドゥー教」で、業輪廻の世界観を概観した際、ヒンドゥー教三大神以外の神々は、人間、動物などと同様に時間に支配され、輪廻からも自由ではないことを確認した。ブッダの時代には、三大神への信仰は成立していなかった。そのため、神々は全て輪廻を繰り返し、迷いの中にいるとされていたのだった。だからこそ、そんな神々によっては、人間は輪廻から自由になれないというのがブッダの認識であった。

しかし、大乗仏教が誕生し、その運動の中から『法華経』が成立すると、そこには、ヒンドゥー教三大神にも似た絶対者久遠仏、民衆の熱心な信仰を集めた観音菩薩が登場した。久遠仏、観音に限らない。『法華経』では無数の仏たちが語られているが、その姿はおよそ生身の人間のものではない。それらの仏たちも全て一種の神である。もともとバラモン教の多神教的背景から出てきた仏教は、大乗仏教の『法華経』に至ると、バラモン教=ヒンドゥー教への一種の先祖がえりをしている。

他力的な思想が語られた『法華経』ではあるが、ここには、原始仏教の自力救済の名残がないでもない。

『法華経』は、ブッダの教えの要点は、全ての人がブッダになりうるという一点にあるとしている(『仏教とはなにか　思想』一六四―五)。原始仏教では、教団に入り、ブッダの定めた修行の道を全うすれば、悟りに至ることができるとしていて、この悟った修行者を阿羅漢と呼んだ。しかし、阿羅漢は、ブッダ同様の優れた智慧を得たわけではないとされ、彼らをブッダと呼ぶことはなかった（『仏教とはなにか　歴史』四九）。これに対し、『法華経』では、同経に従った信仰生活を送り、修行を積めば、阿羅漢どまりではなく、誰でもブッダになれるとしたのである。しかし、全ての人々がブッダになること、すなわち、全ての人々の成仏は、久遠仏が保証しているとされていた（『法華経』下四二〇）。

『法華経』における自力救済的なものは、最終的には救世主たる久遠仏による他力の救いという枠内のものであった。とは言え、『法華経』は説く。「全ての人がブッダになりうる」。そして、そのブッダは、「人間の調教師であり、神々と人間の教師」（上四一）、「人間と神の主」（二八一）であった。普通の人間がブッダになることにより、神をも超えるのである。道教における普通の人が仙人になりうるとする人間観と同様の人間観を、『法華経』においても確認できる。この点では、ブッダと阿羅漢を区別した原始仏教よりも、ある意味で徹底している。

『法華経』の「誰でもブッダになれる」という思想をより明確に主張したのが、後の如来蔵思想であった。「衆生…は煩悩を抱えており、常に迷っている。しかし、その衆生はだれしもが内に如来（ブッダの同義語）を蔵しているというのである。これが如来蔵思想である。衆生は…いわば如来の因子を持っている…すべてのものは努力次第（菩薩道の実践）では将来ブッダになることが約束されるのである」（『仏教とはなにか　思想』一六五）。

先に『法華経』における無常の思想の退潮の問題を論じたが、広く仏教全般を見渡してみると、無常・無我という原始仏教の世界観の二枚看板が、必ずしも常にセットで強調されているわけではないことに気がつく。既に見たように、『大パリニッバーナ経』は無常を強調し、開祖ブッダの無常をも語ったが、無我説は目立たない。原始仏教経典に分類されている『ミリンダ王の問い』では、無我の教義について印象的な議論が展開されるが、無常についての議論は目立たない。『法華経』では、久遠仏によって、無常の毒気が抜かれる。

ちなみに、ユング派深層心理学者で心理療法家の河合隼雄の三冊の仏教論『ユング心理学と仏教』（一九九五年）、『ブッダの夢』（一九九八年）、『仏教が好き！』（二〇〇三年）のいずれにおいても、無我論は近代個人主義や最新の科学との対比や関連などで熱心に語られているものの、無常論はほとんど語られていない。『ブッダの夢』と『仏教が好き！』は中沢新一との対談だが、そこでの中沢の発言中にも、無常への言及は目立たない。

『法華経』を含む大乗仏教全般の大きな特徴の一つとして、菩薩思想が挙げられる。それは、原始仏教の僧侶のように、少なくともまずは自己の悟り、自己の救済に専心するのではなく、社会あるいは他者への積極的働きかけを重視した。僧侶的な言い回しでは以下のようなことになる。「菩薩は慈悲の願行に裏づけされた衆生済度という姿勢を全面に出し、自利利他二行の成就に努力する。大乗仏教は菩薩の教えに目覚めて出発した」（『仏教とはなにか　歴史』一〇四）。ここで、見落としてはならないのは、大乗仏教にとって、自利行も不可欠とされていることである。原始仏教以来の智慧の修行はやはり欠かせない。しかし、同時に他者への強いまなざしがある。「大悲心を根底に置き、常に悟りをめざす高い理想を持ちつつ他とともに歩む、これが菩薩の自利利他の実践なのである」（『仏教とはなにか　思想』八九―九〇）。

『法華経』「法師品《ほっしほん》」には、以下の一節がある。「衆生を憐れんで、この経典を信奉する意志堅固な人は、仏の国土に輝かしく誕生することを捨てて、この世界に来たのだ」（『法華経』中一四九）。菩薩道を歩む者は、自らの救い（ここでは仏国土への誕生）を犠牲にしても、他者（衆生）救済に向かうのだと宣言されているのである。

原始仏教における「犠牲」は、常識的・世俗的に幸せとされるものの放棄であった。

「世間的な幸せ」は、もはや「自分の幸せ」ではないのだ。…「正しい心を持つこと」（そしてそれによって苦しみから脱すること：前川）が生きる糧になるのだ。この、「自分のあり方を一番の生き甲斐にする」という考えは、仏道修行の基本である。俗世を捨てて出家した修行者に、世間的な幸せは何もない。身一つで瞑想する日々が、死ぬまで続く。その単調な、しかし誠実な毎日こそが、決して崩れることのない、一番頼りになる生き甲斐となる（『日々是修行』一七三）。

「この世の社会の仕組みとか価値にしばられている間は（本当の：前川）幸福に到達できない」（『ブッダの夢』一七二）。だから、原始仏教の僧侶たちは、世間的な幸せを捨てる＝犠牲にするのである。中沢新一は、仏教の目指した「本当の幸福」について、以下のような興味深い発言をしている。

仏典をいろいろ見てみると、「幸福」にあたる言葉はなくて、一番近いのが「楽」という言葉のような気がします。…チベット人のお坊さんから、僕が最初に学んだことは、「仏教とは楽になるための正しい教えである」ということでした。…「幸福」と人が言っているものは、本当の楽を与えてくれないものとして、全部失格とされます(『仏教が好き!』一七九―一八七)。

大乗仏教において、原始仏教のこうした犠牲の思想は目立たなくなるが、それと入れ替わりに、菩薩道の鼓吹という新たな犠牲の思想、犠牲の鼓吹の思想が登場した。菩薩道の修行・実践の要綱として初期大乗経典から説かれている六波羅蜜は、以下のようなものである。

布施(恵み施すこと)
持戒(戒め守ること)
忍辱(耐え忍ぶこと)
精進(努め励むこと)
禅定(静め保つこと)
般若(智慧、悟り目覚めること)(『仏教とはなにか　思想』七九―八〇)

菩薩道の犠牲の思想との関連で言えば、「布施」の他に、「忍辱《にんにく》」すなわち、「寛容と自己犠牲」(『法華経』上三六五)が目を引く。岩本裕《ゆたか》は言う。「大乗仏教は利他主義の思想を強調して新しい宗教倫理を展開させ、その実践道として六波羅蜜を説いたのであるが、特に『布施』と『忍辱』が利他思想の実践活動として重視された」（『法華経』上三六六）。

大乗仏教は、原始仏教―上座部仏教への批判者、革新運動として登場した。それはより進化した仏教を自負していた。ところが、現在の目で大乗経典を読んでみると、その多くは、修辞過多と見えるし、いかにも古めかしく感じられるものもある。これに対し、原始仏教経典の方が、時にはっとするほど現代的で、心にストレートに響くことも少なくない。現時点では、大乗仏教の方が、原始仏教より「進化している」「優れている」とは、簡単に言えないように思う。大乗仏教の優位を自明のこととして語る傾向の強い日本の仏教界だが、江戸時代以降、一連の原始仏教再発見・再評価の動きがあったことも、ここで確認しておきたい（『仏教の歴史2』二四八―二五〇）。

⑷　上座部仏教と大乗仏教

この節の最初の項で見たように、仏教はB型多住地域北インドに誕生したのだが、インドからはやがて消滅していった。仏教の二つの大グループ、上座部・大乗のうち、スリランカと、ミャンマー、タイ、カンボジア、ラオスといった東南アジア大陸部諸国では、上座部仏教が、中国、台湾、韓国、日本といった東アジア諸国では大乗仏教が栄えた。チベット仏教も大乗の流れを汲むものとされているが、東アジアのそれとは別系統である。

上座部仏教は、原始仏教からの教義・儀礼の継承を重んじたが、時間の経過とともに、両者には、相違点も生まれた。「（原始：前川）仏教が元来都市の商人階級の台頭と共に興ったのに対して、上座仏教は事実上それとは対照的な状況の下で、非仏教徒たる商人たちと自分たちとを強固に区別する農民社会の宗教として生き残ってきた…これは単にスリランカだけでなく、東南アジア大陸部の上座仏教諸国についても当てはまる」(『上座仏教史』二四〇―一)。「(スリランカでは：前川)情緒的な信仰心と宗教的自己隷属の精神が、早い時期に上座仏教に入った」(二八四)。とは言え、やはり教義・儀礼については、原始仏教からの連続性が目立つ。

大乗仏教の展開は、それを受け入れた東アジア諸国の文化的・社会的伝統によって大きく規定されている。この項では、その様子をたどることにするが、その前に、インドと上座部仏教地域、大乗仏教地域の血液型分布率を確認しておこう。カンボジア、ラオスについては、サンプルが極端に小さく、参考程度である(次頁)。

インドと上座部仏教地域は、どこもB型、O型が一位、二位を占めている。B型が一位か、O型が一位かである。ここではA型の最高値はミャンマーの二五%である。東南アジア大陸部では、少数部族を除き、どこもB型がA型より目立って多いが、そこでは、宗教は上座部仏教が支配的である。仏教誕生の地インドと、原始仏教との連続性が相対的に大きい上座部仏教の地とは、大きな傾向としては、血液型分布率が同じである。

これに対し、現在の大乗仏教の地、東アジアでは、B型に対してのA型の伸びが目立つ。中国では、第1節で紹介した最新の大規模調査では、一位O型、三位B型とごく僅差であるものの、A型が最多となっている。他の国々でも、のきなみA型がB型より多い。特に日本では、A型はB型のちょうど倍ほどにもなっている。同じく仏教とは言っても、上座部地域と大乗地域とでは、

第七章　中国・インド型多神教（Ｂ型多住地域の多神教）

1）インドの血液型分布率

	Ｏ型	Ａ型	Ｂ型	ＡＢ型
北部（アーリヤ人）	29.27%	21.38%	39.92%	9.43%
南部（ドラヴィダ人）	40.55%	19.73%	34.21%	5.51%

北部（アーリヤ人）（サンプル 140,320 人）

：2007-2010 年、ウッタル・プラデーシュ州ラクナウ、献血者

南部（ドラヴィダ人）（サンプル 143,834 人〈前川が補正〉）

:1988-1999 年、タミルナードゥ州ヴェロール、献血者

2）上座部仏教地域の血液型分布率

	Ｏ型	Ａ型	Ｂ型	ＡＢ型
スリランカ	46%	23%	27%	4 %
ミャンマー	35%	25%	32%	8 %
タイ	39%	22%	33%	6 %
カンボジア	30%	24%	39%	7 %
ラオス	32%	22%	37%	9 %
同	38%	20%	36%	7 %

スリランカ（サンプル 3,606 人）：1944 年、シンハラ人（松田付録 32）

ミャンマー（サンプル 2,151 人）

：1969 年（松田付録 36）。Bloodbook.com にもほぼ同じ数字が掲げられている。

タイ（サンプル 50,525 人）：1957 年、チェンマイ（松田付録 36）

カンボジア（サンプル 791 人）：1940 年（松田付録 35）

ラオス（サンプル 505 人）：1940 年（松田付録 35）

同（サンプル 464 人）：2012 年、献血者

3）大乗仏教地域の血液型分布率

	Ｏ型	Ａ型	Ｂ型	ＡＢ型
中国漢族	30.2%	30.7%	29.4%	9.7%
台　湾	44%	27%	23%	6%
韓　国	27.2%	34.3%	27.0%	11.5%
日　本	30.05%	40.0%	20.0%	9.95%

中国漢族（サンプル 3,473,527 人）

台湾（サンプル 10,512 人）：1967 年、福建、広東出身の中国人（松田付録 49）。

韓国（サンプル 3,053,425 人）：2014 年、韓国赤十字への献血者（Korean Red Cross）

日本（サンプル数不明）：2014 年、日本赤十字社「血液の基礎知識」

担い手の血液型分布率がA型とB型に関して正反対である。

大乗仏教地域の中で、ひいては、上座部仏教地域を含む全仏教地域の中で、A型率が最も高いのは、実は日本である。さらに、A型値／B型値を見ると、日本はちょうど二であり、全仏教地域の中で、最高値である。これほどA型の優勢な地域における仏教には、何か特徴があるのだろうか。

大正大学仏教学科の教科書『仏教とはなにか　その思想を検証する』は、日本仏教について、こう性格づけている。「日本仏教は宗派の仏教である。中国でいう『宗』とは学問宗を意味するが、日本の宗は宗祖を頂点に仰ぐ信仰集団である。仏教の開祖は釈尊であるが、日本の仏教徒は宗祖の信仰体験や理解を通して釈尊を見るのである」（一四九）。

大方の見るところ、日本の仏教を強く特徴づけている諸宗派が最も勢いよく生まれてきたのが鎌倉時代である。現在も健在な有力諸宗派のうち、平安時代に誕生した天台、真言以外は、ことごとく鎌倉時代に産声をあげている。すなわち、浄土宗、浄土真宗、臨済宗、曹洞宗、日蓮宗である。

この「鎌倉仏教」の諸宗派全体の共通傾向は、以下のような点である。


鎌倉仏教は選択仏教であり、庶民仏教であるといわれる。選択仏教とは、多くの仏教法門から、例えば、法然…・親鸞…は浄土法門を選び取り、栄西…は坐禅法門を選び取り、日蓮…は『法華経』を選び取ったということである。庶民仏教とは、平安仏教が貴族仏教といわれるのに対し、日本における仏教が広く庶民にまで普及したことをいうのであろう。…鎌倉仏教は、伝統の日本仏教を、もしくはインド・中国・朝鮮・日本と伝わる北伝仏教の伝統を、一方では集約化したというべきであり、一方では普遍化したといえる（一九七）。

中村圭志は、ここに言う「選択仏教」について、「一点集中型の信仰姿勢」とし、特に日蓮は、強硬な排他性を発揮したことで知られているとした（『信じない人のための〈法華経〉講座』一八六）。「選択」「一点集中型」「排他性」。仏教地域きってのA型多住地域日本の仏教は、鎌倉時代に、どこかA型の宗教＝一神教とも通じる諸宗派を生み出したのである。

鎌倉仏教の多くは、天台を下地とし、天台との格闘の中から誕生した。島田裕巳《ひろみ》は言う。

日本における仏教の歴史を考える際に、最澄が開いた天台宗ほど重要な宗派はない。…鎌倉新仏教の…それぞれの宗派を開いた宗祖は、その大半が比叡山で学んだ経験を有している。浄土宗の法然、浄土真宗の親鸞、曹洞宗の道元、臨済宗の栄西、そして日蓮宗の日蓮もである。当時の比叡山では、あらゆる仏教の流れについて学ぶことができた（たとえば、『法華経』、密教、律、禅など：前川）。さらには、儒学や朱子学など仏教以外の学問についても学ぶことが可能だった。その上、比叡山は膨大な荘園を抱え、各種の産業を担っていたので、そうした方面についても学ぶことも可能だった。比叡山は、総合仏教大学であるにとどまらず、数多くの学部をもつ総合大学であったとさえ言えるのである（『浄土真宗はなぜ日本でいちばん多いのか』五六）。

天台は極めて融通無碍《むげ》で、包容力に富んでいた。ある種、ヒンドゥー教的、多神教的仏教と言ってもよかった。仏教はインドに生まれ、中国に伝わった大乗仏教は、中国の社会・文化に合わせて独特の変容を遂げた。天台宗は智顗《ちぎ》によって中国に誕生した。智顗の仏教思想の最大の特徴は、その総合性にあった（『仏教とはなにか　歴史』一六〇）。また、五代の禅僧永明延寿の禅浄双修は後の中国仏教の主流念仏禅につながった（『中国思想史』三七三）。

「中国の仏徒たちは、インドの仏徒を分裂させていた宗派の相違にはあまり注意を払わなかった」（『世界史』上二九九）。しかし、既に見たように、そのインドの仏教にしても、「教えの多様性を容認する宗教」であった。宗派の相違はあったものの、そのことは一神教における正統—異端の厳しい対立にはつながらなかった。中国では、インドから様々な時代の様々な仏教がまとめて流入したこともあり、兼修、総合の機運が強かった。これも一神教とは大きく異なる宗教の有り様であった。中国でも、インドと同様、多神教的仏教が栄えたのである。そして、日本の天台宗は中国仏教の総合性・多神教的性格を受け継いだ。

インドではA型に対しB型の率が目立って高い。そこには多神教的・総合的仏教が栄えた。中国では、やや問題の残る最新研究で、A型率とB型率はほぼ同じとされているが、中国は世界の中ではB型率が高い地域と言える。ここの仏教も多神教的・総合的であった。日本は最初のうち、インド・中国同様、そうした「B型的仏教」を受容した。その主力が日本天台宗だった。しかし、A型大国日本では、その後、よりA型の体質に合った仏教が模索された。日本の仏教はインド・中国譲りのよりB型的あり方から、よりA型的あり方へとモデルチェンジをはかったのである。その最大の成果が鎌倉新仏教だった。

第四章で見たように、A型多住地域日本は、「ギリシャ・日本型多神教」の一つである神道を生み出した。A型多住地域の多神教では、B型多住地域のそれ「中国・インド型多神教」とは神々と人間の関係が異なっていた。近東・ヨーロッパにおけるキリスト教、イスラーム、日本における鎌倉新仏教などを見ると、「ギリシャ・日本型多神教」を生み出した集団は、一神教的なものに向かいやすい傾向を内在させていたということになろうか。

「選択」「一点集中型」は、日本仏教において、鎌倉仏教以前にも存在しなかったわけではない。鎌倉仏教の前史ともなった最澄による「B型的仏教」日本天台宗と同時代に、空海の真言宗が誕生している。最澄ないし、日本天台宗の総合性、融通無碍に対し、空海は中国で青龍《せいりゅう》寺の恵果《けいか》から学んだ密教をもとに真言宗を開き、密教に専念した。空海は鎌倉仏教に先駆けて「A型的仏教」への道を歩んだとも言える（『仏教とはなにか　思想』二一六―七を参考にした）。もっとも最澄、空海の血液型は不明である。

島田裕巳『浄土真宗はなぜ日本でいちばん多いのか』（二〇一二年）によると、日本仏教の各宗派の信徒数は、多い方から以下のようになる。

浄土真宗　一二〇〇万
真言宗　一〇〇〇万超

曹洞宗　七〇六万
浄土宗　六〇二万
日蓮宗　五〇〇万超
天台宗　三一二万
臨済宗　一五〇万弱
法相宗《ほっそう》　五二万

天台は現在も大宗派ではあるが、真言に大差をつけられている。より他力本願に徹したとされる浄土真宗は、その点では妥協的な面を持つとされた浄土宗の倍の信徒を持つ。禅宗系の二大宗派の中では、天台との縁を切らなかった栄西の臨済宗（『仏教とはなにか　思想』二六〇）より、「ただ厳重な禅風を立てた」（『仏教とはなにか　歴史』二四四）道元の曹洞宗の信徒数が圧倒的に多い。鎌倉仏教の「選択」「一点集中」にも程度の差があり、A型大国日本では、より「選択」的で、より「一点集中」的な宗派の方が優勢なのである。道元死後の曹洞宗の変容の問題については、ここでは触れない。

一方で、本章第1節末尾で触れたように、日本人は宗教に関してしばしば無節操とも言われる。日本仏教の一神教的なものを志向するとも言える部分と、この「宗教的無節操さ」の関係については、別途考察する必要があろう。

第八章　ＡＢ型の宗教試論

第1節　絶対的少数派ＡＢ型の歴史

ＡＢＯ式の四つの血液型Ｏ型、Ａ型、Ｂ型、ＡＢ型のうち、ＡＢ型は世界中どこへ行っても分布率あるいは各社会の中でのシェアは最下位である。それも僅差ではない。ＡＢ型はどこへ行っても群を抜いて少ない。日本のＡＢ型分布率は九・九五％ほどで、Ｏ型三〇・〇五％、Ａ型四〇・〇％、Ｂ型二〇・〇％と比べ少ない（日本赤十字社「血液の基礎知識」）が、実は世界的に見ると、これでもＡＢ型の分布率としては非常に高い部類に属する。ＡＢ型は、たとえばイギリスでは三％、アメリカでは三〜四％しかいない。韓国では一一・五％ほどである（韓国赤十字、二〇一四年）。

「ＡＢＯ血液型遺伝子の進化についてはまだ研究の余地が十分にありそうです」（『ＡＢＯ血液型がわかる科学』一六九）。ＡＢＯ式各血液型の発生順や、発生時期については、現段階では確定的なことは言えない。そこで当然、異説もあるが、ＡＢＯ式の四つの血液型は、Ｏ型→Ａ型→Ｂ型→ＡＢ型の順に発生してきたというのが最初期の有力な説である。ラントシュタイナーとその門下によるＡＢＯ式四血液型の発見（一九〇一—〇二年）、ヒルシュフェルトによる人種ごとの血液型分布率の相違の発見（一九一八―一九年）から間もない一九二〇年代に、アメリカ人L・H・スナイダーが唱えている（『「血液型と性格」の社会史（改訂第二版）』二六、五九、七七）。

それはさておき、ここでは、AB型が際立った少数派であるという点から、AB型の性格・行動性について、考えてみたい。私は、現在のAB型は、世界中で絶対的少数派としての刻印を濃厚に帯びていると考えている。

人類最初のAB型たちは、O型、A型、B型という自分たちよりもずっと大きな集団である三グループのただ中に放り込まれた。この言わば原始AB型たちは、他の三グループが、何かにつけ、考え方、行動の仕方を異にすることに気が付いた。そして、自分たちはこれら三グループに対し、これからどう接していくべきかと考えただろう。自分たちの生き方をさぐるため、大げさに言えば命がけで知恵を絞ったに違いない。

現在のAB型たちの、何事にも少し距離を置いた態度、利害や考え方を異にする複数の集団に対してしばしば見せる等距離な態度から逆算しても、原始AB型たちの外交方針は、強大な他の三グループに対する等距離外交であったろう。何しろ、その頃の人類は現在ほど文明化されてはいない。三グループのどれか一つだけに肩入れすれば、それが裏目に出て、どんな悲惨な結果が待っていないとも限らない。AB型には、とにかく、まだO、A、B各型についても、その三者の相互関係についても、ほとんど何もわかっていないのである。

それだけではない。実はAB型には、自分たちが何者なのかもよくわかっていない。自分たちのグループについての内省の蓄積がないからである。ただ、自分たちと他の三集団とはどうも違っているようだ——それだけは、ぼんやりと感じていた。

こうした原始AB型たちのサバイバル戦略は、その後のAB型の歴史にくっきり影を落とした。生き残りをかけた他の三グループへの等距離外交で身に付けたバランス感覚が、現在のAB型たちの何事にも我を忘れて入れ込まない態度、ちょっと距離を置く態度（それは能見が「クール」「ドライ」と呼んだ態度でもある）、複雑な人間関係の中での公平さという特性となった。もしも何らかの事情でAB型が多数派になるような集団が出現したとしたら、そこでのAB型のあり方は、現在とは異なるものになるのかもしれない。

これまでAB型は、世界中のどこでも、常に社会の中で支配的な勢力たり得なかった。語弊があるのを承知で言うが、AB型は人間社会への登場後しばらくは、一種の「隷属状態」を強いられていたのではないか。多くのAB型は流れを起こすよりも、流れに従う、できれば可能な限り自分の望む方へ流れを制御することを選んできた。いかに自分たちの価値観や趣味に抵触していても、社会の仕組みや社会の掟を力ずくで変えようとはしなかった。自分たちにそれだけの力がなかったからである。何しろ絶対的少数派なのだった。

能見は、「頼まれたらいやと言えないAB型」を一つの常套句にしていた。一方で「クール」「ドライ」と表現される部分を持つAB型は、義理だけの、あるいは単に儀礼的なパーティーや集会への出席などには冷淡であることも稀ではないが、それでもじきじきに強く頼まれれば、話は別である。これも先の語弊のある言い方を繰り返せば、「隷属している者」には「主人（他の三つの血液型）」の「命令」は断れない道理となる。AB型の歴史が、現在のAB型のこうした行動性につながっているように見える。

学問、芸術、芸能、スポーツなど、分野を問わず、AB型の一つの特徴は、端的に『深く』より『広く』と表現できる。他の一切を顧みず、一つのテーマ、分野をどこまでも追求していくタイプより、いくつかのものを多角経営的に進めていくタイプが、AB型というグループ全体の特徴として目立つ。著名人でも、青島幸男、石原慎太郎、猪瀬直樹と三代続いたAB型作家＝東京都知事その他、枚挙にいとまがない。こうしたことも、先に述べた原始AB型の外交方針と関わらせて考えることができよう。「一つを深く掘り下げる」という行き方は、原始AB型で言えば、O型、A型、B型のいずれかに深くコミットするという生き方と通じるであろう。原始AB型にとり、それはタブーだった。

AB型が平和主義者かどうかは簡単には言えないが、AB型はとにかく、どろどろした争い、面倒なことは嫌うようだ。自分とは感じ方、価値観の違う他の三グループのどれかとけんかしても、多勢に無勢。三グループ間の争いに巻き込まれても、どれか一つを選ぶ基準がAB型にはない。AB型はこうして、けんかを避ける、場合によってはけんかしている諸集団を第三者として調停するという現在の特徴的なあり方を身に付けていった。

もっとも、AB型の歴史もそれなりの時間を積み重ねてきた。私がここまでに述べてきたような、AB型の「少数派としての刻印」や「隷属の歴史」を抜け出て、社会の中でよりストレートに自己主張するAB型も次第に増えてきた。

さらに、AB型は少なくとも現在の日本社会の中で見る限り、「隷属」どころか、むしろ四つの血液型の中でも、日の当たる場所への進出率は高いように思われる。一つには、ＡＢ型の何事にも距離を置く態度が、しばしば組織の人間関係の調整に力を発揮するからである（これについては能見がしばしば指摘していた）。これは、ＡＢ型の社会への帰属願望の強さとも関連している。日の当たる場所に進出し、社会から評価されれば、自らの社会への帰属を、自分が社会に所を得ていることを強く実感できる。絶対的少数者であるＡＢ型は、社会に受け入れてもらえなければ生きていけない。社会への参加は、ＡＢ型の死活問題である。

この点に関連して思い浮かぶのは、世界の様々な地域で、少数派であり、そのことのハンディを背負っていたために、かえって発奮してむしろ日の当たる場所に大挙進出した諸民族の姿である。欧米のユダヤ人などはその代表的事例であろう。ＡＢＯ式の四つの血液型の共存のあり方については、世界中の各地域での諸民族の共存のあり方から学ぶべき点が少なくない。

長年ＡＢ型について考えてきて、その様々な性格・行動上の特徴が、私の中でいつしかここに描いたような物語に収斂《しゅうれん》した。

第2節　太宰治・寺山修司・平野啓一郎

絶対的少数派ＡＢ型には、自分の心の中をうまくひとに伝えられないと思っている人が少なくないようだ。ただ、たとえば本節で論じる寺山修司は体験的に、誇張したり嘘をまじえてひとつのお話にしたりすれば、他人にも自分の思いを伝えられると知るようになった（『寺山修司・遊戯の人』六四）。こうした発見をしたAB型は寺山に限らない。自分と社会との架け橋として、多くのAB型が「お話」を選んだ。志賀直哉、太宰治、安部公房、寺山修司、遠藤周作、有吉佐和子、山崎豊子、平野啓一郎などの作家たちや、石ノ森章太郎、あだち充などのマンガ家たちなど、優秀なお話作りに、日本人の九・九五％しかいないはずのAB型が、やけに目立つのである。

この節では、三人のAB型作家、すなわち、太宰治、寺山修司、平野啓一郎の人と作品の分析を通して、第1節で論じたAB型の基本気質・行動性の詳細に迫りたい。「AB型の宗教」について考察するための準備作業としてである。なお、本章ではAB型の作家では、遠藤周作も論じるが、こちらは、自他ともに認めたカトリック作家であった。遠藤を論じることは、より直接に「AB型の宗教」を考えることになるため、遠藤については節をあらため、第3節で論じる。

（1）太宰治

太宰夫人津島美知子から太宰の血液型がAB型であると知った能見正比古は、『人間失格』を読み直して衝撃を受けた。「これはAB型気質を、容赦なく描いた科学書である」（『新・血液型人間学』一五八）。そして、『人間失格』を、太宰を見事に分析して見せた。その分析の価値はいまだ損なわれていないが、それは別途、お読みいただくとして、ここでは、私自身の太宰論を試みたい。

本節で論じるAB型の作家たちの中でも、太宰はある意味で「第一子」にあたる。第1節で論じたようなＡＢ型がＡＢＯ式四グループの中の絶対的少数派であるという状況の下、太宰はＯ、Ａ、Ｂの三グループを主流として形成されている社会に、いわば何の防御態勢もないまま、裸で向き合ったのである。自分たちのグループについての内省・考察の蓄積に乏しいＡＢ型に属する太宰には、自らの苦しみをいやし、指針を与える古典が足りなかった（太宰のＡＢ型の先人志賀直哉については、別途考察しなければならないが）。このことは、太宰の負っていた時代的制約であった。太宰の苦闘の産物をＡＢ型の古典として持っていた寺山、平野は、太宰とは違う地点から、スタートすることになる。彼らがそのことを自覚していたかいないかにかかわらずである。

太宰は『人間失格』の主人公葉蔵《ようぞう》に託してこう語る。「自分には、人間の生活というものが、見当つかないのです。…自分ひとり全く変っているような、不安と恐怖に襲われるばかりなのです」（八―一一）。社会に対する言い知れぬ距離感、疎外感に苦しめられていたのである。笑顔を写真に撮らせても、「一から十まで造り物の感じ」（六）という始末。「言い争いも自己弁解も出来ない」（一二）。

葉蔵（太宰）は、人間社会の中で居場所を見つけられない。しかし、「道化」という「人間に対する最後の求愛」を思いつく。「何でもいいから、笑わせておればいいのだ、そうすると、人間たちは、自分が彼らの所謂『生活』の外にいても、あまりそれを気にしないのではないかしら、とにかく、彼等人間たちの目障りになってはいけない」（一三）。彼は、「人間を極度に恐れていながら、それでいて、人間を、どうしても思い切れなかった」（一一―一二）。『人間失格』冒頭は、葉蔵（太宰）の抱えていた生の難題（それはまた全てのＡＢ型が潜在的に抱えていた生の難題でもあった）の本質を鮮やかに語り切っている。
葉蔵と違って、太宰には、「道化」だけではなく、もう一つ、「人間への求愛」の手立てがあった。自分なりの文学世界を創ることである（『ボーダーラインの心の病理』一五四）。ＡＢ型は世界中どこへ行っても圧倒的少数派だから、どうしても疎外感、見捨てられ感を持ちやすい。だからこそ、行為、業績によってこそ、必死に社会とつながろうとする。太宰の選んだ職業は、ＡＢ型が通常は理解されにくい自分を存分に表現できるお話作り、文学の世界であった。
それにしても、太宰にとり、社会は難物であった。社会の主流を成しているＯ、Ａ、Ｂは、ＡＢと違っているだけではなく、実はその三者間でも大きく異なっていた。Ｏ型を立てれば、Ａ型が立たず、Ａ型を立てればＢ型が立たず…というように、最少数派ＡＢ型の人間関係は綱渡り的になりやすい。「桜桃」の印象的な次の一節は、こうした文脈からも読まれるべきかもしれない。

生きるという事は、たいへんな事だ。あちこちから鎖がからまっていて、少しでも動くと、血が噴き出す（『ザ・太宰治』下九〇五）。

『人間失格』に戻ろう。世の多くのＡＢ型は、子供の頃、総じて人見知り傾向を示すものの、長じるにつれ、むしろ人間関係をうまく捌《さば》く力を身に付けていくとは、能見の観察だが、『人間失格』の主人公葉蔵も、そうしたＡＢ型の変身の兆しを見せ始めていた。

自分は、（世間とは個人じゃないか）という、思想めいたものを持つようになったのです。そうして、…自分は、いままでよりは多少、自分の意志で動く事が出来るようになりました。…自分は少しわがままになり、おどおどしなくなりました（『人間失格』八二―八三）。

しかし、変身は完成しなかった。葉蔵は脳病院に入れられた。「人間、失格。もはや、自分は、完全に、人間で無くなりました」（一二一）。葉蔵は、それまでの自分の人生をこう振り返った。「自分がいままで阿鼻叫喚で生きて来た所謂『人間』の世界」（一二二）。太宰は、『人間失格』の全貌の発表を待つことなく、玉川上水で世を去った。

太宰にとり、人生はまさに苦に他ならなかった。仏教では、苦の本質を無常と無我とするが、太宰の場合、無常の問題は目立たない。仏教風に言えば、無我の問題こそ、太宰の苦しみの中心部分だったと言ってよい。既に本書第七章第3節で論じた問題だが、ここでもう一度確認しておけば、仏教で言う無我とは、世界のあらゆるものは、複雑な関係のネットワークの中に組み込まれている、したがって、何者も独立自尊たりえない、世界は自分中心にはできていないという認識であった。そうした世界の中で、太宰は、他者との距離の取り方、あるいは人間関係に苦しみ、もみくしゃになったのだった。多くのAB型が他者との距離感によって自らの言動をコントロールし、むしろ、自分たちを守った（原初的にはO、A、Bの三集団から）のに対し、太宰の場合にはその距離感がひたすら彼を苛んだ（その副産物として彼の多くの作品が残されもしたのだが）。その結果、太宰は自己の同一性に確信が持てなくなっていた。

僕は僕、私は私だ、と自意識にあまりとらわれない人間ならば何の疑問もなく当然とおもえるはずのことを、（太宰は：前川）簡単にいい切ることができない。その迷いや躊躇いが、「僕」という一人称でもっともらしく語る作中の主人公にたいし、それを見ているもう一人の「僕」からの冷やかしや嘲笑となって、鋭く投げつけられる（『桜桃とキリスト』一八）。

太宰は、女たらしで不倫・心中を繰り返し、借金などの不義理は数知れず。芥川賞に落ちては狂乱し、志賀直哉を罵倒したりする。虚言癖もひどかった。悪魔のような男かと思うと、他方、ひどくまじめで誠実でもあった。これほどの矛盾を抱え込んだ生涯はさぞ大変だったことだろう。自己同一性の問題は、寺山、平野に宿題として引き継がれる。

太宰の人生を見ていると、どちらかと言うと、ここに述べた無我のように仏教的言葉を使って語りたくなる。また、仏教の思想はもしそれに親しんでいたら、太宰に何らかの救いをもたらしたかもしれないとも思う。しかし、太宰には仏教への言及は目立たない。むしろ、キリスト教への関心が目を引く。聖書学者塚本虎二に私淑し、強い影響を受けているし（一七七）、新訳聖書のマルタとマリアのエピソードをモチーフにした作品「律子と貞子」や、ユダを扱った作品「駆込み訴え」などキリスト教関連の多くの作品がある。長部によると、精神病院に入れられた際、太宰は聖書に救いを求めて少しずつ立ち直っていった（一七四）。

『如是我聞』には、こんな言葉もある。「私の苦悩の殆ど全部は、あのイエスといふ人の、『己れを愛するがごとく、汝の隣人を愛せ』といふ難題ひとつにかかってゐると言ってもいいのである」(『桜桃とキリスト』二二〇)。実は『人間失格』にもキリスト教的モチーフはしばしば顔を出す。「自分は神にさえ、おびえていました。神の愛は信ぜられず、神の罰だけを信じているのでした。…地獄は信ぜられても、天国の存在は、どうしても信ぜられなかったのです」(『人間失格』七九)など。太宰は極めてまじめに主体的に、聖書を読んでいた。聖書と格闘していた。

『人間失格』のラスト近くの脳病院での葉蔵の最後の悟りめいた独白をどう受け止めるべきだろうか。「ただ、一さいは過ぎて行きます。…所謂『人間』の世界に於いて、たった一つ、真理らしく思われたのは、それだけでした」(一二二―三)。これを読むと、私にはやはり「無常」という仏教の言葉が浮かんでくるのだが。

太宰はAB型の中でもとびきり感受性が強く、少なからず病的でもあった。太宰からただちにAB型全体について断定的なことを語るのは妥当ではない。ただし、病的だからこそ、かえってAB型のある側面をより鮮やかに示すということもあろう。

(2) 寺山修司

寺山修司もAB型として、太宰と同様の問題を抱えていた。寺山の場合、それは特に自己の同一性の問題への突き詰めた問いとして現れた。それと関連して、寺山の独特の方法論が生まれた。すなわち、引用、コラージュ、モンタージュ、換骨奪胎、パロディーなど、今風に言えば、リミックスの手法である。寺山にはもう一つ、現実の解体、あるいは、現実なるものからの価値剝奪とでも言うべき態度が見られた。それを、「現実より虚構を優位に置く態度」と言い換えることもできよう。

これらは全て既に太宰の中にも見られたものだった。当時、そういう言葉はまだなかったが、太宰はリミックスの手法（パロディー、コラージュ、引用など）の名手として有名だった。太宰の現実あるいは「世間」からの価値剝奪については長部日出雄がこう書いている。「世間の偽善的な常識よりも、主観の真実こそ…という蟷螂の斧にも似た価値の逆転劇を、作品のなかだけでも実現させようとした」（『桜桃とキリスト』一六〇）。ただし、太宰は、寺山とは異なり、それを前面に押し出すことはなかった。

自己の同一性の問題に関しては、太宰と寺山はかなり立場を異にしていたように思う。端的に言えば、両者ともに自らの自己同一性に疑問を持ちながら、太宰が自らの自己同一性に確信を持てずに苦しんだのに対し、寺山の場合には、むしろ自己同一性の欠如に居直っている。

それぞれ、もう少し詳しく見ていこう。まずは、リミックス。寺山は自作の俳句を短歌にアレンジしたり、中村草田男《くさたお》や、西東三鬼《さいとうさんき》の俳句から短歌を作ったりして「模倣」「盗作」と批判された（『寺山修司　過激なる疾走』五八―六〇）。しかし、彼は動じない。寺山の古い友人は言う。「彼は他人の言葉を使っても自分の作の方が上ならそれでいいという考えでした」（六一）。『寺山修司・遊戯の人』の著者杉山正樹はこう語る。

既発表の作品はすべて、詞句であれ映像であれ方法であれ、人類によって共有されるものだ。

引用して転化することで、原典が持っていたオリジナリティをさらに増幅し昇華できる。そこに自分の独創が働くのだというのが、彼の揺るがぬ信念となったのでした（『寺山修司・遊戯の人』二四七）。

寺山にあっては「一個の完結した自己の世界をありのままに提示するだけでは説得力がなく、さまざまな既成の作品を引用したりコラージュしたりするコラボレーションのような方法が…むしろ新しい価値観を生み出すものと見なされる」（一一一）。寺山は、引用行為はあらゆる芸術の根本にあると主張しつづけた（一七九）。彼の主要作品のタイトルさえ、ほとんど既存の他者作品の引用・潤色だった（二四三）。

杉山は、寺山のこうした独特の創作活動を以下のように表現する。

ほとんど寺山修司のどの作品にも原典が存在するといっても過言ではない。斬れば作者の生身の血が出る渾身の作、というきわめて日本的な褒め言葉がありますが、かれの場合は、どこを斬っても他人の台詞や文章や映像があふれ出てきます。旧世代の藝術家たちにとって、もっとも重要視されるオリジナリティとか、たったひとりの個性としての藝術表現とかいうものと、寺山修司の創作方法は本質的に背馳しているのです（二四三—四）。

寺山はおそらく意識していなかったろうが、彼のこうした創作スタイルには、第1節で述べたAB型の歴史が息づいている。世界の主流をなすのは、AB型よりずっと多いO、A、Bの三グループである。人間界にはこの三グループによって生み出された「言葉」その他があふれかえっている。こうした人間界でやっていくために、少数派AB型は、それらの既存の材料を用いることを覚えた。しかも、O、A、Bの全てと等距離外交を行うことを余儀なくされたAB型は、どれか特定のグループに専一的にコミットすることはできなかった。AB型は、O、A、Bのそれぞれが主張するような「唯一の物語」など存在しないことを見てしまっていた。そんなAB型に適合的な方法として登場したのが、今で言えばリミックスの手法なのであった。

O、A、Bはそれぞれ独り立ちしているのに、ABは常に強大な他の三グループを与件として自らを定立しなければならなかった。O、A、Bという「大きな物語」に向き合ったAB型は、それらのコラージュをやることになった。AB型はいわば最初から「ポスト・モダーン」状況にあったとも言えよう。AB型のそうした特性が、寺山にあっては極限まで発揮された。

次に「現実」あるいは世間からの価値剝奪。杉山は言う。「若いころから寺山には、現実とか日常生活に対して、たかをくっているところがあった。『だから、現実って何なんだよ』という態度で、生活よりも虚構を重んじ、現実よりも想像力を尊重していた」(二六四)。寺山は「現実は死んだ、幻想ばんざい」というタイトルの文章も残している(『寺山修司　過激なる疾走』一六八)。

「現実逃避どころか、現実の全否定。それを逆手にとって現実世界と言葉の世界を逆転しようとする行為が、寺山独特の多様な作品世界を生み出した」(『寺山修司・遊戯の人』七八)。谷川俊太郎は、

「言葉で世界を変えることができると寺山は本気で思っているのだ」と直観したという（同）。事実寺山は、三島由紀夫との対談で、「ぼくは『言葉にすれば何でも自分のものになる』と長い間思ってたのです」（『寺山修司　過激なる疾走』一七二）と発言している。

寺山は、「実際に起こらなかったことも歴史のうちである」（『寺山修司・遊戯の人』二二五）とか、「どうせ、人生には自然のままでいいものなんて一つもありゃしないんだよ」（二〇五）という挑発的な言葉を吐いた。寺山の創作活動は、「こうありたいと望む別世界を構築して、その虚構世界で自由に想像力の翼を羽ばたかせるところに主眼があった」（二四六）。

寺山の「レミング」という演劇では、主人公は何とアパートの四畳半の部屋の畳の下に母親を飼っている。母親はその畳の下で田を耕していて、時々、上に出てくる。寺山はマンガ「あしたのジョー」が大人気だった頃、その登場人物の一人力石徹が死ぬや、各界に呼びかけてその葬儀を執り行うという人を食ったパフォーマンスもやってのけた。

AB型にとって、現実とは何か。また、虚構、幻想とは何なのか。

AB型がこの世界に登場した時、世界にはそれぞれAB型よりずっと多いO、A、Bが合作して作り上げている現実、約束事、感性があった。AB型にはそれは必ずしもしっくりこなかった。そして、気付いてしまった。それらの現実、約束事、感性が、実は一つの「作品」であるにすぎないことを。言い換えれば「幻想」とさえ呼びうることを。しかし、表面的にはそれらを受け入れるしかなかった。

AB型には、もともと「現実」と「幻想」の間に決定的な差はなかったのかもしれない。A

B型が自分の感性を表現すると、他の三型にとってはとても異質で、幻想的と見えたかもしれない。そして、AB型は、他の三型によって作り出されたもの、あるいは「現実」には心の中で距離を置いた。自らの感性は尊重した。

寺山による「現実」からの価値剝奪、虚構・幻想・観念の優位にもやはり、AB型の歴史が濃厚に反映している。寺山には、現実からの価値剝奪と関連して、常に既成の秩序への反発、体制派に対する侮蔑と警戒心があった（『寺山修司　過激なる疾走』八七、九七）。これも、「少数民族」として「隷属的地位」を余儀なくされてきたAB型の怨念の発露とは言えまいか。社会に、O、A、Bからなる「人間」に、常におびえつつも、太宰にも「生来の反抗性」があった（『桜桃とキリスト』三〇六）。遠藤周作が「事実と真実」を区別し、後者を重んじた（『遠藤周作』二〇）のも、AB型の声がまともに反映されていない「事実」には価値がないという主張にも見える。

最後に太宰との違いが目立つ自己同一性の問題。杉山は言う。「寺山には〈私〉という主体に対する根本的な疑いがあって、主体とは何かをたえず追求し、それを解体する方向へむかうのである」（『寺山修司・遊戯の人』二二四）。そして、そうした探求の結果、「ほんとうの自分なんかありはしない。いくつもの他人の言葉や遺伝子や情報の集合体でしかなく、仮面をつけて自分を演じつづけているだけなのだ」と断言する（三二六）。

既に見たようにこうした自己認識に近いものを太宰もまた持っていた。太宰の場合にはその自己認識に生涯苦しむのだが、寺山はむしろ、「自己」「私」の解体を積極的に押し進めた。寺山は、太宰にも見られた引用、コラージュ、換骨脱胎などの技法を極限まで駆使し、そうした仕方で、一個の「私」として完結するのではなく、開かれた「関係」そのものになろうとして成功した（七〇）。こうした彼のスタイルが、彼の劇団「天井桟敷」で活かされた。「後年、寺山修司複数説がまかり通るほど、寺山はもはや個人ではなく、自分の意図を若い才能に伝える〈関係〉そのものとなり、多くの発想を組織して共同制作をしたのだ」（二一四）。あるいは、「さまざまなスタッフがいて、その総体が寺山修司だったのだ」（『寺山修司　過激なる疾走』二一三）。

AB型は、引用、コラージュなど、リミックスの手法を駆使するだけではなく、人間を集め、組み合わせ、組織して何かをすることにも長けている。つまり、プロデューサーの才能を持つ人が目立つ。寺山にはこうしたプロデューサー的才能も顕著だった。

（3）平野啓一郎

本節でとりあげるAB型作家の三人目は平野啓一郎である。太宰治、寺山修司とは異なり、私はまだ、平野の最も主要な領域、つまり小説作品を読んだことがない。ここでとりあげるのは、平野の人間論あるいは人生論とも言うべき一冊の新書、すなわち、『私とは何か』（講談社現代新書、二〇一二年）である。

私がこの作品に注目したのは、この作品のサブタイトル「『個人』から『分人』へ」の中の「分人」という言葉に目が止まったからである。太宰、寺山を通して気になっていたAB型におけるアイデンティティ、すなわち自己同一性の問題が、この「分人」という概念を通して組織的に語られているのではないかと予想したのである。

予想は的中した。本書はＡＢ型作家平野啓一郎によるＡＢ型性の肯定、ＡＢ型性の自己主張とでも言うべき内容を持っている。もっとも、平野はおそらく、「ＡＢ型」を特に意識してこの本を書き、「分人」という新たな人間論・人生論を提示したのではないだろう。もっと広く、人間全体をターゲットとして、ここでの議論を展開したのだと思われる。しかし、あにはからんや、ここでの議論には彼のＡＢ型性が濃厚ににじみ出ている。少なくとも私にはそう見える。そこで、本節で太宰・寺山・平野と続くＡＢ型作家の一つの系列の中に位置付けて本書の内容を検討することにした。本書はＡＢ型について考える上で現在のところ、最重要文献の一つだと私は思っている。

では、『私とは何か』で平野が提示する分人とはいかなるものか。

平野は、日々の様々な体験の中で、「『本当の自分』とは何か」という問いについて考えさせられることが多かった。そして、こういう結論に至った。

私は仕事相手とは真剣に込み入った話をするし、時には厳しい態度にもなるが、実家の高齢の祖母と話す時には、口調も表情も性格も全く違う自分になっている。別にそれは、祖母向けのキャラをあえて拵えているわけではない。自然とそうなっている。尊敬する作家と喋っている時の私は、家で子供をあやしている時の私とは別人のようだが、私はその原因となっている緊張やくつろぎを自分ではコントロール出来ない。否応なくそうなってしまう。そして、それらは、私の中に常に複数同居している自分としか考えようがない（三〇）。

平野はこうして、「分人」概念にたどり着いた。

分人とは、対人関係ごとの様々な自分のことである。…それらは、必ずしも同じではない。…一人の人間は、複数の分人のネットワークであり、そこには「本当の自分」という中心はない。…その人らしさ（個性）というものは…複数の分人の構成比率によって決定される。…個性とは…他者の存在なしには、決して生じないものである（七―八）。

平野は、西洋近代に生まれ、明治時代に日本に輸入された「個人」概念への違和感・批判から、「分人」という考え方にたどりついた。「個人」概念が人間存在が分割不可能の肉体的・精神的統一体であるとしたのに対し、平野は、人間は、肉体的にはともかく、精神的には決して分割不可能ではなく、いくつかの独立の人格の集合体であるとしたのである。

平野は言う。「分人はすべて、『本当の自分』である」（三八）。「首尾一貫した、『ブレない』本来の自己などというものは存在しない」（六二）。

分人概念は、概略、以上のようなものだが、補足しておくべきことがある。まず、それが、対人関係を非常に重視した考え方であるということである。「分人とは、対人関係ごとの様々な自分のことである」。対人関係は、誰の場合にもほぼ間違いなく、刻々と変化していく。そして、「誰とどうつきあっているかで、あなたの中の分人の構成比率は変化する。その総体が、あなたの個性となる。十年前のあなたと、今のあなたが違うとすれば、それは、つきあう人が変わり、読む本や住む場所が変わり、分人の構成比率が変化したからである。…個性とは、決して生まれつきの、生涯不変のものではない」（八九）。

「私とは何か」と考える時、こうした「複数の分人のネットワーク」としてのとらえ方に違和感を持つ向きも少なくないであろう。しかし、平野はそれを積極的に受け入れることを推奨し、そうしたとらえ方の利点を挙げていく。そして、従来の「個人」概念を批判する。

学校でいじめられている人は、自分が本質的にいじめられる人間だなどと考える必要はない。それはあくまで、いじめる人間との関係の問題だ。放課後、サッカーチームで練習したり、自宅で両親と過ごしたりしている時には、快活で、楽しい自分になれると感じるなら、その分人こそを足場として、生きる道を考えるべきである。貴重な資産を分散投資して、リスクヘッジするように、私たちは、自分という人間を、複数の分人の同時進行のプロジェクトのように考えるべきだ。…学校での自分と放課後の自分とは別の分人だと区別できるだけで、どれほど気が楽になるだろう？…「人格は一つしかない」、「本当の自分はただ一つ」という考え方は、人に不毛な苦しみを強いるものである（九四―九五）。

私たちは、日常生活の中で、複数の分人を生きているからこそ、精神のバランスを保っている。…人間は、たった一度しかない人生の中で、出来ればいろんな自分を生きたい。対人関係を通じて、様々に変化し得る自分をエンジョイしたい。いつも同じ自分に監禁されているというのは、大きなストレスである（一一五―六）。

「分人」の効用は、社会の融和にもあると平野は考える。

コミュニティ同士が融合し合うことは、常に非常に困難である。なぜなら、その必然もないし、互いに関心もないからだ。もし一人の人間が、分割不可能であるなら、帰属できるコミュニティは一つだけとなる。それが彼のアイデンティティだ。しかし、私たちは同時に、たった一つのコミュニティに拘束されることを不自由に感じる。…今日、コミュニティの問題で重要なのは、複数のコミュニティへの多重参加である。そして、それを可能とするためには、分人という単位を導入するしかない。…むしろまったく矛盾するコミュニティに参加することこそが、今日では重要なのだ。…私たちは、一人一人の内部を通じて、対立するコミュニティに融和をもたらし得るのかもしれない（一七一―七三）。

第1節で、ＡＢ型は、絶対的少数派であるという力関係から、Ｏ、Ａ、Ｂへの等距離外交を強いられ、そのこととも関係して、「『深く』より『広く』」、「多角経営型」という特徴を持つことを指摘しておいた。多角経営型であることで、ＡＢ型は、しばしば、自分の中に複数の世界を持つ。そして、それらを分けておく。簡単には融合させない。

ＡＢ型著名人の中からそうした例をひろってみると――石ノ森章太郎は、「人生と仕事を分け」

(『絆』一八二)、羽生善治は、「将棋における人生と、日常生活での人生とをドライに割り切っていく」(『人生、惚《ほ》れてこそ』二〇九)、米長邦雄は、仕事・家庭・遊びの三つがうまく行く必要があり、それらのバランスをとると言う(『人間における勝負の研究』二二七)。遠藤周作は、生き方のチャンネルを多くし、生き方、思想の動脈硬化を避けるため、「狐狸庵」という第二人格(分人?)を創出した(『河合隼雄全対話V』二〇二)。山口洋子は作詞家とバーのマダム、自らの昼と夜の仕事を混同されることを最も嫌った。「私は夜の職場で作詞の打ちあわせをしたことは、一度もない。…夜の知りあいは、昼間の知人ではないのだ」(『演歌の虫』一七一)。

AB型立川談志には、こんな発言がある。

芸術だけじゃないし、一つだけに帰属するわけじゃない、家族に帰属したり、ジャイアンツに帰属したり、子供の教育に帰属したり、呑み仲間に帰属したり、フランス語講座に帰属したりするんです。…人間は自分を安定させるためにいろんなところに帰属するし、他人を見る時も、どこかに帰属させることで安心します(『人生、成り行き』一八五)。

談志は、外での活動は、妻には一切関係なくやってきたと言うが、その理由は、「自分の世界に引きずり込んじゃいけないと思って」(九一)だった。

彼らは、平野風に言えば、皆、自分の中に複数の分人を持っていたということになろう。たとえばO型にとり、自分が所属する集団・組織は、しばしばその人にとっての目的そのものとなるが、AB型の場合、集団・組織は、あくまでも手段である。

平野の分人論は興味深いが、平野のAB型性を濃厚に反映している。それが、対人関係を非常に重視した概念である点も非常にAB型的であると見える。「分人」が切実な問題となる度合いは、AB型とその他の三グループでは少なからず異なっているのではないか。

ただし、AB型なら皆、「分人」をめぐって平野に賛同するのかというと、そうとも言い切れない。太宰治のケースがそれである。もっともそれもさらに、太宰が「分人」という考え方を知っていたらどうだったかと考えてみることもできる。

平野の「分人」論の一つの問題点は、「個人」と「分人」という二つの概念について、平野が、一方的に後者の優位を語っていること、あるいは、平野が「分人」概念の肯定面のみを語っていることである。「個人」と「分人」の長短を腑分けして語るということはなされていない。それはそのまま実質的に、AB型に特殊なあり方を優位であると宣言することにもなっている。

平野は「分人はすべて、『本当の自分』である」とし、「私」がいくつかに分かれていると認めることはいいことだと主張することで終わっている。ある「私」の中のある分人と別の分人との相克は語られていない。人間の心を互いに矛盾・相克する諸要素のせめぎあいからなるあやうい構築物としてとらえることはなされていない。この点で人間観がいま一つダイナミックなものとなり切れていないのではないか。

実は、平野の「分人」と関わる考え方が、一世紀も前にマックス・ヴェーバーによって提示されていた。「神々の争い」という標語によって。それは、一人の人間が社会の様々な領域と同時に関わらざるをえないことによって生じる内的葛藤について語ったものであった。それは西洋近代における一神教の「神の死」（ニーチェ）を受けてあからさまになった事態であった（『職業としての学問』五三―六七）。ヴェーバーの議論と比べてみる時、平野の諸分人が互いに「争っていない」点は印象的である。そのことで平野の議論にはヴェーバーや、「矛盾をはらんだものとして人間を考えていく」（『河合隼雄全対話V』一五五）河合隼雄の思索にあった緊張感がない。

また、平野の「分人」のネットワークとしての「私」には、変化は語られても、進歩、成長、深化といったものが必ずしも見えてこない。

「分人」のネットワークとしてしか「私」が存在しえないという認識、あるいは予感は、従来、多くの人々にとって苦痛であったはずである。平野はそこに思い切った解釈替えを持ち込み、それを積極的なものとして提示した。卓見であると感心するとともに、どこかで、観念の操作によってこれほど簡単に人間を苦悩から解放していいものかとも思う。

また、平野は分人概念に依拠して「まったく矛盾するコミュニティに参加することこそが、今日では重要なのだ。…私たちは、一人一人の内部を通じて、対立するコミュニティに融和をもたらし得るのかもしれない」とするが、「対立するものを融和させる」ことは果たして絶対的な善なのだろうか。もちろんそこに肯定的側面があることは否定しないが、それだけだろうか。そうした試みはまた、二股膏薬《ふたまたごうやく》に終わる危険も孕んではいまいか。

ここで、異なる、場合によっては対立する諸集団ないし諸原理に対し、AB型がしばしば「パイプ役」、すなわち仲介者的機能を果たすという能見の発言を想起しておこう。ときとして「八方美人」という批判も起こるとの付言とともに。平野の「分人」は「パイプ役としてのAB型」的あり方を全人類に推奨するという意味も持っている。

宗教との関連で、平野の議論に注目すると、「個人」概念がキリスト教と関連するとの指摘が目を引く。「人間が『(分割不可能な)個人』だという発想は、そもそもは一神教に由来するものである。一なる神と向かい合うのは、一なる人間でなければならない」(『私とは何か』四九)。そもそも平野のデビュー作『日蝕』は、キリスト教的モチーフを持っていた(四九)。

これに対し、「分人」というとらえ方にはどこか仏教的な色彩がある。『私とは何か』へのamazonのレヴューにも、こうしたコメントが少なからずある。たとえば、

「一人の人間は、複数の分人のネットワークであり、そこには『本当の自分』という中心はない…」という観点は、すべての存在は縁によって生じ滅するが、不変の実体的存在というものは無いという仏教思想にも似たところがある。

二〇一三年十一月四日の「魚四庵」の投稿である。「分人と仏教」という論点には注目しておくべきだろう。平野自身のそのことについての発言は、特に見当たらないのだが。

最後に。平野の「分人」論には能見のAB型論と多くの重なりが見える。能見がAB型について語ったことを平野が人間一般の問題として論じ直したとさえ思えるほどだ。もっとも平野には能見への言及はないし、平野は血液型人間学には距離を置いてもいるようだ。平野が能見を読

んでいるかどうかについては、今のところ、確認できていない。

もう一つ。前項で検討した寺山修司を念頭に置くと、『私とは何か』に寺山への言及が一切ないのが不思議である。あるいは不自然である。杉山正樹『寺山修司・遊戯の人』など、本書のネタ本ではないかとさえ思われるのだが。

ともあれ、平野は太宰、寺山よりもＡＢ型の精神構造を明快に、論理的に語った。

第3節　ＡＢ型と世界宗教——遠藤周作

本章のテーマは「ＡＢ型の宗教」だが、ＡＢ型の場合、Ｏ型、Ａ型、Ｂ型と宗教の関わりを語るのとはちょっと事情が異なる。それは、第1節で確認したように、ＡＢ型が世界中のどこでも絶対的最少数派であるからである。ＡＢ型の諸宗教への貢献は明確には見えて来にくい。

ＡＢ型の世界観・感性を軸とした大宗教は成立しにくいのかもしれない。たとえば、日本の新宗教教団クラスの宗教ならＡＢ型を軸として成立可能だし、事実、次節で取り上げるＡＢ型谷口雅春《まさはる》を教祖（総裁）にした生長の家などの例があるが、一つの文化全体を支配するような宗教が、ＡＢ型を中心に成立する可能性となるとどうだろうか。

しかし他の大集団Ｏ型、Ａ型、Ｂ型との付き合い方を模索したＡＢ型は、主としてそれら三集団によって生み出された大宗教との関わり方は模索したろう。

遠藤周作、志賀直哉、太宰治、寺山修司、平野啓一郎。ＡＢ型の作家たちには、キリスト教に引かれた、あるいはキリスト教と格闘した人々が少なくない。中でも、遠藤周作は別格である。そこで、本節では、ＡＢ型の世界宗教との関わりの事例として、遠藤周作の生涯と作品をとりあげる。

自分の同族（ＡＢ型）がほとんどその成立に貢献していないキリスト教及び聖書と、遠藤はどう関わったのか。そこからどういう指針を得たのか。

遠藤はカトリックとして洗礼を受け、カトリックのまま死を迎えたが、その信仰は自ら選び取ったものではなかった。先に入信していた母に勧められるまま、十二歳の時、洗礼を受けた。深い考えや覚悟があってのことではなかった。しかし、二十七歳からのフランス留学体験中、カトリックが普遍的な思想であるとの予想に反し、それが極めて西欧的な思想であると発見したこと（『遠藤周作』一〇五）などによって、次第に「キリスト教は私にとって母から着せられた体に合わない洋服」（三二）であるという違和感が強まり、生涯消えることはなかった。

しかし、遠藤はキリスト教を捨てることはなかった。むしろ、生涯をかけてそれと格闘する道を選んだ。「私はこの洋服（キリスト教:前川）を自分に合わせる和服にしようと思ったのである」（八六）。こうして遠藤は本当のところ、西洋人にしかわからないイエスではなく、日本人にも親しめるイエスのイメージ、「私のイエス」とも呼ぶべきイメージを探求し続けた（『イエス・キリスト』四二四）。

遠藤の自らの人生をかけたキリスト教へのこうした主体的信仰のあり方と、作家としての人間への探求心が、キリスト教、聖書についての大胆で踏み込んだ解釈をもたらしたのが、『イエスの生涯』（一九七三年）と『キリストの誕生』（一九七八年）であった（両著は一九八三年に『イエス・キリスト』として合本）。中でも、イエス亡き後、一旦は散り散りになった弟子たちが、次第に使徒としての使命感に目覚め、キリスト教布教に取り組んだ経緯をたどった『キリストの誕生』は、遠藤版「使徒行伝」とも言えるもので、多くの刺激的解釈・仮説に満ちている。

原始キリスト教団の最初の出発点はイエスを見捨て裏切ったことの悲しみからすべて始まるのである。それはまた裏切った弟子たちを憎むどころか、なお必死に愛そうとした母親のようなイエスのイメージから生れていったのだ。裏切った子と愛してくれた母との関係。そこから人間のすべての罪を背負うイエスのイメージが生じた。そして人間のその弱さ、哀しさを理解してくれる同伴者イエスのイメージができた。その同伴者イエスがふたたび自分たちのそばに来てくれるという信念が発生した（『イエス・キリスト』二五七）。

遠藤の見るところ、イエスの弟子たちは、自分たちの保身のために師イエスを裏切った。しかしイエスはそんな彼らを許し、神に取りなしさえした。弟子たちは驚愕した。彼らの間にイエスについての新しい理解が生まれた。彼らの中にイエスはいわば「復活」した。遠藤は、キリスト教の根幹を成すイエス復活の信仰の本質的な意味の一つは、この弟子たちによるイエス再発見であったとした。

母親的イエス、同伴者イエスという自らの母との関係も反映させた極めて日本的あるいは異端的イエス・イメージがここに提示された。こうしたイエス・イメージは遠藤の代表作の一つ『沈黙』（一九六六年）において既に提示されていたものでもあった。

『キリストの誕生』で論じられる群像の中でも、とりわけ遠藤が注目しているかに見えるのが使徒パウロである。実は遠藤の洗礼名はパウロ（ポール）。そうした親しみもあったのかもしれないが、後にペテロと並ぶ、あるいはペテロを凌ぎさえする大使徒とされたパウロが、当初、原始キリスト教において、異端的な立場にあると目されていたことへの親近感という要因が大きかったのではなかろうか。遠藤自身、あくまで日本人としての感性・アイデンティティを大事にしたままカトリックであろうとした異端のキリスト教徒だった。

キリスト教は当初、ユダヤ人たちの間に広がった。イエスの直弟子たちは、イエスの死後もイエスを「ユダヤ教の枠内」でとらえようとした（三二四）。これに対し、異邦人伝道の最大の立役者パウロは、ユダヤ教の枠を超え、キリスト教を世界宗教へ高めようとした。異邦人問題をめぐり、古参の直弟子たちとパウロは対立し、当初少数派であったパウロは異端扱いされた

もともとキリスト教迫害者だったパウロは、改宗後、人一倍の激しさでキリスト教の確立・布教に打ち込んだ。遠藤はパウロの中に「激しい信仰心の中にも倨傲な性格を持った」人物（三二〇）を見ていた。遠藤のもう一つの代表作『侍』には、イエスよりむしろパウロへの思いの方が強いかにも見える宣教師（ベラスコ）が登場する。

遠藤は自他ともに認めるキリスト教作家として「キリスト教と日本」について考え続けた。

しかし彼のカトリックとしては異端的な言動は、しばしば、一般のカトリックから批判された。たとえば、「『イエスの生涯』…が一部のキリスト教信者の顰蹙をかい、批判をうけたのは、私がイエスの現世的な人間像を『無力なる人』として書いたため…また…イエスの奇蹟物語を愛の行為や復活の意味よりは重視しなかったためでもあろう」(二〇七)。

遠藤最後の長編『深い河』は、やはりキリスト教に関わる主要登場人物が登場するものの、同時にそこに輪廻転生の思想が絡んでくる。これは、仏教、ヒンドゥー教など、インド生まれの諸宗教の主要教義であったため、やはり教会関係者の反発を買ったが、「キリスト教徒が転生を考えて何が悪い、という開き直り」を遠藤は持っていた(『遠藤周作』二三五)。遠藤にしてみれば、心の深層に仏教的世界観が息づいている一日本人としてカトリックの生を歩む者に、輪廻転生の問題が浮上するのは「当然」だということだったろうか。

しかし、その作品の中では、異端的な考察、発言を恐れなかったものの、実生活は違っていたらしい。加藤宗哉は言う。「実際の周作は…疑いを持たない子供のような信仰を願った。…まるごと受け入れ、そのまま信ずる、という信仰への願望」(二〇六)。

とは言え、遠藤はなかなか信仰に安住できなかった。『沈黙』発表の五年前、一九六一年に遠藤は三度に及ぶ肺の手術を余儀なくされるが、その闘病生活中の一夜についてこう語っている。

一番イヤだったのはある夜、私は神は本当は存在していないのではないかという不安に捉われた時だった。二千年のあいだ、神がいるものと信じてそのために生きてきた人間が無数にいる。一生をそのために捧げてきた人も無数にいる。しかしもし神などは人間がつくりだした架空の幻影だったとするならば、それらの人間はなんとコッケイな喜劇の主人公であったことだろう。（もしそうなら：前川）私自身だって…三十数年を無駄にしてしまったのだ（一四八）。

問題作『スキャンダル』執筆時期のノートに、興味深い一節がある。

私の祈り　主よ、母があなたを信じましたので、私も母に賭けます。兄があなたを信じようとして死んだのですから、私も兄に見ならいます。…井上洋治（カトリックの司祭：前川）があなたのため生きたのですから私は井上に賭けます。私を愛してくれた人々は常にあなたを信じている人でした。だからあなたぬきで私の人生はなかったといえます。私に力をかしてください（二〇六）。

遠藤のこの一風変わった信仰告白には、ＡＢ型の「みんなで」主義がよく表現されている。ＡＢ型の場合、第１節で論じたように、Ｏ、Ａ、Ｂという他の大集団の中に絶対的少数派として投げ出されたため、言わば常に、Ｏ、Ａ、Ｂという三人の神に等距離であることを強いられた。ここからＡＢ型は自然と多神教的心性を持ちやすかったと推測される。遠藤のカトリックとしての生は、その意味で、「日本人」「ＡＢ型」という二つの難題を抱えたかなり無理を重ねたものだったのかもしれない。

自分が日本人であることと、カトリックであることをどちらもつきつめて考えない信者には、あるいは遠藤のそれのような重荷はなかったのかもしれないが、人間の探求者遠藤には、それはできない相談だったろう。他方、遠藤が、キリスト教と日本の間で、「パイプ役」を務めていたという側面も見落とすべきではないだろう。

遠藤が、自らがＡＢ型であることをキリスト教信仰との関係で考えたという形跡は、今のところ確認できない。

第４節　ＡＢ型と新宗教——谷口雅春と生長の家

既に述べたように、現在のところ、世界宗教の誕生へのＡＢ型の関与は命題化しにくいが、また、今後、ＡＢ型発の世界宗教は容易に展望できないが、新宗教となると事情が異なる。その教祖たちの中にＡＢ型判明者がいるからである。

と言っても私が現在把握しているのは二人である。すなわち、生長の家の谷口雅春と辯天《べんてん》宗の大森智辯。谷口については、「本流対策室４」というサイトの六八八に「志恩」という投稿者が、二〇一二年十一月一日にこう書き込んでいる。

雅春先生は…血液型がＡＢ型のせいもおありだったのか、間違ったことに対しては潔癖であり、男の中の男でもあられましたよ。

これ以前に、ある宗教学者からも谷口がAB型であることを聞いていた。大森智辯については、依頼され智辯の伝記をまとめたことのある能見正比古が、そのAB型性について簡単に触れている（『新・血液型人間学』三三八）。ここでは、二人のうち、より大規模な教団を生み出した谷口雅春について、考察したい。

谷口はもと作家志望で、早稲田大学英文科出身。若き日に大本教《おおもと》に入団し、文才を買われ、機関誌の編集などを任された。しかし、教祖出口なおの御筆先（予言）をめぐる教団のトリックなどによって次第に大本への不信感をつのらせ、なおの最大の予言（最後の審判の日）も外れたため、退団した。その後、アメリカのニューソートの思想家ホルムスの強い影響を受け、一九三〇年三月に個人雑誌『生長の家』を創刊する。この雑誌の熱心な読者を中核として、やがて生長の家は教団化する。

大新聞各紙に莫大な広告料を投じて主著『生命の実相』の巨大広告を載せるなどのメディア戦略もあり、教勢は拡大した。第二次大戦中の天皇信仰、軍国主義の言動により、戦後、一時公職追放となるが、それが解除されると、居直ったかのように再び天皇崇拝、国家主義を強調し、戦前よりもむしろ右傾化を強めた。これにより戦後民主主義に違和感を持つ人々を吸引し、生長の家は信徒数百万人を超えるともされた大教団となった。しかしその後、昭和天皇の死、ベルリンの壁崩壊などの内外の変動に、教団は次第にかつての吸引力を失い、衰退の過程に入った。現在、信徒数は七〇万人ほどである（『現代にっぽん新宗教百科』九九）。

谷口は、インテリで、しかも英文科出身という変わり種の教祖だった。彼は日本の多くの新宗教に見られるような神がかりを中心とする教祖ではなかった（『新宗教の世界V』六二）。教祖と言っても彼は自分を「教祖」と呼ぶことを最初から大変嫌い、教祖は神（住吉大神）であり、自分はその教えのラッパに過ぎないと繰り返し、「総裁」を名乗った（『谷口雅春とその時代』二一二）。谷口は理屈っぽい人だったようだ。

雑誌『生長の家』は当初、こうした谷口の哲学的思索を伝えるものだったが、同誌を読んで病気が治ったという評判が広まり、谷口もそれを積極的に肯定するようになって、生長の家は次第に現世利益を強調する大衆宗教の性格を強めていった（『現代にっぽん新宗教百科』一〇六）。

ニューソートは一切を心の所現とする「楽天的な宗教的観念論の現代版」（『谷口雅春とその時代』一九三）とされる。すなわち心に思い浮かべたことはそのまま現実化するとし、積極思想、積極的な生活を説いた。谷口は具体的にはホルムスの、人間の「不健康な思考」が病気を生み出すとする言葉に注目し、それをきっかけにニューソートの思想をわがものとしていった。キリスト教、仏教、神道、大本など、多くの宗教思想を遍歴し取り入れた谷口だが、ニューソートの影響は画期的だった。『生長の家五十年史』は、谷口がホルムスによって、それまで「実際生活に応用出来るとは思っておられなかった」唯心論の実際生活上の力を知ったとする（二〇六）。「物質はない！」すべては心あるいは精神が生み出したものなのだと谷口は考えた。

生長の家の教義の大きな柱の一つに「万教帰一」がある。「宗教は数多いが、万教帰一だから、根本は同じである」（『現代の新興宗教』一二三）。つまり人間救済を目指すという根本部分は同じなのだから、枝葉末節の多様性さえ認め合えればあらゆる宗教は共存できるはずだと谷口は説いたのである（『現代にっぽん新宗教百科』一〇一）。この教義はブラジルなど海外での生長の家の布教を容易にした。たとえばブラジルではカトリック信者がその信仰を捨てることなく、生長の家の教えを受け入れるということが可能となった。ただし戦時中の谷口はこの教義を天皇崇拝と結びつけた。すなわち、「すべて宗教は、天皇より発するなり。大日如来も、釈迦牟尼仏も、イエスキリストも、天皇より発する也」（一〇二）。

戦時中のことはひとまず置くとして、万教帰一を掲げたこともあり、谷口は実に融通無碍な形で諸宗教の教義を生長の家に、自らの著作、講演などに取り入れた。大宅壮一《おおやそういち》はこれを「宗教の百貨店」と揶揄したが、谷口はあるパンフレットでこうかわした。

「生長の家」を「宗教百貨店」といい、ある人は「抜粋」といいます。百貨店には一流の商品がならんでいて、市井の小売店よりも優良品がそろっていますように、そこには真理なる生粋の優良真理を抜粋して陳列してあるのであります（『黒い宗教』一五〇）。

谷口の思想は変遷を繰り返したが、その晩年にはすっかり反本地垂迹説《はんほんじすいじゃく》、あるいは神本仏従（『新宗教の世界V』七五、七七）となっていた。日本の神が主で他宗教の神は従となっていた（八一）。天皇信仰は一貫した。自らの戦時中の軍国主義的・愛国主義的言動については、後に「御都合主義的」と批判される苦しい弁解をした。「日本軍は軍部が暴走して天皇の意図に沿わない戦争をした。それは自分が支持した皇軍とは違うのであって、本当の皇軍が負けたのではない」（『現代にっぽん新宗教百科』一〇九）。谷口の体制順応、権力への迎合、無節操ぶりへの批判もある（『黒い宗教』一五九）。

以上、谷口雅春と生長の家の教義、歴史の概略をたどってきたが、そこには濃厚なAB型性が見られる。

まず一切は心の所現とし、「物質はない」「病気はない」とするニューソート的思想。「物質はない」「病気はない」などという立論は、通常の感覚からは幻想と言うしかない。本章第2節において、我々は既にAB型と幻想の問題を論じている。

数の力ではどうしてもO、A、Bには勝てないAB型だが、「全ては心次第」だとしたらどうだろう。これなら、O、A、Bが多数派であり、AB型は絶対的少数派であるという「現実」を一気に克服できる。観念の世界においてである。谷口は、絶対的少数派にはまことに心地よい観念の優位の世界で生きていくことに決めたのである。これが、AB型教祖谷口雅春のいわば安心立命策であった。AB型太宰治が絶対的少数派としての疎外感、現実の厚い壁の前に滅びて行ったのとは対照的な生き方を谷口は選択した。既に見たように、寺山修司にも「物質はない」「病気はない」と通じる「現実って何だ？」、すなわち観念の優位が見られた。

谷口が、生来自分は「愛」より「義」を立てる傾向が強く、理智に征服されやすい、知的な解釈がつい先立つのが弱点としていた点（『谷口雅春とその時代』一七三）もAB型によく見られることである。ちなみに能見は同じくＡＢ型の新宗教教祖大森智辯が、この谷口同様の弱点を一連の苦労の体験により克服したと解釈している（『新・血液型人間学』三三八）。

次に「宗教の百貨店」あるいは「抜粋」について。谷口は、キリスト教、仏教、神道、大本、ニューソートなど、あらゆる宗教から自在に材料を取り出し、組み合わせて用いた。これについても、我々は第2節でＡＢ型特有の引用、組み合わせ、コラージュの問題を論じている。ちなみに、前節で見たように、遠藤周作もカトリックでありながら、インドの輪廻転生の思想との取り組みをためらわなかった。

第2節で検討した平野啓一郎の「分人」論を援用すれば、谷口は、キリスト教、仏教、神道、大本、ニューソートその他、様々な宗教・思想に対して、様々な分人を自らの中に形成していたと言えるのかもしれない。それも本書で私が提示した世界宗教史上の三つの大グループ、すなわち、一神教、ギリシャ・日本型多神教、中国・インド型多神教の全てに対してである。同様に遠藤周作の中にも、少なくともキリスト教、ヒンドゥー教・仏教という大宗教に対する分人ができていたということになるのだろうか。

この点に関して、以下の批判がある。

元来「生長の家」は断じて宗教とは言えない。一定の教義などないのである。第一に「万教一致」と称して、超宗教を主張している。「仏教、キリスト教、神道はもちろん、その他の如何なる宗教に対しても偏った見解は持ちません。それ等凡ての宗教の信者の方は、全部生長の家にお入りください」と宣言しているのだ。…『生命の実相』の中には、キリストの奇蹟やら、釈迦の説法やら、孔子、老子、谷口先生等が渾然と盛られ、牛肉のコマ切れの様に切り売りされている（『現代の新興宗教』一一二）。

宗教は本来、世界を観る極めて偏った、その反面、少なくともその中核部分は極めて首尾一貫した教義を持つ体系であろう。こうした諸宗教、いわばO、A、Bによって創り出されてきた従来の世界宗教に馴れた目に、「引用、組み合わせ、コラージュ」型の、いわばポスト・モダーン型のAB型谷口の宗教生長の家は、非常な違和感をもって迎えられたわけである。

生長の家は一時は日本の近代の新宗教の中でも有数の大教団であった。生長の家以降も日本には、こうした「引用、組み合わせ、コラージュ」型の、あるいはポスト・モダーン型の宗教が散見される。濃厚にAB型と親和的に見えるこうした宗教が、生長の家とともに、日本においてその基盤を固めたと言えるのだろうか。そうだとして、それは従来の諸世界宗教のような独創的（独走的でもあるが）で強力な宗教に育っていくのだろうか。

ともあれ、ABO式血液型の四グループのうち圧倒的少数派のAB型に属する谷口は、O、A、Bの三グループを主流とする日本社会の中で、多数派の圧力に屈することなく、その日本社会と対峙してみせた。谷口にはそうした強さがあった。第2節で検討した太宰治が多数派の圧力にあえぐのみだったかに見えるのとは対照的に。谷口が一八九三～一九八五年、太宰が一九〇九～四八年の生涯だから、谷口の方が先輩なのだが。「体制順応、権力への迎合、無節操」と批判される側面は、「ＡＢ型の宗教」のパイオニアとして、谷口が克服できなかった宿題なのかもしれない。

谷口の思想、あるいは生長の家の教義については、その中心的概念である「実相」や、それとの関連で見られる強い生命主義的傾向（何しろ、谷口の主著のタイトルが「生命の実相」である）についても語っておくべきだろうが、ここでは触れない。

教団全体としては一時の勢いを失った生長の家であるが、ちょっと意外な所に強力な影響力をふるうことになった。京セラを一代で世界的な大企業に育て上げ、ＫＤＤＩを成功させ、破産状態にあった日本航空の再建までやってのけた稀代の経営者稲盛和夫《いなもりかずお》である。

稲盛の家系は結核患者を多く出しており、稲盛は子供の頃、結核の初期症状である肺浸潤に侵され、意気消沈した。そんな時、隣家の婦人から紹介された谷口の『生命の実相』が稲盛の人生を大きく変えた。稲盛はその一節に目を奪われた。「われわれの心の内にそれを引き寄せる磁石があって、周囲から剣でもピストルでも災難でも病気でも失業でも引き寄せるのであります」。この本をきっかけに稲盛は心のありようを考えるようになり、「一切は心の所現」「人生は心に描いた通りになる」という谷口の思想をわがものとした（『稲盛和夫のガキの自叙伝』一五、三一―三三）。それからはなるべくよいことを思おうと誓った（『生き方』五六）。この稲盛が実は谷口と同じＡＢ型なのである。

谷口の稲盛への絶大な影響はその後、生涯にわたっている。一方で稲盛は、自分は生長の家の信者ではないと強調しているが、生長の家関係者に八一年頃、次のように話している。

何しろ小学校の時ですから。(『生命の実相』を：前川)読んだそのままが私の人生観になっているんですね。社員向けに書いた〝京セラ哲学〟というものがあるんですが、それはもう谷口先生の教えそのままが出ています。…『甘露の法雨』…にある〝生きとし生けるもの〟という、森羅万象のすべてのものに感謝する毎日と言いますか、そういうものは、もう自分のものになり切っています(『虚飾の経営者稲盛和夫』一二二―三)。

ただし、稲盛は一九九七年、六十五歳の時、臨済宗妙心寺派円福寺で、同寺の西片擔雪《にしかたたんせつ》を師として得度している(翌年一月に還俗。五四)。稲盛は谷口同様、様々な宗教に学んでいる。生長の家だけを信仰していたのではない。ただし、稲盛も「宗教の百貨店」状態だったとも言えるわけで、谷口からの影響は、単にその著書の文言にとどまらず、諸宗教への対し方にもあったのかもしれない。谷口の諸宗教への融通無碍な態度の中に、自分と同質のものを稲盛が見出し、だからこそなおさら、谷口は稲盛の最高の師となりえたのかもしれない。そして、谷口の大きな影響のもと、稲盛は企業経営者でありながら、その行動や発言には、むしろ宗教家のそれに近いといった印象さえある(一五三)。

谷口―稲盛と続くAB型の二人の指導者の関係について、興味深い点がある。谷口が「教祖」と呼ばれることを嫌い、「総裁」を名乗った、つまり、ある意味で「二番手」として生きたとも言えるのに対し、稲盛は、京セラ創業時から、ひたすらトップを目指して突き進んできた。この違いはどこから生まれたのか。

もちろん、両者の人間性の違いそのものにその答えを見出すこともできよう。しかし、私は次のようなことも考えている。

一般的に、血液型が同型の人物の思想や行動は、他の血液型の人物の思想や行動より、より直接的に身につまされ、その分、直接的に参考になることが多いように思われる。どんなに孤独なリーダーであれ、直接の接触はなくとも、また、その人たちが自分と同じ血液型と知らず、血液型を意識せずとも、自分と同じ血液型のリーダー、著名人、思想家などを、彼らの存在そのものを、心の支えにできる場合が少なくないのではないか。

ところが、AB型の場合、他の三型に比し、そうした頼りになる人々が少ない。AB型は絶対的最少数派である。AB型を中心とした宗教的言説・活動も多くはなかっただろう。そんな状況で、谷口は、自分をまぎれもない一番手として押し出すことに、ためらいを感じていたのではなかったか。明確な後ろ盾を得られない状況で前に出ることをためらった谷口が打ち出した方針が、「教祖」を名乗らず、「総裁」を名乗るということではなかったか。「神のラッパ吹き」（『現代の新興宗教』一二八）を名乗り、神を後ろ盾にした方が動きやすかったのではないか。能見は「一般にAB型はトップに立ちたがらず、むしろ二番手の地位を喜ぶ」とよく語っていたものだ。

これに対し、稲盛には、谷口という強力な精神的後ろ盾があった。谷口は稲盛にとり、非常に珍しくありがたい自分と同じAB型の宗教家・思想家・精神的リーダーだった。こうした谷口の存在があったからこそ、稲盛は安んじてトップを目指せたのではないか。

谷口と稲盛の生き方の違いには、頼りになる同型のリーダーの有無をめぐるＡＢ型の世代の差があったのかもしれない。宗教に関する惑いの程度が谷口と稲盛とでは違っていたのかもしれない。

第5節 「ＡＢ型の宗教」と犠牲の思想

「ＡＢ型の宗教」において、犠牲の思想はどういう姿をとるのだろうか？ これについても、判断材料は多くない。今のところ、なんらかの確定的な結論も言えない。しかし、今後の参考に、二つの事例を紹介しておきたい。

まず、前節でも簡単に言及した辯天宗宗祖大森智辯。依頼されその伝記をまとめたことがあった能見正比古は、智辯についてこう語っていた。

ＡＢ型の彼女は神様ぶる教祖ではなかった。夏は鼻の頭に汗を浮べ、冬は手足をかじかませ、困った人の悩みや訴えを受けつづけ、共に泣き泥まみれになり、一生オロオロ走りまわったオバさんだった。もし、これを神様とすれば、神とは、なんと懐かしい存在ということになる（『新・血液型人間学』三三八）。

戸川猪佐武『現代の新興宗教』（一九七六年）には、辯天宗についても貴重な一章がさかれているが、そこに紹介された智辯の言葉からは、能見の語ったその無私の活動ぶりの内実が窺える。

人と普通の面談をしても疲れるというのに、人の命にかかわる大事や人の一生の問題など、本当に生きるか死ぬかの事ばかりです。私はいくら神様のお助けがあるといっても本当に頭が疲れます。全時間を真剣勝負の気持ちで過ごしています。…床に入っても昼間のご神示が気になってなかなか眠れません。あの人にはこう言ってあげたけれど、そのとおりしてくださったかな。あの人はどうなったかなどと思い出します。やっとうとうとしたと思ったらご本尊が夢の中に出てこられまして、ご神示なさいます。こんな事が毎夜です。眠っている時間はごくわずかなものでしょうね（二二二）。

こうした毎日を続け、おそらく非常な過労によって智辯は満五十七歳で夭折した。戸川は言う。「考えてみれば、選ばれた霊能者としての悲劇なのであったかもしれない」（同）。智辯は、わが身を顧みず、わが身を犠牲に捧げて、自らが信じる救済の道に打ち込んだのであった。しかし、智辯の人となりについて、生前に会ったことのある石原慎太郎（ちなみに彼もAB型）はこう表現している。「弁天宗の大森教祖のまるくふくよかな全く飾りのない暖かさ」（『巷の神々』一七六）。

もう一つはAB型のマンガ家やなせたかしと「アンパンマン」である。やなせの死の直後の二〇一三年十月三十日放送のNHK「クローズアップ現代」によると――

やなせは太平洋戦争中正義の戦争を戦っているつもりでいたのだが、戦後「悪魔の軍隊」と呼ばれショックを受けた。このことで、「世に『正義』と呼ばれるものは信用できない、反転する」と思うようになった。そこから「本当の正義」についての自問が続いた。そして、戦争中の痛切な飢餓体験もあり、「本当の反転しない正義は飢えている人に食物を与えることだ」と思いいたる。「正義のヒーロー」とされている映画、マンガなどの主人公が、街を破壊しても少しも気にかけず立ち去って行くことには、違和感を覚えるようになった。

やなせのこうした心の遍歴を経て誕生したのが、「自分の顔を食べさせる変なヒーロー」アンパンマンだった。それは正に「本当の反転しない正義は飢えている人に食物を与えることだ」という、やなせの素朴だが筋金入りの正義観を体現した、アンパンである自分の顔を飢えた人に食べさせるというユニークなキャラクターだった。やなせは、「本当の正義は、自分が傷つかず、犠牲を払うのでなければ不可能だ」と考えていたという。

やなせは宗教家ではないし、「アンパンマン」も特に宗教的な作品ではないが、日本で圧倒的な支持を集めたマンガのAB型原作者のこの「正義と自己犠牲」についての考察は、「AB型の宗教における犠牲の思想」というテーマにとっても、多々示唆的である。

第6節　ＡＢ型と血液型人間学

自分たちについての本格的・体系的考察の蓄積が少なく、そこに帰り、後ろ盾にすべき思想・宗教も十分ではない、いわばそこに帰るべき古典が他の三型に比し少ないＡＢ型にとり、能見正比古が構築した血液型人間学が、一種の宗教代替物となっている、あるいはなっていたのかもしれないと思うことがある。いわば能見血液型人間学は、ＡＢ型には親和性の高い一種の新宗教として機能した側面を持つのではないか。

能見が自らの血液型人間学作品を発表し始めた時、ＡＢＯ式の四つのグループの中では、ＡＢ型が群を抜いて好意的反応を示した。

たとえばこの分野での能見の第一作『血液型でわかる相性』（一九七一年）が出版されると、爆発的反響があった。中でもＡＢ型からの反響は大きかった。能見はこう書いている。

本が書店に並んで間もなく、我が家の電話が絶え間なく鳴りはじめた。読者からであった。…やがて手紙と葉書が、洪水のように押寄せはじめた。それはすべて、読後の感動を訴えて来るものであった。…おもしろい現象があった。最初の一週間ぐらい、私は驚きはてて家人にも言った。「おい、世の中ＡＢ型だけになったらしいぜ」来る電話来る手紙、ＡＢ型ばかりだった。十人に八、九人はそうだったろう。やがてポツポツと他の血液型も、まじりはじめた。しかし、現在でも、なおＡＢ型の率は高い（『血液型で人間を知る本』一〇一一一）。
能見に寄せられた『血液型人間学』（一九七三年）、『血液型愛情学』（一九七四年）への愛読者カードも、ＡＢ型の血液型人間学への熱狂ぶりをよく伝えている。『血液型活用学』（一九七六年）で、能見はこう書いている。

これまでに、（能見に届いた愛読者カードは：前川）『血液型人間学』で七五〇〇通以上、『血液型愛情学』で四五〇〇通以上。驚いたことに、その両者とも、血液型分布率が、全くといっていいほど一致しているのだ。O型二七パーセント前後、A型二六パーセント強、B型二五パーセント、ＡＢ型二一〜二二パーセントで一定している。…人数の多さからいっても、血液型と気質の関連を裏づける最も確実な統計値ということができる（二八八）。

ここで確認しておかなくてはいけないのは、能見に届いた愛読者カードの血液型分布率が、日本人の平均的血液型分布率と大きくずれているということである。ちなみにその平均的分布率は、第1節でも示したように、O型三〇・〇五、A型四〇・〇、B型二〇・〇、ＡＢ型九・九五各%である（もっとも当時能見は、O型三〇・七、A型三八・一、B型二一・八、ＡＢ型九・四各%という数字を用いていた）。χ（カイ）自乗検定をしてみると、愛読者カードの血液型分布率と日本人の平均的血液型分布率のずれについて、偶然の可能性は限りなくゼロに近いという結果が出る。ＡＢ型は日本人平均の倍以上の愛読者カードを能見に送ってきた。それだけ、他の三型と比べ、能見血液型人間学にとび抜けて強い関心、強い肯定的評価を示したということである。

能見の晩年に設立され、その死後も数年間存続した血液型人間学のファンの集いＡＢＯの会の会員の血液型分布率でも、やはりＡＢ型が目立って伸びていた。会誌『アボ・メイト』一九八五年十月号によると、「全体でＢ型の率が三〇％を少し越えていますし、ＡＢ型が一三％くらい。Ａ型が二七〜二八％くらいですかね」（七）。ＡＢＯの会会員は最終的には二千人ほどに達していたらしい（『血液型人間学——運命との対話』二五八）。

能見の死（一九八一年十月三十日）から、既に三十八年が過ぎた。その後、血液型人間学は能見の継子俊賢の無内容な「おもしろ」路線の暴走もあり、すっかり、「女子供の遊び」扱いをされるようになってしまった。そうした状況でもなおＡＢ型たちが、血液型人間学を自分たちが依拠すべき古典とみなしているのかどうかについては、今のところ私には判断しかねる。ただ、能見の生前、その血液型人間学が多くのＡＢ型にとり、しっくりくる人間観、世界観であったことは間違いない。その当時のＡＢ型の反応は、「ＡＢ型の宗教」について考える際、現在でも示唆に富む。

結論

本書で血液型と宗教の関係に注目して世界宗教史を概観してきた今、筆者は「生物の多様性の戦略」と呼ばれる問題を考えている。生物の多様性の戦略とは、生物種が、自らの生存・繁栄の可能性を高めるために、同一種内に外観、生理、能力などに関する様々な多様性を抱え込む現象である。

たとえば、シロオビアゲハという沖縄の蝶は、個体によってさなぎが羽化する時期が異なる。この種が一斉に羽化する場合、何も問題がない時ならいいが、ちょうどその時台風でも来れば、全滅してしまいかねない。沖縄は言うまでもなく、台風の通り道である。そこで、この種は、羽化の時期の異なる個性を持った卵を産むようになった。そうすることで時に台風などで無事に羽化できずに死んでしまう個体も出るものの、種全体としては無事に羽化する個体を確保する確率が高くなる。

この種はまた、外観的にも二つのタイプを持っている。白い模様を持つ個体と赤い模様を持つ個体である。ほとんどが白い模様を持つ。赤のものはメスに嫌われ、交尾のチャンスが減る。しかし、赤の模様を持つ個体はベニモンチョウという有毒な蝶に良く似ているため、この種の天敵の鳥には襲われない。メスに嫌われる赤い個体は種内のオスどうしの子孫を残すための競争では不利になるが、天敵から身を守る点では有利となるのである（「生命40億年はるかな旅第六回　奇跡のシステム〝性〟」）。

このようにある点では生存その他に有利だが、他の点では不利な形質の多様な組み合わせを持った個体を生み出すことで、種は結果的に全体としての生存可能性を高めている。種全体が決まりきった形質しか持たなければ、環境の激変により、種全体が滅びる可能性があるため、それを避けようとするのである。

羽化の時期の違いにしろ、模様の色の違いにしろ、シロオビアゲハの属性の極小部分の差に過ぎない。しかし、そうしたほんのちょっとした個性の差からなる多様性でも種の存続には大きな役割を果たすのである。

ABO式血液型も正に種としての多様性の戦略の一環として人類に備わったのだと考えてよい。たとえば、既に見たように、ABO式の各血液型は、それぞれかかりやすい病気、抵抗力の強い病気を異にするとされている。しかし、それだけではなく、ABO式各血液型の気質・行動性の違いも、人類の多様性の戦略の一部となっている。そのことは、種全体としての人類の可能性を高め、人類の世界を広げ、その生存可能性を拡大している。

A型とB型の対比を例に、こうした問題を少し具体的に考えてみよう。既に述べたように、ABO式の四つの血液型の中でも、A型とB型は、気質・行動性に特に鮮やかな対照を示し、与えられたその時々の状況で、得意分野を異にしながら、共存している。本書の主題である血液型と宗教の関連でも、「ギリシャ・日本型多神教」と一神教は、特にA型多住地域と深く関わり、「中国・インド型多神教」は、特にB型多住地域と深く関わる。

A型とB型は、互いに異なっているが、A型とB型を比べて、全体としてどちらが優れているか、どちらがより人類に貢献しているかというような問いを立てても無意味である。この大きく異なる二つのグループをともに抱え込むことで、人類は全体として豊かになっている。同様に、A型と特に関わる宗教とB型と特に関わる宗教についても、全体としてその優劣を語ることはできない。たとえば、キリスト教と仏教の人類への貢献は全く異なるタイプのものである。

ただし、領域、時代を細かく限れば、その範囲ではどちらが優秀だということは言えなくもない。それでも両者のそうした力関係が今後も変わらないという保証はない。ダダモが血液型と病気の関係で行った次の発言は、ある領域での各血液型の消長にも当てはまる。「歴史を振りかえってみると、地域や時代によって有利な血液型が違ってくる」(『ダダモ博士のNEW血液型健康ダイエット』四五二)。

また、A型とB型の両者は相補的関係にあるとも言えるだろう。互いの長所で相手の短所を補い合えば、強力なチームとなりうる。もちろん、長所短所を併せ持ったそれぞれの個性によってこそ、A型とB型はともに世界を豊かにしてきた。たとえば日本を代表する映画監督の一人小津安二郎は徹底的にA型だったからこそ、あの素晴らしい作品群を残しえたのだし、小津と並び称される映画監督黒澤明も徹底的にB型だったからこそ、「世界のクロサワ」たりえたのである。彼らは自らの血液型の持ち味を極限まで生きた人々である。しかし、それに加えて、A型とB型の両者が相補的関係にあるのだということも、重視しなければならない（小津安二郎と黒澤明の対比を含む、A型とB型の対比の詳細については、拙著『A型とB型――二つの世界』を参照）。

A型とB型にとどまらず、ＡＢＯ式の四つの血液型グループ全体が、それぞれの持ち味を活かして、互いに補い合っている。人類という種の抱え持つ多様性は、人類全体の財産である。多様な人間たちが、補い合い、助け合ってこそ、人類の未来も開ける。本書は、ＡＢＯ式の四つの血液型のいずれかを、排他的に他より高く評価する立場をとっていない。また、血液型を通して世界宗教史を見て行く際に、進化論的立場はとっていない。

第一章第2節で述べたように、人間の性格・行動性の決定要因は、ＡＢＯ式血液型だけではない。他の血液型の影響もあるだろうし、その他様々な遺伝子や諸々の環境要因の影響もある。このことを、もう一度確認しておきたい。

同様に、言うまでもなく、諸宗教の教義やあり方は、その担い手たちのＡＢＯ式血液型分布率のみによって決定されるわけではない。本書の議論は、ＡＢＯ式血液型というフレームを通して世界宗教史を俯瞰すれば、どのような景観が見えてくるのかということをたどったに過ぎない。しかし、私はそれを無意味な試みだとは思っていない。

第三章以下、本書でたびたび取りあげてきたアメリカの著名な歴史学者ウィリアム・Ｈ・マクニールは、一九七六年に『疫病と世界史』という意欲的な著書を発表した。同書で、マクニールは、従来の歴史学が、歴史の非本質的、偶然的要因として基本的に放置してきた病気の問題、人類と病気の闘いの問題に光を当て、そのメカニズムを解明し、より厚みのある歴史像の構築に貢献した。疫病の問題が、歴史学者が意識的に対処し得る固有のメカニズムを持った一領域であることを説得的に語ったのである。

血液型と宗教の関連の問題も、もちろん、従来全く考えられてこなかった。本書はそれについて体系的に検討した最初の試みである。「はじめに」でも述べた、私にこの本を書くことを長く躊躇《ちゅうちょ》させて来た様々な難点により、本書での議論は、「決定版」と言えるようなものではない。しかし、本書は、「血液型と宗教」という分野の最初のたたき台にはなったのではないか。この主題でとにかく一つの論を構築しておけば、今後、いくらでも手直しの機会はあるのである。

「血液型と宗教」について論じてはいるが、本書では、血液型が、あるいはある集団の血液型分布率が、いかに宗教のあり方を規定するかということに、ほぼ議論は尽きている。「血液型と宗教」について語るのであれば、実は逆方向にも注目しなければならない。すなわち、もともとはある特定の血液型分布率の規定も受けて成立した諸宗教は、一旦成立するや、独立した大きな力として、それぞれの血液型の人々の思考・行動にも大きな影響を及ぼしうるのである。血液型が一方的に「原因」で、宗教がその「結果」というのではなく、宗教が「原因」となり、各血液型の人々の思考・行動という「結果」をもたらすことがありうる。本書では、後者にあたる議論は、AB型のキリスト教作家遠藤周作について若干行ったのみである。血液型と宗教のこうした循環的関係に、今後、さらに注目しなければならない。

本書では、中国・インド型多神教について、神秘主義の問題をあまり論じていない。しかし、実は、神秘主義は、一神教やギリシャ・日本型多神教より、むしろ中国・インド型多神教においてより中核的位置を占めている。本来なら、このグループの諸宗教について、それぞれの神秘主義を詳細に検討すべきであった。この点も、今後の課題として残される。

最後に――私が血液型と宗教の関係について関心を深めるきっかけとなったマックス・ヴェーバーには、『プロテスタンティズムの倫理と資本主義の精神』という有名な論文がある。この論文でヴェーバーは、近代資本主義成立の背景にカルヴィニズム―ピューリタニズムという宗教の存在を見た。私は、本書でさらに、世界宗教史上の諸宗教の背景に、ＡＢＯ式の四つの血液型を見たのである。

おわりに

二〇一四年春から三年ほど、本書を書くための準備に明け暮れた。「血液型と宗教」というテーマへの意欲ばかりはあっても、自分は宗教のことを何も知らなかったと痛感した。

何とか準備を終えた私は、二〇一七年二月二十七日、本書『血液型と宗教』を書き始めた。まず「AB型の宗教試論」を書いた。この本の中で、この章が自分にとって一番の難物だったからである。元気のあるうちに、それと取り組もうと思った。次に、二番目に難物だと思っていた「両米先住民の宗教あるいはO型の宗教」を書いた。以降も、本書の構成とは異なる順序で執筆を続けた。本書各部分の執筆順は以下のとおりである。

第八章　AB型の宗教試論
第三章　両米先住民の宗教あるいはO型の宗教
第四章　ギリシャ・日本型多神教（A型多住地域の多神教）
第六章　ゾロアスター教――A型とB型の間
第五章　A型と一神教

第七章　中国・インド型多神教（B型多住地域の多神教）
第一章　血液型人間学
第二章　世界の血液型分布率と宗教の諸タイプ
はじめに
結論
おわりに

二〇一八年三月二十九日、『血液型と宗教』を一旦脱稿した。その後、思わぬことで、この原稿からしばらく離れた。やっと落ち着き、久しぶりに原稿を読み直すと、多々、アラが目についた。特に、世界各地域の血液型分布率データが、いかにも手薄に思えた。もう一度集中的にそれをさがしてみようと思った。

すると、近年、中国、インド、中東などで、数々の大規模な血液型分布率調査が行われ、その結果が公開されていることがわかってきた。もちろん、大喜びで、それらをダウンロードし、読んだ。『血液型と宗教』を曲がりなりにも一旦書き上げていたため、精神的に多少ゆとりがあり、そのことで検索の仕方にも工夫が生まれ、新しく数々の貴重なデータを手に入れることができたのだろう。

血液型分布率データのみならず、中国の宗教その他についても、資料の補強を重ねた。結局、原稿の最後の仕上げに取りかかったのは、二〇一九年六月六日のことだった。

八月に遂に完成し、出版社さがしを始めた。類書のない、得体が知れないであろう本であり、難航が予想されたが、鳥影社の百瀬社長が快く引き受けてくださった。
もちろん課題は残るものの、これで私の研究にも一区切りがついた。百瀬精一社長、小野英一さん、編集の長田松子さん、そして、原稿を細かく点検していただいた矢島由理さん、お世話になりました。感謝いたします。

二〇二〇年 二月 三日

参考文献目録

血液型分布率データ

（既にムーラントの大著〈一九七六年〉の時代から、ほぼ信頼できるデータが大量に公表されていた欧米諸国の血液型分布率については、今回、新たにデータを集めることはしなかった。従来、非常にデータが手薄だった中国、中東と、Amit Agrawalらの調査結果が、ムーラントが紹介した血液型分布率と大きく異なっていたインドについて、今回、集中的に資料を集めた。ここでは、煩雑を避け、筆頭著者のみ記した。）

（1）インド

Amit Agrawal, "ABO and Rh (D) group distribution and gene frequency; the first multicentric study in India ," *Asian Journal of Transfusion Science*, 2014 Jul-Dec; 8(2)
Debapriya Basu, "ABO, Rhesus, and Kell Antigens, Alleles, and Haplotypes in West Bengal, Idia," *Transfusion Medicine and Hemotherapy*, 2018 Jan; 45（1）
Tulika Chandra, " Frequency of ABO and rhesus blood groups in blood donors," *Asian Journal of Transfusion Science*, 2012 Jan-Jun; 6（1）
P.K.Das, "Distribution of ABO and Rh-D blood groups among blood donors in a tertiary care cen-

tre in South India, " *Trop Doct.* 2001Jan; 31 (1)

Parul Garg, "Prevalence of ABO and Rhesus Blood Groups in Blood Donors: A Study from a Tertiary Care Teaching Hospital of Kumaon Region of Uttarakhand," *Journal of Clinical & Diagnostic Research,* 2014 Dec; 8 (12)

P.A.Giri, "Frequency of ABO and Rhesus Blood Groups: A Study from a Rural Tertiary Care Teaching Hospital in India," *International Journal of Biological & Medical Research,* 2011; 2 (4)

Harjot Kaur, "Prevalence of ABO blood groups and rhesus (Rh) factor in the population residing in and around Amritsar, Punjab (a 4-year study from June 2007 to June 2011) ," *Asian Journal of Transfusion Science,* 2013 Jul-Dec; 7 (2)

Ipsita Nag, "ABO and Rhesus blood groups in potential blood donors at Durgapur Steel city of the district of Burdwan,West Bengal," *Asian Journal of Transfusion Science,* 2012 Jan-Jun; 6 (1)

P.A.Patel, "Frequency and Distribution of Blood Groups in Blood Donors in Western Ahmedabad-A Hospital Based Study," *National Journal of Medical Research,* Apr-June 2012; 2 (2)

Sundar Periyavan, "Distribution of ABO and Rhesus-D blood groups in and around Bangalore," *Asian Journal of Transfusion Science,* 2010 Jan; 4 (1)

K.A.Raja, "Frequency and distribution of ABO and Rh blood groups among blood donors in tertiary care hospital of South Gujarat, India," *International Journal of Research in Medical Sciences,* 2016 Dec; 4 (12)

D.C.Sharma, “Prevalence and Distribution of ABO and Rh-D Antigens along with Its Subgroups & Rare Types in Greater Gwalior Region,” *Open Journal of Blood Diseases*, 2013, 3

（2）中国・韓国

Hong Kong Red Cross Blood Transfusion Service,“Bloodtypes”, https://www5.ha.org.hk/rcbts/enarticle.asp?bid=54&sid=11&MenuID=3, 2016.

Korean Red Cross,“KeyFigures”, https://www.redcross.or.kr/eng/eng_activity/activity_blood_keyfigures.do,2016.

Jue Liu, “Frequencies and ethnic distribution of ABO and RhD blood groups in China:a population-based cross-sectional study,” *BMJ Open* 2017; 7

Bailing Zu, “Association between ABO Blood Group and Risk of Congenital Heart Disease: A 6-year large cohort study,” *Scientific Reports*, 2017; 7: 42304

（3）中東

L.A.Bashwari, “Frequency of ABO blood groups in the Eastern region of Saudi Arabia,” *Saudi Med J.* 2001 Nov; 22（11）

Dahlawi, “Distribution of ABO and Rh-D blood groups in Saudi Population of Makkah City-Saudi Arabia,” *International Journal of Multidisciplinary and Current Research*, Vol.5（March-April-2017）

S.S.Hanania, “Allele Frequency and Molecular Genotypes of ABO Blood Group System in a Jordanian Population,” *Journal of Medical Sciences,* 2007; 7（1）

A. A. Pourfathollah, “Geographical distribution of ABO and Rh（D）blood groups among Iranian blood donors in the year 1361（1982）as compared with that of the year 1380（2001）,” *The Scientific Journal of Iranian Blood Transfusion Organization* 2004; 1（1）

R. S.Sakharov, “The frequency of ABO blood groups and the expression of group antigens and isohemagglutinins in Syrian Arabs,” *Sud Med Ekspert,* 1996 Apr-Jun; 39（2）

M. A.Sarhan, “Distribution of ABO blood groups and rhesus factor in Southwest Saudi Arabia,” *Saudi Med J.* 2009 Jan; 30（1）

（4）メキシコ、ラオス

Adrián Canizalez-Román, “Blood Groups Distribution and Gene Diversity of the ABO and Rh（D）Loci in the Mexican Population,” *BioMed Research International,* 2018（3）

Chirapha Keokhamphoui, “Blood group antigen distribution in Lao blood donors,” *Immunohematology/American Red Cross,* 2012 January; 28（4）.

（5）全般

Bloodbook.com, “Racial & ethnic distribution of ABO blood types”, https://www.bloodbook.com/

world-abo.html, 2016.
A.E.Mourant, *The distribution of the human blood groups and other polymorphisms, second edition*, London: Oxford University Press, 1976.
RhesusNegative.net, “Blood type frequencies by country including the Rh factor”, https://www.rhesusnegative.net/themission/bloodtypefrequencies/, 2016.
Wikipedia, “Blood type distribution by country”, 2016.

第一章

竹内久美子『小さな悪魔の背中の窪み』新潮社、一九九四年
ピーター・Ｊ・ダダモ（濱田陽子訳）『ダダモ博士の血液型健康ダイエット』集英社文庫、一九九八年
『ダダモ博士のＮＥＷ血液型健康ダイエット』集英社文庫、二〇〇四年
永田宏『血液型で分かる なりやすい病気なりにくい病気』講談社ブルーバックス、二〇一三年
能見正比古『血液型でわかる相性』青春出版社、一九七一年
『血液型人間学』サンケイ出版、一九七三年
『新・血液型人間学』角川文庫、一九八〇年
畑田国男『兄弟の社会学』講談社、一九九三年
藤田紘一郎『パラサイト式血液型診断』新潮社、二〇〇六年

古川竹二『血液型と気質』三省堂、一九三二年
前川輝光『血液型人間学――運命との対話』松籟社、一九九八年
『A型とB型――二つの世界』鳥影社、二〇一一年
『前川教授の人生、血液型。』春風社、二〇一四年
山本文一郎『ABO血液型がわかる科学』岩波ジュニア新書、二〇一五年
C・G・ユング（高橋義孝・森川俊夫・佐藤正樹訳）『心理学的類型』（Ⅰ・Ⅱ）人文書院、一九八六―一九八七年

第二章
ウィキペディア「ABO式血液型」二〇一六年
人類学講座編纂委員会編『人類学講座6　日本人Ⅱ』雄山閣出版、一九七八年
二宮書店編集部『データブックオブ・ザ・ワールド2019』二宮書店、二〇一九年
フォーゲル／モトルスキー（安田徳一訳）『人類遺伝学Ⅱ（普及版）』朝倉書店、二〇〇五年
松田薫『「血液型と性格」の社会史（改訂第二版）』河出書房新社、一九九四年

第三章
NHKBSプレミアム「古代文明冒険紀行　マヤ文明五千年のメッセージ」二〇一一年十二月二十八日放送

「ザ・プレミアム　シリーズ　知られざる古代文明　発見！ナスカ・大地に隠された未知なる地上絵」二〇一六年十二月三日放送
「ザ・プレミアム　シリーズ　知られざる古代文明　発見！マヤ・密林に隠されたピラミッドと謎の石舞台」二〇一六年十二月十日放送
ミルチア・エリアーデ（奥山倫明・木塚隆志・深澤英隆訳）『世界宗教史』（7・8）ちくま学芸文庫、二〇〇〇年
クリスチアーヌ・エリュエール（鶴岡真弓監修）『ケルト人』創元社、一九九四年
小口偉一・堀一郎監修『宗教学辞典』東京大学出版会、一九七三年
ハロルド・オズボーン（田中梓訳）『ペルー・インカの神話』青土社、一九九二年
河合隼雄『ナバホへの旅　たましいの風景』朝日新聞社、二〇〇二年
『日本神話と心の構造』岩波書店、二〇〇九年
『ケルトを巡る旅　神話と伝説の地』講談社＋α文庫、二〇一〇年
マイケル・D・コウ（加藤泰建・長谷川悦夫訳）『古代マヤ文明』創元社、二〇〇三年
ニニアン・スマート（阿部美哉訳）『世界の諸宗教Ⅰ秩序と伝統』教文館、一九九九年
（石井研士訳）『世界の諸宗教Ⅱ変容と共生』教文館、二〇〇二年
リチャード・F・タウンゼント（増田義郎監修・武井摩利訳）『［図説］アステカ文明』創元社、二〇〇四年
田中仁彦『ケルト神話と中世騎士物語』中公新書、一九九五年

富田虎男『アメリカ・インディアンの歴史』雄山閣、一九八二年
J・エリック・S・トンプソン（青山和夫訳）『マヤ文明の興亡』新評論、二〇〇八年
アイリーン・ニコルソン（松田幸雄訳）『マヤ・アステカの神話』青土社、一九九二年
P・R・ハーツ（西本あづさ訳）『アメリカ先住民の宗教』青土社、二〇〇三年
C・バーランド（松田幸雄訳）『アメリカ・インディアン神話』青土社、一九九〇年
ジェフリー・パリンダー（松田幸雄訳）『アフリカ神話』青土社、一九九一年
ウィリアム・H・マクニール（佐々木昭夫訳）『疫病と世界史』（上下）中公文庫、二〇〇七年
（増田義郎・佐々木昭夫訳）『世界史』（上下）中公文庫、二〇〇八年
増田義郎『古代アステカ王国』中公新書、一九六三年
『物語　ラテン・アメリカの歴史』中公新書、一九九八年
A・M・ルギラ（嶋田義仁訳）『アフリカの宗教』青土社、二〇〇四年
A・レシーノス原訳（林屋永吉訳）『マヤ神話　ポポル・ヴフ』中公文庫、二〇〇一年
マリア・ロストウォロフスキ（増田義郎訳）『インカ国家の形成と崩壊』東洋書林、二〇〇三年

第四章

マックス・ウェーバー（武藤一雄・薗田宗人・薗田坦訳）『宗教社会学』創文社、一九七六年
宇治谷孟『全現代語訳日本書紀』（上下）講談社学術文庫、一九八八年

NHK「NHKスペシャル　四大文明第1集 Egypt エジプト　そしてピラミッドがつくられた」二〇〇〇年七月九日放送
「NHKスペシャル　四大文明第2集 Mesopotamia メソポタミア　それは一粒の麦から始まった」二〇〇〇年七月十六日放送
「NHKスペシャル　エジプト発掘　第2集　ツタンカーメン　王妃の墓の呪い」二〇〇九年七月二十六日放送
「NHKカルチャーラジオ　文学の世界　古事記への招待」二〇一〇年一月七日〜三月二十五日放送
ミルチア・エリアーデ（中村恭子訳）『世界宗教史』（1）ちくま学芸文庫、二〇〇〇年
岡田明子・小林登志子『シュメル神話の世界』中公新書、二〇〇八年
角川書店編『ビギナーズ・クラシックス日本の古典　古事記』角川文庫、二〇〇二年
河合隼雄『神話と日本人の心』岩波書店、二〇〇三年
河合隼雄・湯浅泰雄・吉田敦彦『日本神話の思想　スサノヲ論』ミネルヴァ書房、一九八三年
倉野憲司校注『古事記』岩波文庫、一九六三年
フェリックス・ギラン（中島健訳）『ギリシア神話』青土社、一九九一年
カール・ケレーニイ（植田兼義訳）『ギリシアの神話　神々の時代』中公文庫、一九八五年
坂本太郎・家永三郎・井上光貞・大野晋校注『日本書紀』（一〜五）岩波文庫、一九九四―一九九五年
司馬遼太郎『街道をゆく1　甲州街道、長州路ほか』朝日文庫、一九七八年

島田裕巳『なぜ八幡神社が日本でいちばん多いのか』幻冬舎新書、二〇一三年
A・J・スペンサー編（近藤二郎監訳）『大英博物館　図説古代エジプト史』原書房、二〇〇九年
谷川健一『日本の神々』岩波新書、一九九九年
月本昭男編『宗教の誕生』山川出版社、二〇一七年
アレクサンドル・ファルヌー（本村凌二監修・遠藤ゆかり訳）『ホメロス』創元社、二〇一一年
藤縄謙三『ホメロスの世界』新潮選書、一九九六年
ヘシオドス（廣川洋一訳）『神統記』岩波文庫、一九八四年
ホメロス（松平千秋訳）『イリアス』（上下）岩波文庫、一九九二年
『オデュッセイア』（上下）岩波文庫、一九九四年
ホメーロス（呉茂一訳）『イーリアス』（上中下）岩波文庫、一九五三―一九五八年
『オデュッセイアー』（上下）岩波文庫、一九七一―一九七二年
ウィリアム・H・マクニール（増田義郎・佐々木昭夫訳）『世界史』（上下）中公文庫、二〇〇八年
松村一男・平藤喜久子・山田仁史編『神の文化史事典』白水社、二〇一三年
三浦佑之『口語訳古事記［完全版］』文藝春秋、二〇〇二年
『古事記への招待』日本放送出版協会、二〇一〇年
本村凌二『多神教と一神教』岩波新書、二〇〇五年
吉田敦彦『ギリシァ神話と日本神話』みすず書房、一九七四年
吉田敦彦・松村一男『神話学とは何か　もう一つの知の世界』有斐閣新書、一九八七年

第五章

荒井献『ユダとは誰か』岩波書店、二〇〇七年
　『ユダのいる風景』岩波書店、二〇〇七年
市川裕『ユダヤ教の歴史』山川出版社、二〇〇九年
井筒俊彦訳『コーラン』（上中下）岩波文庫、一九六四年
岩波書店辞典編集部編『岩波世界人名大辞典』岩波書店、二〇一三年
オドン・ヴァレ（佐藤正英監修）『一神教の誕生』創元社、二〇〇〇年
Wikipedia「中国のキリスト教」
マックス・ウェーバー（梶山力・大塚久雄訳）『プロテスタンティズムの倫理と資本主義の精神』（上下）
　岩波文庫、一九五五、一九六二年
　（内田芳明訳）『古代ユダヤ教』（Ⅰ・Ⅱ）みすず書房、一九六二―一九六四年
　（尾高邦雄訳）『職業としての学問』岩波文庫、一九八〇年
遠藤周作『イエス・キリスト』新潮社、一九八三年
大塚和夫他編『岩波イスラーム辞典』岩波書店、二〇〇二年
大貫隆『聖書の読み方』岩波新書、二〇一〇年
小口偉一・堀一郎監修『宗教学辞典』東京大学出版会、一九七三年
蒲生礼一『イスラーム』岩波新書、一九五八年

「キリスト教とはきょうだい宗教なの？」『朝日新聞』二〇一四年八月三日
小杉泰編『イスラームの歴史2』山川出版社、二〇一〇年
定方晟『憎悪の宗教』洋泉社、二〇〇五年
佐藤次高編『イスラームの歴史1』山川出版社、二〇一〇年
鯖田豊之『肉食の思想』中公新書、一九六六年
シュロモー・サンド（高橋武智監訳、佐々木康之・木村高子訳）『ユダヤ人の起源』浩気社、二〇一〇年
嶋本隆光『シーア派イスラーム　神話と歴史』京都大学学術出版会、二〇〇七年
ハンス・シュモルト（高島市子訳）『レクラム版　聖書人名小辞典』創元社、二〇一四年
ルティ・ジョスコヴィッツ『増補新版　私のなかの「ユダヤ人」』現代企画室、二〇〇七年
『図解宗教史』成美堂出版、二〇〇八年
鈴木賢英『自然科学ノート』文化書房博文社、一九九三年
『聖書』日本聖書協会、一九五六年（「旧約聖書」「新約聖書」が別個にページ付けされている。）
高柳俊一・松本宣郎編『キリスト教の歴史2』山川出版社、二〇〇九年
塚本虎二訳『新約聖書福音書』岩波文庫、一九六三年
月本昭男編『宗教の誕生』山川出版社、二〇一七年
二宮書店編集部『データブックオブ・ザ・ワールド2018』二宮書店、二〇一八年
日本聖書協会監修『パノラマバイブル』日本聖書協会、二〇〇五年

廣岡正久『キリスト教の歴史3』山川出版社、二〇一三年
松本宣郎編『キリスト教の歴史1』山川出版社、二〇〇九年
南直人編『宗教と食』ドメス出版、二〇一四年
山根聡『4億の少数派　南アジアのイスラーム』山川出版社、二〇一一年

第六章

青木健『アーリア人』講談社、二〇〇九年
伊藤義教訳『原典訳アヴェスター』ちくま学芸文庫、二〇一二年
ニニアン・スマート（阿部美哉訳）『世界の諸宗教I秩序と伝統』教文館、一九九九年
P・R・ハーツ（奥西峻介訳）『ゾロアスター教』青土社、二〇〇四年
メアリー・ボイス（山本由美子訳）『ゾロアスター教』講談社学術文庫、二〇一〇年
前田耕作『宗祖ゾロアスター』ちくま学芸文庫、二〇〇三年

第七章

浅野裕一『儒教ルサンチマンの宗教』平凡社新書、一九九九年
石井昌子『道教学の研究―陶弘景を中心に』国書刊行会、一九八〇年
　『真誥』明徳出版社、一九九一年
ヴァールミーキ（中村了昭訳）『新訳ラーマーヤナ』（1〜7）平凡社、二〇一二―二〇一三年

ヴァールミーキ（阿部知二訳）『ラーマーヤナ』河出書房、一九六六年
マックス・ウェーバー（木全徳雄訳）『儒教と道教』創文社、一九七一年
（深沢宏訳）『世界諸宗教の経済倫理II　ヒンドゥー教と仏教』日貿出版社、一九八三年
袁珂（鈴木博訳）『中国の神話伝説』（上下）青土社、一九九三年
大形徹『不老不死』講談社現代新書、一九九二年
小川環樹訳『老子』中央公論新社、二〇〇五年
尾崎正治・平木康平・大形徹『抱朴子・列仙伝』角川書店、一九八八年
葛洪（本田濟訳注）『抱朴子内篇』平凡社、一九九〇年
『抱朴子外篇』（1・2）平凡社、一九九〇年
金谷治訳注『論語』岩波文庫、一九六三年
『荘子』（一～四）岩波文庫、一九七一―一九八三年
上村勝彦『真理の言葉　法句経』中央公論新社、二〇〇〇年
上村勝彦訳『バガヴァッド・ギーター』岩波文庫、一九九二年
『原典訳マハーバーラタ』（1～8）ちくま学芸文庫、二〇〇二―二〇〇五年
辛島昇他監修『[新版]南アジアを知る事典』平凡社、二〇一二年
Kalyan: Sankshipt Mahabharatank, Gorakhpur: Gita Press, 1942-43（ヒンディー語）
河合隼雄『ユング心理学と仏教』岩波書店、一九九五年

河合隼雄・中沢新一『ブッダの夢』朝日新聞社、一九九八年
『仏教が好き！』朝日新聞社、二〇〇三年
M・K・ガンディー（森本達雄訳）『獄中からの手紙』岩波文庫、二〇一〇年
岸本英夫『宗教学』大明堂、一九六一年
窪徳忠『道教の神々』講談社学術文庫、一九九六年
玄侑宗久『荘子』NHK出版、二〇一五年
高馬三良訳『山海経』平凡社、一九九四年
ヴァンサン・ゴーセール＆カロリーヌ・ジス（松本浩一監修・遠藤ゆかり訳）『道教の世界』創元社、二〇一一年
小島毅『儒教の歴史』山川出版社、二〇一七年
リチャード・ゴンブリッチ（森祖道・山川一成訳）『インド・スリランカ上座仏教史』春秋社、二〇〇五年
坂田貞二他編『都市の顔・インドの旅』春秋社、一九九一年
坂本幸男・岩本裕訳注『法華経』（上中下）岩波文庫、一九七六年
佐々木閑『日々是修行』ちくま新書、二〇〇九年
鯖田豊之『肉食の思想』中公新書、一九六六年
島田裕巳『浄土真宗はなぜ日本でいちばん多いのか』幻冬舎新書、二〇一二年
末木文美士編『仏教の歴史2　東アジア』山川出版社、二〇一八年
大正大学仏教学科編『仏教とはなにか　その思想を検証する』大法輪閣、一九九九年

『仏教とはなにか　その歴史を振り返る』大法輪閣、一九九九年
立川武蔵『ヒンドゥー教の歴史』山川出版社、二〇一四年
知切光歳『仙人の世界』国書刊行会、二〇〇八年
ツルシダース（池田運訳）『ラーマヤン――ラーム神王行伝の湖』講談社出版サービスセンター、二〇〇三年
Mahadev Desai, *The Gospel of Selfless Action or The Gita according to Gandhi*, Ahmedabad: Navajivan Publishing House, 1946
中村圭志『信じない人のための〈法華経〉講座』文春新書、二〇〇八年
中村元『中村元選集［決定版］第30巻　ヒンドゥー教と叙事詩』春秋社、一九九六年
中村元訳『ブッダのことば　スッタニパータ』岩波文庫、一九八四年
『ブッダの真理のことば・感興のことば』岩波文庫、一九七八年
『ブッダ最後の旅』岩波文庫、一九八〇年
『ブッダ神々との対話　サンユッタ・ニカーヤⅠ』岩波文庫、一九八六年
『ブッダ悪魔との対話　サンユッタ・ニカーヤⅡ』岩波文庫、一九八六年
中村元・紀野一義訳註『般若心経・金剛般若経』岩波文庫、一九六〇年
中村元・武藤義一編『仏典』（上下）日本放送出版協会、一九七四年
二階堂善弘『封神演義の世界』大修館書店、一九九八年
『中国の神さま』平凡社新書、二〇〇二年

二宮書店編集部『データブックオブ・ザ・ワールド2016』二宮書店、二〇一六年
『データブックオブ・ザ・ワールド2018』二宮書店、二〇一八年
橋本泰元・宮本久義・山下博司『ヒンドゥー教の事典』東京堂出版、二〇〇五年
長谷川明『インド神話入門』新潮社、一九八七年
R・G・バンダルカル（島岩・池田健太郎訳）『ヒンドゥー教――ヴィシュヌとシヴァの宗教』せりか書房、一九八四年
アン・ビレル（丸山和江訳）『中国の神話』丸善、二〇〇三年
T＆D・フーブラー（鈴木博訳）『儒教』青土社、一九九四年
福井康順『神仙伝』明徳出版社、一九八三年
福永光司・河合隼雄『飲食男女　老荘思想入門』朝日出版社、二〇〇二年
前川輝光『マックス・ヴェーバーとインド』未来社、一九九二年
『ヴェーバーとガーンディー――クシャトリヤの問題をめぐって』亜細亜大学国際関係学部国際関係研究所、一九九九年
『マハーバーラタの世界』めこん、二〇〇六年
『マハーバーラタとラーマーヤナ』春風社、二〇一三年
アンガス・マディソン（金森久雄監訳・政治経済研究所訳）『世界経済の成長史1820～1992年』東洋経済新報社、二〇〇〇年
美莉亜訳『全訳バーガヴァタ・プラーナ』（上中下）ブイツーソリューション、二〇〇七―二〇〇九年

森三樹三郎『神なき時代』講談社現代新書、一九七六年
『中国思想史』（上下）レグルス文庫、一九七八年
八木原一恵編訳『封神演義』集英社文庫、一九九九年
山際素男編訳『マハーバーラタ』（一〜九）三一書房、一九九一―一九九八年
C・G・ユング（湯浅泰雄・黒木幹夫訳）『東洋的瞑想の心理学』創元社、一九八三年
余英時（森紀子訳）『中国近世の宗教倫理と商人精神』平凡社、一九九一年
横手裕『道教の歴史』山川出版社、二〇一五年
C・ラージャーゴーパーラーチャリ（奈良毅・田中嫺玉訳）『マハーバーラタ』（上中下）レグルス文庫、一九八三年
李剣楠「道教神仙系譜『洞玄霊宝真霊位業図』について」九州大学中国哲学研究会『中国哲学論集』（三七・三八）二〇一二年
劉向＋葛洪（沢田瑞穂訳）『列仙伝・神仙伝』平凡社ライブラリー、一九九三年
フレデリック・ルノワール（今枝由郎＋富樫瓔子訳）『仏教と西洋の出会い』トランスビュー、二〇一〇年

第八章

ABOの会事務局『アボ・メイト』一九八五年一〇月号
石井岩重『黒い宗教』AA出版、一九八四年
石ノ森章太郎『絆――不肖の息子から不肖の息子たちへ』鳥影社、二〇〇三年

参考文献目録

石原慎太郎『巷の神々』サンケイ新聞社、一九六七年
稲盛和夫『生き方』サンマーク出版、二〇〇四年
『稲盛和夫のガキの自叙伝』日経ビジネス人文庫、二〇〇四年
『燃える闘魂』毎日新聞社、二〇一三年
井上順孝他編『新宗教事典　本文篇』弘文堂、一九九四年
マックス・ウェーバー（尾高邦雄訳）『職業としての学問』岩波文庫、一九八〇年
ＮＨＫ教育テレビ「ビッグ対談　人間・人間を超えるもの」一九八五年十月五日放送
遠藤周作『イエス・キリスト』新潮社、一九八三年
『沈黙』新潮文庫、二〇〇三年
『侍』新潮文庫、二〇一一年
『スキャンダル』新潮文庫、一九八九年
『深い河』講談社文庫、一九九六年
長部日出雄『桜桃とキリスト』文藝春秋、二〇〇二年
小野泰博『谷口雅春とその時代』東京堂出版、一九九五年
加藤宗哉『遠藤周作』慶應義塾大学出版会、二〇〇六年
河合隼雄『河合隼雄全対話Ｖ　人間、この不思議なるもの』第三文明社、一九九一年
斎藤貴男『虚飾の経営者稲盛和夫』金曜日、二〇一〇年
島田裕巳『日本の10大新宗教』幻冬舎新書、二〇〇七年

島田裕巳監修『現代にっぽん新宗教百科』柏書房、二〇一一年
清水雅人・小野泰博・森喜則・荒井荒雄『新宗教の世界V』大蔵出版、一九七九年
杉山正樹『寺山修司・遊戯の人』河出文庫、二〇〇六年
高取英『寺山修司　過激なる疾走』平凡社新書、二〇〇六年
太宰治『人間失格』新潮文庫、一九六七年
　『ザ・太宰治　全小説全二冊』第三書館、二〇〇六年
立川談志『人生、成り行き――談志一代記』新潮社、二〇〇八年
寺山修司『寺山修司幻想劇集』平凡社ライブラリー、二〇〇五年
寺山修司・美輪明宏『美輪明宏が語る寺山修司』角川文庫、二〇一〇年
戸川猪佐武『現代の新興宗教』太陽、一九七六年
能見正比古『血液型活用学』サンケイ出版、一九七六年
　『血液型で人間を知る本』青春出版社、一九七九年
　『新・血液型人間学』角川文庫、一九八〇年
畑田国男『「弟の力」伝説』コスモの本、一九九二年
平野啓一郎『私とは何か「個人」から「分人」へ』講談社現代新書、二〇一二年（および、同書への
　amazonでのレヴュー）
前川輝光『血液型人間学――運命との対話』松籟社、一九九八年
町沢静夫『改訂新版　ボーダーラインの心の病理』創元社、二〇〇五年

山口洋子『演歌の虫』文藝春秋、一九八五年
米長邦雄『人間における勝負の研究』祥伝社、一九九三年
米長邦雄・羽生善治『人生、惚《ほ》れてこそ――知的競争力の秘密』クレスト社、一九九六年

結論

NHK「生命40億年はるかな旅第6回　奇跡のシステム〝性〟」一九九四年十月三十日放送
太田博樹・長谷川眞理子編著『ヒトは病気とともに進化した』勁草書房、二〇一三年
竹内久美子『小さな悪魔の背中の窪み』新潮社、一九九四年
ピーター・J・ダダモ（濱田陽子訳）『ダダモ博士のNEW血液型健康ダイエット』集英社文庫、二〇〇四年
前川輝光『A型とB型――二つの世界』鳥影社、二〇一一年
ウィリアム・H・マクニール（佐々木昭夫訳）『疫病と世界史』（上下）中公文庫、二〇〇七年

〈著者紹介〉

前川輝光（まえかわ　てるみつ）

1954年熊本県生まれ。

大阪外国語大学ヒンディー語科、東京外国語大学大学院地域研究研究科、東京大学大学院人文科学研究科（宗教学・宗教史学）に学ぶ。

1994年中村元賞受賞。1997年東京大学より博士（文学）。

現職：亜細亜大学国際関係学部教授。

専攻：宗教学、インド宗教・文化論。

著書：『マックス・ヴェーバーとインド』（未来社、1992年）、

『血液型人間学―運命との対話』（松籟社、1998年）、

『マハーバーラタの世界』（めこん、2006年）、

『A型とB型―二つの世界』（鳥影社、2011年）、

『マハーバーラタとラーマーヤナ』（春風社、2013年）

『前川教授の人生、血液型。』（春風社、2014年）など。

血液型と宗教

定価（本体1800円+税）

2020年3月22日初版第1刷印刷
2020年3月26日初版第1刷発行
著　者　前川輝光
発行者　百瀬精一
発行所　鳥影社 (www.choeisha.com)
〒160-0023 東京都新宿区西新宿3-5-12トーカン新宿7F
電話 03-5948-6470, FAX 03-5948-6471
〒392-0012 長野県諏訪市四賀229-1(本社・編集室)
電話 0266-53-2903, FAX 0266-58-6771
印刷・製本　モリモト印刷

ISBN978-4-86265-809-8 C0095